『秋叶静美』生死学丛书

旧俗与新风

黄瑜 著

华龄出版社

责任编辑：魏鸿鸣
责任印制：李未圻

图书在版编目（CIP）数据

旧俗与新风 / 黄瑜著 . —北京：华龄出版社，
2020.12
ISBN 978–7–5169–1750–3

Ⅰ.①旧… Ⅱ.①黄… Ⅲ.①葬俗—研究—中国
Ⅳ.① K892.22

中国版本图书馆 CIP 数据核字（2020）第 180833 号

书　　名：旧俗与新风
作　　者：黄瑜　著

出 版 人：胡福君
出版发行：华龄出版社
地　　址：北京市东城区安定门外大街甲57号　　邮　编：100011
电　　话：010-58122246　　　　　　　　　　传　真：010-84049572
网　　址：http://www.hualingpress.com

印　　刷：北京市大宝装璜印刷厂
版　　次：2020年12月第1版　　2020年12月第1次印刷
开　　本：710mm×1000mm　　1/16　　　　印　张：13.75
字　　数：140千字
定　　价：68.00元

编者的话

　　华龄出版社组织策划的《秋叶静美》生死学丛书涉及死亡认知、临终尊严、老年失智、生前预嘱、殡葬习俗以及生命回顾与追忆散文选编六个主题，这是国内第一套系统的生死学丛书，既体现着客观生命进程的内在必然，也体现着人们生命认知的主观需要。

　　生命既是一列没有返程票的列车，每个生命都有自己的终点站；生命也是一条川流不息的河流，每个人都会投向海洋的怀抱。如此看来，生命的旅程自是风光无限，出生是踏上这一列观光之旅，离别则是另一场旅程的开启。生是自然，死亦是自然。

　　长期以来，人们对生命的认知与感悟似乎只是悦纳生而畏惧死，且重生而轻死，所谓："靡不有初，鲜克有终。"不过，这种情况正在发生改变。随着国人对生命进程从"求取生存"到追求"生活质量"，再到追求"生命质量"的客观发展，人们对生死的认识与态度也在发生变化。尤其是中国社会进入老龄化时代之后，伴随而来的，除了一系列社会问题，更有深层次的思想认识问题需要解决，比如说：什么是死、如何面对自己的临终、如何处理逝者的后事……这些问题往往事关生者与死者、个体与社会关系的方方面面，可谓"牵一而发动全身"，而要解决这些问题，其前提就是向大众普及死亡教育、培养死亡自觉。

　　《直面与超越》引导读者思考什么是死亡？如何看待死亡恐惧？如何以科学之眼透视死亡？在死亡面前，人类是否可以通过不同途径超越死亡？读过本书，相信会带给读者以更多启发；《生命与尊严》对什么是临终尊严？什么是安宁疗护？以及临终尊严如何维护进行了较通俗而严谨的分析，旨在引导读者在面临"救治还是放弃"困境时如何作出正确的选择；《遗忘与难忘》针对失智与失能现象日益严重的问题，对什么是失智？如何认识失智？如何陪伴与照护失智症患者等问题进行较通俗的解答，引导读者面对"熟悉"的陌生人进行有效的陪伴，让爱同行；《准备与道别》则重在解答如何有准备地迎接死亡的问题，明确告诉读者：我们是可以通过生前预嘱、预立遗嘱以及培养良好的疾病观念，给予家人的陪伴与爱等，最后以"四道人生"实现生命的完美谢幕；《旧俗与新风》则面对如何安排亲人的后事，如何达到生死两安等问题，通过系统考察殡葬礼俗的概念及由来，以及殡葬的未来发展趋势，对我们如何做到"生死两安"作出了明确的解答；《回望与追忆》收集了古今中外多篇关于生命的回顾以及亲友的回忆散文，并做了深刻而清晰的导读，引导读者从这些优美的文字中吸取我们应对生离死别的生命智慧，从而坦然面对生死，优化自我生命。

本丛书分6个主题，且相互关联又各自成书，每一个主题都得以充分展开，从总体上呈现出丰富性与系统性；同时，丛书主题之间从一般认知到面对自己的临终，再到理性规划自己的死亡，有清晰的内在逻辑，从而使得整体内容连贯而完整。

认识死亡才能真正拥抱生命，也只有这样，才能抵达优雅尊严的人生终点站。丛书所倡导的豁达、平和而理性的生死观，必将对读者大众产生良好的启蒙作用。作为国内第一套系统介绍死亡的丛书，其所产生的社会效益值得期待。

目录
Contents

序言

破千年旧俗，树一代新风

——科学丧葬成就圆满人生

　　丧葬与祭祀在中国传统文化中有着举足轻重的意义，通过丧葬、祭祀等活动，体现了中国传统文化中对于天人合一、生死相通、人伦一体、移风易俗等方面的独到理解。不过，随着现代社会的变革及其发展，传统丧葬礼仪及其形式在某些方面也需要做出相应的变革。例如，在乱埋乱葬、传统土葬、迷信陋俗、文明节俭治丧等方面，存在矛盾和问题颇多。2013年12月，中共中央办公厅、国务院办公厅印发了《关于党员干部带头推动殡葬改革的意见》（以下简称《意见》），其中涉及殡、葬、祭等各个层面。《意见》指出，近年来，一些丧葬陋俗死灰复燃，封建迷信活动重新活跃，突出表现在：火葬区遗体火化率下滑、骨灰装棺再葬问题突出，土葬改革区乱埋乱葬、滥占耕地现象严重。与此同时，重殓厚葬之风盛行，盲目攀比、奢侈浪费现象滋生蔓延，这些现象败坏了社会风气。《意见》首次要求党员、干部在丧事活动中，应禁止大操大办、铺张浪费和借机敛财等行为；要带头实行生态安葬，鼓励去世后捐献器官或遗体；带头文明祭奠和低碳祭扫，积极参与社区公祭等现代追思活动；

带领群众逐步将祭扫转移到精神传承上，等等。①

实际上，我国从1956年开始推行殡葬改革以来，改革土葬、实行火葬始终是殡葬改革所坚持的方向，但并非完全强制火葬，对于某些并不具备火葬条件的地方，可以利用荒山瘠地作为公墓区，并提倡平地深埋、不留坟头等绿色葬法。目前来看，我国殡葬改革已取得显著成效，殡葬服务水平日益提高，殡葬法制建设也不断加强。但由于人们对死亡缺乏科学、正确的认识，至今仍有部分地区办理殡葬活动劳民伤财、浪费资源、污染环境，比如搭灵棚、摆路祭、出大殡、焚烧纸钱及花圈，燃放鞭炮、看风水、做道场等陈规陋习仍然没有得到很有效地遏制，与中央倡导"革除丧葬陋俗，提倡文明节俭办丧事"的精神相背离。为此，在新形势下加强先进殡葬文化建设，引导人们树立科学的殡葬观念和形成文明健康、节约资源的丧葬新风俗，不断提升我国殡葬文化的水平是殡葬业可持续发展的重要保证。

总而言之，推动殡葬改革，在厚养礼葬基础上移风易俗，是发扬社会主义新风尚、践行社会主义核心价值观的应有之义，同时也是推动文明节俭治丧，减轻群众丧葬负担的重要途径。不仅如此，推动绿色生态丧葬对于解决人口增长与资源环境的矛盾，平衡人民日益增长的美好生活需要与发展不充分之间的矛盾有着重要的意义，是促进经济社会可持续发展的迫切要求。

一、丧葬的相关概念

一般来说，完整的丧葬礼仪主要包括殡、丧、葬、祭四个方面的内容。"殡"主要指大殓、停柩待葬之礼，"丧"是规定活人及死者亲属在丧期内的行为规范总称，"葬"是针对死者的应享之礼遇的相关规范，"祭"是规定丧期内活人与死者之间联系的中介仪式。传统丧葬以"生"事"死"，以尊重逝者；另一方面则通过祭祀以"生"观"死"，联结生

---

① 中共中央办公厅、国务院办公厅印发.关于党员干部带头推动殡葬改革的意见.2014年第1号。

死两端。丧葬以慎终，祭祀以追远，从而达到民德归厚的伦理目的。

（一）殡

"殡"，最初的意思为"停柩"，《说文解字》对其的解释为："死在棺，将迁葬柩，宾遇之。从歹从宾，宾亦声。夏后殡于阼阶，殷人殡于两楹之闲，周人殡于宾阶。"①意思是尸体在棺材中，将要移送野外埋葬前的礼仪。此间所有宾客向待葬之棺行丧礼。对于棺材摆放的位置，不同时期有不同的礼法。《礼记·檀弓上》中曾提到：夏后氏时代，丧礼是停棺待葬在东阶之上；殷人的丧礼是停棺待葬在殿堂前的两根大柱之间；周人的丧礼则是停棺待葬在西阶之上。对于这种做法，孔子也曾有过解释："夏后氏殡于东阶之上，则犹在阼也。殷人殡于两楹之闲，则与宾主夹之也。周人殡于西阶之上，则犹宾之也。又送葬歌曰《虞殡》。"意思是说，夏代停柩于东阶之上，那是还把死者当作主人看待的。殷人停柩于两楹之间，那是介乎宾主之间的位置。周人停柩于西阶之上，那是把死者当作宾客看待的。将死者视为宾客，以示尊重，这也是"殡"的来由。对于棺柩停放的位置，实际上强调了人们与死者关系的远近亲疏，并以此突出人伦秩序。除了停柩规范，还有启殡仪式，就是将灵柩移到堂屋正中，准备出殡，届时五服之亲都要来参加这一仪式，并且哀痛号泣，以表悲恸不舍之情。

（二）丧

"丧"，"弃亡"之辞，可表示多重含义，如"好攻战，则国人多丧矣。"（《毛诗序》）所提之"丧"，表示"逃亡"之义；"失去"之义如"丧权辱国""垂头丧志"等；还可表示"失败""毁灭"之义："夫如是，奚而不丧？"（《论语·宪问》）还有"死亡"之义："武王既丧，管叔及其群弟乃流言于国。"（《尚书·周书·金縢》）泛指丧事，指人死后殓、

---

① （汉）许慎.说文解字［M］.北京：中华书局，1963：85.

奠、殡、葬等事宜。

"丧"在《说文解字》中被解释为："丧，亾也。从哭从亾"。上面是"哭"，下面是"亡"，表示哭已死去的人。段玉裁注释说："（丧）亡也。亡部曰：'亡，逃也。'亡非死之谓。故《中庸》曰：'事死如事生，事亡如事存。'《尚书大传》曰：'王之于仁人也，死者封其墓。况于生者乎？王之于贤人也，亡者表其闾。况于在者乎？皆存亡与生死分别言之。'凶礼谓之丧者，郑《礼经目录》云：'不忍言死而言丧。丧者，弃亡之辞。若全居于彼焉，已失之耳。'是则死曰丧之义也。公子重耳自称身丧，鲁昭公自称丧人，此丧字之本义也。"[①]从这一段解释当中可以看出，"丧"所突出的本义是丧失，其有两层意思，一是死者自身的辞世所表达的丧失义，另一方面是在世的亲人对去世者的不舍之情，因此以"丧"来替代"死"的说法，不忍言死而言丧，虽死犹生，虽亡如存。

因"丧"而形成的相关程序和规范便形成"丧礼"。"丧礼"，是指"人们在丧事活动中所遵守的程式化的行为规范。狭义上，仅指丧事操办中的行为及语言规范，即人们所指的殡葬礼仪；广义上，则还包括葬式、谥法、陵墓、庙、碑铭、祭祀、神道摆设、陪葬物等规定。不过，人们通常是从狭义上讲丧礼"。[②]传统社会特别注重丧礼程序及其规范，在中国文化当中，"以丧礼哀死亡"，故"礼莫重于丧"。周代以来，中国已经形成了一套完整的丧礼制度，并成为后世丧礼的基础。可以说，在整个中国礼仪文化中，丧礼与及其相关的丧服制度是最为浩繁复杂的内容，通过丧礼，不但可彰显孝道、稳固宗族血缘关系，而且还可规范社会秩序。

（三）葬

《说文解字》对"葬"的解释为："葬，藏也。从死，在茻中；一其

---

① （汉）许慎撰 .（清）段玉裁注 . 说文解字注［M］. 上海：上海古籍出版社，1981：63.
② 王治国 . 殡葬文化学：死亡文化的全方位解读［M］. 北京：中国社会出版社，1998：289.

中，所以荐之。《易》曰：'古之葬者，厚衣之以薪。'"①字形采用"死"作偏旁，像是死者被埋在茻中；字形中的"一"表示死者身在其中，所以要培土植草掩盖他。古人最初的葬法比较朴素简单，只是用厚厚的草木将尸体包裹起来而已，指人死后盖上草席埋藏在草丛中，后用棺木埋入土中，并逐渐演化出一套繁杂的安葬程序。

对于"葬"的本意，《荀子·礼论》中说："故葬埋，敬藏其形也。"《礼记》当中也提到："葬也者，藏也；藏也者，欲人之弗得见也。是故衣足以饰身，棺周于衣，椁周于棺，土周于椁，反壤树之哉。"(《礼记·檀弓上》)意思是说：葬，就是藏的意思。为什么要"藏"？因为想让人不能够看见死去的尸体。所以，只要衣衾足以遮盖身体，内棺能够包住衣衾，外棺能够包住内棺，墓廓能够容下外棺就行了。没有必要聚土成坟、植树为标志。由此可知，"葬"的初始之义主要是"藏"，即将尸体掩藏，形式也非常简单，而且并无立坟的做法。埋葬最初的目的是为了藏逝者之形骸，但后来逐渐凸显其伦理意义，表达的是在世者对去世亲人的"敬意"。《吕氏春秋·孟冬纪》中指出："葬也者，藏也，慈亲孝子之所慎也。慎之者，以生人之心虑。以生人之心为死者虑也，莫如无动，莫如无发。无发无动，莫如无有可利，则此之谓重闭。"②"葬"主要凸显的是"孝"这一人之常情，就像慈亲爱己的子女一样，孝子尊重自己的父母，如果在父母去世后直接把他们抛入沟壑，是不忍心做的，因此产生了葬送死者的想法。正是出于对死者的敬畏，所以对于葬的方式也有要求，如既不能葬得太浅，也不能葬得太深，等等。

（四）祭

"祭"，甲骨文字形，左边是牲肉，右边是"又"(手)，中间象祭桌，

---

① （汉）许慎.说文解字［M］.北京：中华书局，1963：27.
② （战国）吕不韦门客.吕氏春秋全译［M］.关贤柱等译注.贵阳：贵州人民出版社，1997：297.

字形采用"示"作偏旁，表示以手持肉祭祀神灵。"祭，祭祀也。从示，以手持肉。"（《说文解字》）。"祭"字就是有酒肉的祭祀，即牲祭。所谓"祭礼"，就是祭祀或祭奠的仪式。在中国传统社会有着举足轻重的地位。《礼记·祭统》云："祭者，所以追养继孝也。"又云："凡治人之道，莫急于礼；礼有五经，莫重于祭。夫祭者，非物自外至者也；自中出生于心也。"这说明，祭礼之所以重要是因为祭礼是顺天道，应人伦的行为，且是发自内心的孝子行为。孔子认为礼得之于天，效法于地，配合鬼神，贯彻到丧葬、祭祀、加冠、结婚、朝会等各种活动中。"五礼"（吉、凶、军、宾、嘉）中的吉礼就是祭祀之礼，古人认为天地、宗庙、神祇关系到国运之兴盛，宗族之延续，故将"吉"排列在五礼之首。"祭"不但是人与天地、祖先沟通的桥梁，而且是跨越时空的活态媒介。

二、丧葬的精神意义

对于丧礼的意义，《荀子·礼论》篇章中曾有过非常详尽的论述："凡礼，事生，饰欢也；送死，饰哀也；祭祀，饰敬也……故丧礼者，无他焉，明死生之义，送以哀敬，而终周藏也。故葬埋，敬藏其形也；祭祀，敬事其神也；其铭诔系世，敬传其名也。事生，饰始也；送死，饰终也；终始具，而孝子之事毕，圣人之道备矣。""礼"作为一种道德规范，严谨对待生死大事，生以事敬，死以致哀，始终如一。生之礼仪为的是重生之愉悦，死之礼仪为了表达哀痛之情，祭祀则是为了表达恭敬之意。因此，丧礼的主要目的就是为了彰显生死大意：埋葬是为了更好地掩藏死者的躯体；祭祀是为了恭敬地侍奉死者的灵魂；那些铭文悼词、家谱世系，是为了恭敬地传颂他的名声。侍奉生者，以敬生之始；送别死者，以畏生之终，终始具善，人之道也。可见，丧葬和祭祀所涉及的问题是如何"养生送死"，深层次的问题则涉及人们如何面对自己和他人的死亡。通过丧葬、祭祀等活动，一方面使人们正视死亡并尊重逝者，正所谓"礼者，谨于吉凶不相厌者也。……三月之葬，其貌以生设饰死者也，殆非直留死者以安生也，是致隆思慕之义也。"①即对于生死大事，须谨慎对待，在对待逝者方面，事死如生，以表在世者的敬畏之心、思慕之义，因此3个月期限的葬礼，是用3个月的时间按照死者生前的陈设来装饰，这并不是为了留下死者来安慰活着的人，而是为了表达尊重怀念的意思；另一方面则以死观生，透过死亡、丧礼等行为联结生死两端，彰显社会秩序。

因此，"丧礼是殡葬操作中比较固定的程式化行为规范。其意义在于协调人们的丧事活动，使此类活动有规可依，达到有序性和一体化。这样，人们在情感、心理、价值观念和思维方式、行为等方面就能达成"同一"，并可以相互交换。因而，任何时候，丧礼的社会意义都是不可低估的：主观上它帮助人们维持心理平衡并进行社会教化，客观上起着一种社会一体化、社会联系纽带的作用。"②

可见，丧葬通过一系列的丧葬程序、礼仪表达对死者的尊重，并通过祭祀行为与死者重新建立起沟通的桥梁，从而形成独特的死亡心理和死亡文化。从一开始，对死亡、尸体的正面直视而产生的害怕情绪，到后来发展成对"灵魂不死"的希冀，进而形成一系列丧礼、祭祀等活动，都从某种程度反映出人们对于死亡的态度。

（一）正视死亡

死亡问题是一个几乎与人类的产生一样古老的文化问题，拥有生命的人们无法逃脱死亡的时刻，以至于不得不去正视死亡问题，去探索死亡的奥秘。对此，叶秀山先生指出："在古代人的原始观察中，有一个明显的经验事实：世界上有的东西是'死的'，有的东西是'活的'。这个区别对有意识有思想的人来说之所以显得如此重大，甚至如此触目惊心，是因为'活东西'向'死东西'的转化，将使人不可避免地失去亲人、

---

① （清）王先谦.荀子集解［M］.沈啸寰，王星贤点校.北京：中华书局，1988：362.
② 王治国.殡葬文化学：死亡文化的全方位解读［M］.北京：中国社会出版社，1998：292.

朋友，最终失去自己……在某种意义上说，'生'（活东西）'死'（死东西）问题是人类遇到的第一批重大理论问题之一。"①从概念上来说，死亡在《新华字典》中的解释为"丧失生命"，与"生""活"相对。《说文解字》则将"死"解释为"澌也，人所离也。从歹从人。凡死之属皆从死。"死，不但意味着生气耗尽，而且意味着人的灵魂与躯体相互分离。从这个意义上说，两种解释都凸显了死亡的自然性意义，即死是对生的否定，用中国传统"气化论"的观点来说，死亡不过是气之聚散而已，聚则为生，散则为死。人乃天地气聚而生，因此人之生意味着"精气"相聚，人之死自然是"精气"散尽。从自然的角度而言，无论哪一种丧葬形式，都难以使逝者逃脱自然的力量，即从有机物转化为无机物的过程，这也是人们对于死亡恐惧的原因之一，并希冀用精神的力量来克服这种恐惧。对于死者而言，他"完全听任低级的无理性的个体性和抽象物质的力量所支配，前者（无理性的个体性）由于它所具有的生命，后者（抽象物质的力量）由于它们的否定性质，现在都比他（死者）本身强有力些"。②但死亡的意义却远不只是局限在其自然性质上，它还具有其独特的精神性意义。人终有一死，但这一"必死性"却并不能阻碍其超越自己、追求永恒的脚步，更无法阻挡人们探索超越"死亡"这一永恒课题。丧葬、祭祀等仪式就是将自然性的死亡转化为精神性的死亡，将死者从自然消解的"屈辱"性中"解救"出来，并把其安置在大地的怀抱里，进而成为在世者活生生的记忆。

（二）尊重逝者

传统丧礼强调"事死如生"，侍奉死者就像侍奉生者一样，因此才设有诸多程序礼仪，例如在逝者刚刚死去的时候，要给他洗头、洗澡、束发、剪指甲，嘴里放着贝、玉等，就像他活着时所做的那样。荀子说：

---

① 叶秀山.苏格拉底及其哲学思想［M］.北京：人民出版社，1986：87-88.
② ［德］黑格尔.精神现象学（下卷）［M］.贺麟，王玖兴译.北京：商务印书馆，1979：13.

"丧礼者，以生者饰死者也，大象其生以送其死也。故事死如生，事亡如存，终始一也。"①以生事死不但是出于对亡者的哀悼情感，同时也是通过各种礼仪表示对其的尊重，更是亡者最后的尊严。从法律意义上说，公民现实的权利是以其有生命为前提的，作为活着的、现实的公民，其权利表现为一种现实的、有自我意识的东西，通过劳动以保持这种清醒的自我意识和伦理本质；然而，作为纯粹存在的死者，其权利却体现在现实之彼岸的个体，其力量在于抽象的纯粹的普遍物，意思是说，死者在自然意义上已然失去了自我意识，已经无法通过自身的力量来保持他的尊严，而"家庭的重要功能，不仅作为自然的伦理实体给予正在消逝的生命以临终关怀，而且使已经消逝了的生命回到家庭自然伦理实体的怀抱，慎终追远，使之成为家庭共体的永恒生命链环中的一个伦理性环节"。②死者只有通过葬礼才能摆脱自然元素的"消解"过程而将自觉的精神的现实性重新夺取回来，并使自身成为伦理实体的一名成员。家庭成员义务就在于通过葬礼的形式将意识的东西添加进去以补充这种抽象的自然的运动，把死者从自然的毁灭性中拯救出来。用通俗的话来说，就是人们日常所说的，不能让死去的家人成为"孤魂野鬼"，因此要设立牌位以祭奠，每逢清明节还要上坟祭拜，到了中元节也要祭祀。因此，"事死如生"既让逝者得到尊重，也让生者得到安慰，以此达到生死两"相安"的目的。而对逝者以"安"字当头，如"安息""安魂""安葬""入土为安"等，也无不表达了在世者对死者的尊重和敬意。

（三）寄托哀思

从"丧"字之义可以看出，古人称死为"丧"，事死如"存"。殡丧之礼有个最为重要的功能，即表达对死者的哀思之情，贵贱亲疏，有种种差别，以彰显用情之厚。《吕氏春秋·孟冬纪》解释道："孝子之重其亲也，慈亲之爱其子也，痛于肌骨，性也。所重所受，死而弃之沟壑，

---

① （清）王先谦.荀子集解［M］.沈啸寰，王星贤点校.北京：中华书局，1988：366.
② 樊浩.伦理，到底如何关切生命？［J］.天津社会科学，2015（6）.

人之情不忍为也，故有葬死之义。"①故"丧礼与其哀不足而礼有余也，不若礼不足而哀有余也"。(《礼记·檀弓上》)丧以"礼"为文，却以"哀"为质，过分强调两者都不是恰当的做法。因此，丧亲之痛，虽为锥心刺骨之痛，但却仍然要教人"毁不灭性"。《礼记·间传》中说："父母之丧，居倚庐，寝苫枕块，不说绖带。"即孝子睡在草垫上，头枕土块，这是哀痛亡亲躺在冰冷墓地，所谓感同身受。而《礼记·三年问》中也提到："斩衰苴杖，居倚庐，食粥，寝苫枕块，所以为至痛饰也……凡生天地之间者，有血气之属必有知，有知之属莫不爱其类……有血气之属者，莫知于人，故人于其亲也，至死不穷。"②人在丧亲之际悲哀痛伤，是人情之常，而"礼"的部分功能正是为了抒发人情而设。因此，哀痛之情是丧礼中最重要的部分，所谓"丧贵致哀"。《孝经·丧亲章》提到："孝子之丧亲也，哭不偯，礼无容。言不文，服美不安，闻乐不乐，食旨不甘，此哀戚之情也。三日而食，教民无以死伤生，毁不灭性，此圣人之政也。丧不过三年示民有终也。为之棺椁衣衾而举之，陈其簠簋而哀戚之。擗踊哭泣，哀以送之，卜其宅兆，而安厝之。为之宗庙，以鬼享之。春秋祭祀，以时思之。生事爱敬，死事哀戚，生民之本尽矣，死生之义备矣，孝子之事亲终矣。"③这里提到了孝子丧亲之痛的各种表现和行为以及"三年丧"和祭祀等问题，无非都是表达了一种"养生送死"的伦理要求。

这种悲恸、哀思之情在居丧的过程中有着非常明显的表现，比如在丧亲者的言行举止、服饰等方面，如"哀有深浅，是斩者痛深之义，故云斩也。"④哀戚之情，本发于天性，假如哀戚过度，就会毁伤了身体，但不能有伤生命。三日不食显然哀毁过情，有悖于孝道，故圣人制礼施教，

———————

① （战国）吕不韦门客编.吕氏春秋全译［M］.关贤柱等译注.贵阳：贵州人民出版社，1997：297.

② （汉）郑玄注，孔颖达疏.礼记正义［M］//.李学勤主编.十三经注疏.北京：北京大学出版社，1999：1556-1557.

③ （唐）李隆基注，（宋）邢昺疏.孝经注疏［M］//.李学勤主编.十三经注疏.北京：北京大学出版社1999：57-61.

④ （汉）郑玄注，（唐）贾公彦疏.仪礼注疏［M］//.李学勤主编.十三经注疏.北京：北京大学出版社1999：541.

不令至于殒灭。

（四）血亲联结

《周礼·地官·大司徒》中说："令五家为比，使之相保；五比为闾，使之相受；四闾为族，使之相葬；五族为党，使之相救；五党为州，使之相赒；五州为乡，使之相宾。"其中提到四闾组成一族，使他们有丧葬事互相帮助，这说明丧葬在这种以血缘关系为基础的社会组织中的作用。中国古代的丧葬制度，如"墓地制度中的族葬、丧服制度中的服丧等无一不是强调与死者关系的亲疏远近[1]。古人通过丧葬的形式，进一步"认同和强调了这种血缘或者家族关系，增强了氏族或家族内部的团结，增强了人们彼此之间的凝聚力，显示了族人的集体力量，同时还能起到教育本族成员、强化其亲缘观念的作用"[2]。中国传统社会主要是基于血缘、亲缘、地缘的"熟人"关系而形成一种以"人伦"为核心的"差序格局"，其中，"血缘是稳定的力量。在稳定的社会中，地缘不过是血缘的投影，不分离的。'生于斯，死于斯'把人和地的因缘固定了。"[3]

血缘亲属的整个存在与死者的关系既然是作为伦理关系而存在，那么对死者的行动就必然是涉及伦理的现实行为，对死者所举行的葬礼正是这种伦理事务。这一伦理事务将死者从"屈辱"的毁灭过程中拯救出来，并承担起这一毁灭的行动，通过一种有意识的伦理行动，将精神的东西添加进自然的死亡事件之中，进而挽救死者的尊严，将其视为一种由家庭伦理实体的行动所创造出来的东西。这一行动不但成全了死者的最后权利，并"构成对于一个个体的肯定的伦理的行为"，[4]而且同时构成了血缘亲属的最后义务，这便是葬礼所具有的最崇高的精神意义。

① 徐吉军.中国丧葬史［M］.武汉：武汉大学出版社，2012：3.
② 霍巍，黄伟.四川丧葬文化［M］，四川人民出版社，1992：78.
③ 费孝通.乡土中国［M］.北京：人民出版社，2015：87－88 页.
④ ［德］黑格尔.精神现象学（下卷）［M］.贺麟，王玖兴译.北京：商务印书馆 1979：13.

（五）移风易俗

传统儒家理论认为，圣人作礼以教人，使人知礼而别于禽兽，具有涵化德性、教化风俗的重要作用，而且"礼"的制定本身就是顺天道、应人心而为的，正如《礼记·礼器》中说："礼也者，合于天时，设于地财，顺于鬼神，合于人心，理万物者也。"丧葬作为传统"礼"的重要内容，在传统社会中具有重要的社会教化功能。传统丧礼构成了"周礼"的重要内容，也成为政治、社会和生活中的重要层面，具有伦理联结、社会规范和政治治理的诸多功能。

首先，因情立文，张弛有度。礼缘人情而作，不可过分违反人性，所以情须节制。孝子在丧亲之际若哀戚过度，或自残形体，或因而羸病，甚且伤生，则有失人性。因此先王制礼，使"贤者不得过，不肖者不得不及，此丧之中庸也，王者之所常行也。"（《礼记·丧服四制》）《礼记》中多次提到"送死有已""毁不危身""不以死伤生""毁不灭性"。如《礼记·曲礼》："居丧之礼，毁瘠不形，视听不衰。"《礼记·檀弓下》："丧不虑居，毁不危身。"《礼记·丧服四制》中说："三年之丧，二十五月而毕，哀痛未尽，思慕未忘，然而服以是断之者，岂不送死有已，复生有节也哉。"①又云："三日而食，三月而沐，期而练，毁不灭性，不以死伤生也。哀不过三年，苴衰不补，坟墓不培，祥之日，鼓素琴，告民有终也，以节制者也。"②《孝经·丧亲章》亦云："三日而食，教民无以死伤生。毁不灭性，此圣人之政也。"唐玄宗注曰："不食三日，哀毁过情；灭性而死，皆亏孝道。故圣人制礼施教，不令至于殒灭。"③以上无不体现了儒家孝道的人文关怀。

其次，彰显秩序，移风易俗。传统儒学丧礼中尤其注重以下几点，《礼记·丧服四制》载："丧有四制，变而从宜，取之四时也。有恩、有

---

①　（清）孙希旦. 礼记集解［M］. 沈啸寰等点校. 北京：中华书局，1989：1372–1374.

②　（清）孙希旦. 礼记集解［M］. 沈啸寰等点校. 北京：中华书局，1989：1470–1472.

③　（唐）李隆基注，（宋）邢昺疏. 孝经注疏［M］//. 李学勤主编. 十三经注疏. 北京：北京大学出版社 1999：57.

理、有节、有权，取之人情。"①第一，亲疏有别，以示厚养之恩。与自己愈亲近的人，施恩愈厚，因此要服最重的丧，为父"斩衰三年"，此"以恩制者也"；第二，理法有则，以显忠孝之道。居家时以孝为重，在朝则以忠为重，《丧服四制》云："资于事父以事君而敬同，贵贵尊尊，义之大者也。故为君亦斩衰三年，以义制也。吕氏大临曰：极天下之爱，莫爱于父；极天下之敬，莫敬于君。敬爱生乎心，与生俱生者也。故门内以亲为重，为父斩衰，亲亲之至也。门外以君为重，为君斩衰，尊尊之至也。内外尊亲，其义一也。"②第三，节制有度，以行权衡之术。一切丧礼行为皆以礼来节制之，服丧到第三日可以吃东西，不能饿坏。三个月后可以洗洗头脸，不能脏出病来。最重的丧也不能服过三年，不可以死伤生，此"以节制者也"。另外，丧礼可权宜而行。在服丧期间本不该饮酒食肉，但若丧主有病在身，吃点有营养的食物亦无妨，此亦不以死伤生之义。如"跛者不踊，老病不止酒肉"等，此皆"以权制者也"。凡此种种，皆可看出儒家由伦理秩序及于政治秩序的架构。

三、当前葬俗改革面临的主要问题

随着市场经济的发展，殡葬业出现了非法占地、擅建公墓、炒卖墓穴、垄断经营、破坏生态环境等诸多问题。近年来，国内有些地区陆续出现一些关于殡葬方面的乱象，如河南周口平坟、江西上饶强制集中销毁五千口棺材等。这些事件不但引起了一定程度的社会矛盾，而且还引发了社会的广泛关注以及学界对于葬礼形式与意义等相关问题的重新思考，如传统丧葬礼仪与现代殡葬改革、中华传统丧礼中的人文关怀和当代价值、目前殡葬业管理的理念误区以及殡葬服务业应如何彰显人的尊严，等等。

殡葬业乱象具体集中于殡葬收费混乱、价格高及墓地所有权不清晰、存在隐患，等等。因此部分公众认为，殡葬业应回归基本公共服务范畴，

---

① （清）孙希旦.礼记集解［M］.沈啸寰等点校.北京：中华书局，1989：1468–1469.
② （清）孙希旦.礼记集解［M］.沈啸寰等点校.北京：中华书局，1989：1468–1469.

不应进行市场化。但实际上，殡葬改革难以令公众满意的症结并不在于市场化，而在于市场化程度不够及因此产生的市场扭曲现象。在现实环境中，殡葬服务与产品的成本不透明和行业垄断令消费者处于完全被动的弱势地位，没有充分的选择权与谈判权。一方面，政府为节约土地，保护生态环境，倡导文明殡葬而设置了许多经营公墓的准入限制；另一方面，公墓经营者因为竞争对手少、老百姓选择余地小而不断哄抬公墓价格，导致死人"房价"大大高于活人房价，殡葬产业的特殊性，民政部门的垄断性，都为殡葬业的乱象丛生埋下了祸根。

（一）丧葬礼俗的商品化和庸俗化

1.殡葬攀比现象

殡葬攀比现象自古有之，与厚葬之风相关，更与在世者个人及其整个家族的"面子"相关，这在不同时代都有相应的体现。据调查，在某些地区，办一个丧礼花费高达数万元乃至数十万元之事常见，像摆流水席、唱大戏、购买或自建豪华墓穴等等。尤其在农村地区，不少人碍于"面子"，担心自己落个"不孝"的骂名，在攀比之风的影响下，跟风大操大办，形成恶性循环。还有些人因为大加操办，给家庭带来严重经济负担，有些丧礼甚至败坏社会风气等，还有人借机大肆敛财。这些都与现代精神文明的建设背道而驰。

《湖北日报》曾在2016年3月30日8版头条组合报道《丧葬陋俗该治了》《厚葬之风为何愈演愈烈？》《丧事从简倡新风》，以"读者来信""记者调查"加"短评"的形式，报道厚葬攀比之风，排场之大，花费之巨，令人瞠目。其中报道了一位读者朱彦的来信，内容如下：

我是一名在长沙市工作的湖北通城籍青年，这个月初回老家参加爷爷丧事，深有感触：大做法事、攀比铺张的丧葬陋俗该整治了。获知爷爷去世，我当天就赶回通城老家奔丧。灵堂已经搭建起来，亲戚朋友来了几十人，还请来了7名道士做法事。到家后母亲赶紧给我穿上白色孝衣，让我下跪磕头烧香。后来才知道，这只是一个开始。每隔一个小时，都要做一次法事，又跪又拜，每个回合至少40分钟以上，三天三夜不间断，家属轮流守灵。我三天下来总共只睡了七八个小时。道士们指挥我们家属执行各项仪式，除跪拜、唱经、端灵牌外，还穿插有"驱邪""炸道士""上路"等环节。"爷爷在去天堂的路上，盘缠要足！"道士们借着各种名目，不断地端着盘子向家属收取红包。整场丧事下来，仅我一个人发出的红包就超过3000元。最后一天是出殡的日子，按照风俗，抬棺材的必须达到8个人，在一番讨价还价之后，最后敲定抬棺工钱6000元。出殡途中，抬棺木的、吹乐器的队伍多次停下来，讨要红包。这场丧事办下来算账，共花费了6万多元。还有一点让我觉得难堪，丧事过程三天三夜，鞭炮声、乐器声轮番上阵，震耳欲聋，扰得邻居们无法休息。我对丧事办得这么复杂不太理解。母亲开导我说，现在社会上兴这样，有的人家办丧事七天七夜，我们家如果办得太简单了，亲戚朋友会说闲话的。改变陈规陋习需要大环境的改善。特来信呼吁家乡治一治丧事大操大办的不良社会风气。

针对这位读者所反映的丧事大操大办问题，记者深入该读者所反映的地区对丧葬问题进行了深入调查。调查显示，当地普通人家办丧事，一般花费基本都在五六万元，多的甚至高达20万元。一般情况下，要请5~7个法师（道士）做法事，一个法师一天工钱不能少于400元，做3天法事需要8000元左右。如果另请管乐队，至少需要2000元。还有整酒席、购置棺木及祭祀用品、出殡等费用。除此之外，还有因为"厚葬"而用的唢呐、哀乐和鞭炮等声音，扰得群众颇有怨言。[①]有学者针对丧葬问题的"排场"铺张浪费等现象指出："丧葬仪式作为个体生命历程的组成部分，传达的是'慎终追远''事死如事生'的观念。受村庄中经济分化的影响，当代中国乡村的丧葬仪式越来越成为面子竞争的舞台，发生了名与实的分离。传统的丧葬仪式在保留基本仪式的前提下被不断简化，丧

---

① 龙称.丧葬陋俗该治了，厚葬之风为何愈演愈烈？丧事从简倡新风［M］.湖北日报.2016-03-30（8）.

事花费却越来越高。究其原因,村庄中不同年龄群体对生命意义认知发生断裂,50岁以下的村民更加关注从现世生活获得意义,积极参与对生者之社会性价值的获取与积累,丧葬仪式的文化意涵也因此出现了一定程度的异化。"①

2.殡葬庸俗现象

大操大办的豪华丧葬祭奠,难见肃穆庄重的气氛,却散发出浓浓的流俗气息。比如有些丧葬上流行点燃礼炮并形成攀比之风,礼炮燃放越多则显得越热闹风光;另外,在丧葬仪式上也出现了一种新花样,那就是庸俗表演,很多人直接将一个戏班子请过去,戏班子成员在舞台上又唱又跳,说唱着各种少儿不宜的荤段子,甚至表演艳舞,以此调动气氛,早已将"敬始"所要求的庄严抛诸脑后。不仅如此,在殡葬物品方面,一些价格不菲的纸糊手机、别墅、飞机、名车、游艇,纸扎帅哥、美女、麻将、桌球等新潮祭品纷纷上市,掀起"庸祭"之风。

3.殡葬暴利现象

就殡葬服务项目中政府指导价的一些项目而言,虽然各地都规定了一定的价格浮动幅度,但各地并不统一,且一些项目的价格幅度范围也过于单一。如骨灰盒,有的地方不论价格高低统一一个浮动范围(如25%),这样价格越高的骨灰盒加价的绝对数就越多,这些项目加价销售与弥补管理费用和不盈利的目的不相符。另一方面,很多地方殡仪馆采购的一些殡葬用品,尤其像骨灰盒、火化证明、消毒费等根据成本加成收费或出售的项目,成为暗箱操作吃回扣的滋生地。"吃回扣"必然会抬高殡仪馆殡葬用品的采购价格,如若再在进价基础上加成销售,难免出现天价服务问题。如市价1000元的骨灰盒,吃回扣等或使得其进入殡仪馆的价格变成4000元,再加成25%销售就变成了5000元,再加上某些可有可无的殡葬服务是经营者垄断经营下的自主定价,"天价"更是寻常。

---

① 齐燕.意义断裂与面子竞争:农村丧葬仪式的变迁逻辑——基于关中S村的个案分析[J].北方民族大学学报(哲学社会科学版),2018(4).

数据显示，在一份全国30座主要城市的墓地价格排名中，上海排在第一位，高端墓地每块近30万元，全市均价每平方米超过6万元；在北京，一些所谓"风水好"的墓地，价格多在每块15万元左右。在老龄化日益加深的当下，"白事"花费逐年增多已经成为社会的一大痛点。殡葬行业的乱象，让老百姓直呼"死不起"。[①]作为领先的殡葬服务提供商福寿园2018年报显示，公司主要业务包括墓园服务、殡仪服务、其他服务，其中墓园服务营收在公司总营收中占比86.4%。具体到墓园服务来看，公司2018年墓穴销售合计20912个，总收益为13.09亿元，平均墓穴单价为6.26万元。不过上述价格包含了公益性墓穴，记者计算发现，如果排除8403个公益性墓穴价格，则12509个经营性墓穴为公司带来了12.82亿元的收益，单价约为10.25万元。[②]

殡葬行业一直处于风口浪尖，多年来媒体所称的"中国十大暴利行业"中就包括殡葬业，人们对目前的殡葬服务、殡葬管理、殡葬方式等诸多问题怨声载道。"大城市殡葬业价格奇高，就连经济发达地区的二三线城市也进入'高价'行列，'一墓难求'不仅使活着的人难以摆脱畸形消费的恶习，也让逝者成为追求行业暴利的牺牲品。这种现象严重违背自然规律和经济规律，也与中央提出'新五化'之一的'绿色化'背道而驰。"[③]

（二）政府改革手段和方式的单一化

近几年来，殡葬改革的速度明显加快，但同时也伴随着一些负面事件的发生：如在2012年，周口市政府强力推动大规模平坟运动，约有300多万座坟墓被推平，但后来大多数被民众自动修复；2014年，安徽

---

① 昌朋淼.解开殡葬业"天价谜团"专家：政府不能缺位.［EB/OL］http://finance.cnr.cn/jjpl/20170404/t20170404_523691511.shtml，2017-04-04.

② 林子，岳彩周.殡葬业暴利：有公司墓穴均价超十万毛利率三年连涨.［EB/OL］http://sh.qihoo.com/pc/9fb18bbe2e1cc7ad7?cota=4&sign=360_e39369d1&refer_scene=so_1，2019-04-04.

③ 贾卫列.用绿色殡葬破解"一墓难求"［EB/OL］.http://opinion.china.com.cn/opinion_90_126490.html，2015-04-07.

安庆市宣布从该年的6月1日起全面实施遗体火化政策，各区县以低价收回群众预备的棺材并毁坏，多位高龄群众无法接受这种强制性的所谓改革而在6月1日前自杀身亡；在2016年7月，山东推广莱芜地区移风易俗的经验，对于传统丧礼实行"八取消、八提倡"，包括取消普穿白色孝服，取消"三天丧"提倡"一天丧"，取消唢呐鼓手，取消棺材，取消摆祭、路祭，取消"纸马""指路""泼汤"等，丧事不设筵席、不上酒，后来曲阜市进一步将"八不准"扩展为"十不准"，这是对中华传统丧礼文化实行彻底的取消主义；另外，在2018年4月，江西上饶地区强行推行火化，一个月内收缴、焚烧5000余副棺木，其中该市鄱阳县用两台挖掘机将现场近400副棺木集中砸毁，该市弋阳县还发生了对下葬七天的老人强行起棺焚尸的事件。山西省临汾市襄汾县大邓乡赤邓村贴出一则"奇葩"公告：2019年10月1日起，该村不允许满月、六十岁生日、搬家等宴请，葬礼不准披麻戴孝，不准进行祭奠活动等。以上这些事件均引起社会的强烈反响，更引起当地民众的强烈抗议，与国家倡导殡葬改革的初衷背道而驰。

1. "平坟复耕"

从2012年6月开始，河南省周口市开始了一项为期数月、颇受争议的"平坟复耕"工作，300多万个坟头先后被平掉，这种强制"平坟"的做法，导致那些与"入土为安"的先人相关的血亲和老乡的不安和不满。就在"平坟"运动达到高潮之时，2012年11月16日，中国政府网公布国务院第628号令，对《殡葬管理条例》第二十条进行修改，原规定"将应当火化的遗体土葬，或者在公墓和农村的公益性墓地以外的其他地方埋葬遗体、建造坟墓的，由民政部门责令限期改正；拒不改正的，可以强制执行"，其中的"拒不改正的，可以强制执行"被删除。该变动将河南"平坟复耕"运动推向了舆论的风口浪尖。

2. "抢棺砸棺"

江西多地出现"抢棺砸棺"的场景：执法队进村入户，强行将村民的棺材抬走，成百上千副棺木，密密麻麻地堆积在空地上，挖掘机一锤一锤捣毁，一口口的棺材瞬间化为碎木。吉安县《关于在全县推进绿色殡葬改革的通告》的文件称"从2018年9月1日零点起，在全县范围内实施殡葬改革'零点行动'"，要求"全面推行火葬。全县一体一律实行火化，实现火化率100%，火化后的骨灰一律安葬在本辖区公益性墓地内……严禁遗体装棺入土，严禁骨灰入棺土葬。违反规定的，将拆除坟墓，强行火化"。无独有偶，安徽省安庆市在极短的时间里强力推行火葬，收缴砸毁大量寿材。一些老人，为了能赶在6月1日新政之前"睡着棺木死去"，于是纷纷以喝农药、上吊、投井、割喉等方式自杀，造成极大的负面影响。2014年5月24日，安庆市桐城新店村，40多副棺木被砸坏后，扔在村边的荒地上。25日，桐城市宣传部副部长伍建强称，经摸底，桐城全市一共有4.6万副棺材，已经被处置（销毁）的约4.5万副，剩余800副左右棺材仍保留在居民家中。

《殡葬管理条例》规定殡葬管理的方针是：积极地、有步骤地实行火葬。也就是说，要把握殡葬改革的进度和尺度，分阶段、分层次地推进。这样规定的出发点，是基于群众情感基础和心理接受能力，还有改革的规律。但是，出于对传统文化某种程度的误解以及对政绩的强烈追求，许多地方政府官员依然简单地将传统礼俗简单化地等同于"四旧"，必欲破除而后快，于是就出现了这样一种奇怪的荒诞景象：在文明的时代以一种不文明的方式对待传统文化，并机械地甚至粗暴地实行简单整改措施，结果导致诸多社会问题和矛盾的出现。

（三）丧葬观念的断裂感与焦虑化

当前殡葬市场的乱象与人们的丧葬观念之间存在一种交互关系，一方面市场所提供的服务及其商品会影响人们的消费观念；而另一方面，人们不断变化的观念及其需求也同样会对市场产生影响。人们一边高呼"死不起"，一边又不断在相互攀比之风中投入高消费。

1."死不起"的焦虑

根据民政部发布的基本殡葬服务费用调查报告，五项殡葬服务项目，包括:遗体接运(以往返40公里计)、遗体存放(以3日计)、遗体火化(取平板炉火化标准)、骨灰寄存(以1年计)、骨灰盒(以最低价计)。调查显示,67%的殡仪馆五项殡葬费用在700~1300元之间,全国殡葬服务费用平均为1045元/具。[①]这是基本殡葬服务费用,如果按照这个费用,一般的家庭还是可以承受,但为何人们还是存在"死不起"的焦虑呢?造成"死不起"的原因主要有几个方面:一是殡葬商品和殡葬服务价格虚高;二是群众殡葬心理预期不断提高;三是我国的国情决定了殡葬用地不可能敞开供应,公墓行业面临无地可用局面。

首先,公墓私有化和垄断化,这可能是殡葬业成为暴利行业的原因之一。加上监管不到位、殡葬管理体制不够完善,加上殡葬服务基础设施的滞后,导致公墓建设难见成效。公墓重点在"公"字,属于公共服务设施,是政府无偿为百姓提供的服务。但中国的殡葬业仍是由一小部分地区性的殡葬业经营者控制,例如,上海的福寿园就属于私企,据日本《外交学者》杂志网站2014年2月22日报道,这家设在上海的公司是中国最大的殡葬服务商。2013年12月该公司以2.15亿美元在香港首次公开募股时,超额认购近700%,震惊了投资者。2月14日,股价报收于4.8港币(约合人民币3.8元),比发行价涨了40%。就连美国投资公司凯雷集团也购买了福寿园的股票,[②]进而引发群众"死不起"的心理焦虑。越是经济发达、人口密集的城市,越有可能造成墓地高价现象。以上海市嘉定区"青竹园""长安墓园"等为例,1平方米左右墓地售价约人民币5万~8万元,而2014年初嘉定区新建的价格多在每平方公尺1万~2万元,墓地单位价格是房产的4~5倍。广州一座墓园的价格过去10年里每年都会上涨10%。

其次,城市空间日渐狭窄,土地资源逐渐紧张,加上中国的人口老龄化进程,墓地将越发成为稀有资源。据中国台湾地区的《旺报》报道,

---

① 360百科."死不起"[EB/OL].https://baike.so.com/doc/9891802-10238960.html.
② 陶然.日媒:人口老化助推中国殡葬业"越来越赚钱"[EB/OL].http://china.cankao xiaoxi.com/2014/0224/351146.shtml,2014-02-24.

鉴于每年有约930万人死亡，而城市空间日渐狭窄，中国的墓地空间将在6年内用尽。然而，目前还不清楚现有的监管规定是否允许更多的土地资源被用作墓地。①随着中国人口持续老龄化导致每年死亡人数不断增长，火化人数稳定上升，这成为中国殡葬服务业增长的主要驱动因素。中国拥有世界上最多的死亡人数，因而拥有最大的死亡服务潜在消费群。到2017年，中国殡葬服务业市场的规模将达165亿美元。②日渐萎缩的土地供应和不断增加的需求正在推动中国的殡葬产业走向繁荣。

再次，市场及人为因素。造成丧葬费用高等问题的"推手"之一，是一些殡葬中介机构和个人。他们通过倒卖逝者信息、"宰客"乱要价和"山寨"殡仪馆助推殡葬暴利、扰乱殡仪市场。但在整治过程中，无"法"可依、无门槛、监管分散等问题，也困扰着管理者。③据报道，在江苏、安徽、四川等地的调查显示，丧葬费用高的主要"推手"是处在逝者家属与殡仪馆之间的殡葬中介机构和个人。在南京市多家医院了解到的信息显示，殡葬中介一般都有医院的"内线"，他们通过医院护工搜集信息，及时掌握各科室危重病患情况，一旦有人去世，他们将立刻派人前去洽谈"业务"，承诺为家属提供"一条龙"服务。④时代华认为，"死不起"的说法，有很大程度上出于消费攀比心理，现在不是"死不起"，而是"葬不起"。⑤后事处理有两个基本环节，一个是遗体火化，一个是骨灰埋葬。一般来说，火化费、接运遗体费等都是由物价部门审批的，如果按照最基本的殡葬服务费用，一般家庭都可承担，不存在"死不起"的问题。但如果要按照高档消费，比如存放遗体选高档间，买高

① 陈鑫.美刊：供不应求推高中国殡葬业价格［EB/OL］.http://china.cankaoxiaoxi.com/2013/1013/285267.shtml.2013-10-13.

② 陶然.日媒：人口老化助推中国殡葬业"越来越赚钱"［EB/OL］.http://china.cankaoxiaoxi.com/2014/0224/351146.shtml,2014-02-24.

③ 杨宁昱.中国殡葬业乱象：护工提供一逝者信息获利千元［EB/OL］.http://china.cankaoxiaoxi.com/2014/0408/372234.shtml.2014-04-08.

④ 杨宁昱.中国殡葬业乱象：护工提供一逝者信息获利千元［EB/OL］.http://china.cankaoxiaoxi.com/2014/0408/372234.shtml.2014-04-08.

⑤ 时代华.试论殡葬业目前的基本矛盾［EB/OL］.http://www.chinabz.org/bzkj/lltt/5277.html,2017-08-31.

档骨灰盒等，一具遗体处理下来，费用可以达几万甚至几十万元。这当然不是人人都可以承受的。

2."丧葬观"的断裂

在丧葬观念方面，传统与现代相互交织，一方面，人们对于厚葬仍保有情怀，并认为墓地风水的好坏可以福泽子孙后代，为亲人厚葬也是孝的体现，"厚葬"既是为死去的亲人，也是为自己，更是为后代着想。因此，"孝子贤孙"们往往不惜重金，为逝去的父母长辈选一块"风水宝地"。但是，墓穴价格昂贵一方面让民众感叹"死不起"；另一方面，生态殡葬、低价墓穴又遇冷，很多人并不愿意"便宜死"。抱怨"死不起"的同时又不愿意"便宜死"，这体现了中国人在丧葬观念上传统与现代的"断裂"。

不过，现代葬礼的方式较之传统已然发生了很大变化，例如丧礼程序的简化、丧服的变化等，身穿孝服和披麻戴孝等在很多人看来似乎总有一种索隐行怪之感，甚至自发地将他们与愚昧落后联系起来，一味地将传统丧礼当中的各类行为视为迷信之举，这其实表达了文化断层之后，现代人对于传统文化的真正隔膜。丧葬既要满足人们的死后基本需求，更要满足人们对于这一问题的精神需求。丧葬不仅仅是一种服务，更是一种文化符号，它所表达的是一个国家、一个地区不同的民风人情、文化传承以及情感认同。因此，"在我们现代的殡葬理念中，我们不仅仅要对历史文化进行继承，还要对其进行升华，更要着眼于现代以至于未来的大文化建设。因而，可以说，殡葬是一个地区精神、文化建设的重要体现。"①

（四）丧葬仪式和程序的粗糙化

现代社会的种种变迁，使得传统丧葬制度逐渐褪去其核心的社会功能，而逐渐流于形式。从我国丧葬历史的发展来看，自1956年的殡葬改

---

① 时代华.试论殡葬业目前的基本矛盾［EB/OL］.http://www.chinabz.org/bzkj/lltt/5277.html，2017-08-31.

革以来，我国的殡葬方式日益多样，丧葬礼仪也一直朝简单化发展。丧礼简化，确实在人类的殡葬文化史上有着极其重要的进步意义，但随之而来的也产生了许多负面的影响。有关专家研究发现，近六十年来，由于丧葬礼仪的不断简化，已使传统的孝道观念受到了强烈的冲击。"殡葬活动首先是一系列规定的社会行动，主要是围绕身体所举行的仪式，这个身体是死亡的身体，通过这种仪式死亡身体的意义才能显现。但是，现代殡葬的程式化服务将对身体的行动转变成对尸体的处理，那些被裹挟的非理性消费也未能承载死亡身体的意义，殡葬的伦理学功能就更缺失了。"①

1.家庭功能式微

在传统社会，家的功能不止是生儿育女，还包括种种经济的、社会的乃至政治的功能。按照费孝通先生的观点，中国传统乡土社会中的家是个绵延性的事业社群，它的主轴是在父子之间，是纵的而不是横的。"君臣"如"父子"，"朋友"如"兄弟"，"夫妻"如"男女"，维持这一主轴的坚固，进而达到整个家族的团结、社会乃至国家的稳定。完成这家族所承担的各种事业功能，自然就成为最重要的事情。从整个国家看，家与国又是相连的，家的稳定直接关系到国的稳定。"孝"自然与"忠"相连，需要"以孝养忠"，甚至"以孝治国"，加在孝之上的责任自然就更重了。较之传统社会，现代人的生活不但节奏紧促，而且已不再局限于狭小的地缘关系，这导致其与家人尤其是祖辈相处的时间有限，对于血缘亲情的感知和认知都相对减弱。黑格尔认为："作为精神的直接实体性的家庭，以爱为其规定，而爱是精神对自身统一的感觉。因此，在家庭中，人们的情绪就是意识到自己是在这种统一中，即在自在自为地存在的实质中的个体性，从而使自己在其中不是一个独立的人，而成为一个成员。"②社会变迁中，家庭的生物性、社会化、保护性、经济性、感情性等功能，也随之改变。

---

① 费中正.身体的死亡与象征交换的重构：殡葬文化研究初探［J］.中州学刊，2013（12）.
② ［德］黑格尔.法哲学原理［M］.范扬，张企泰译.北京：商务印书馆，2009：175.

2.丧葬程序简化

现代殡葬程序主要分为以下几个步骤，分别是：电话预约（主要包括：接运遗体预约、预约告别厅、预约火化炉等）；接运遗体服务；接待服务（主要包括：遗体进馆后挂号和消毒、客户选择服务项目、收费等）；告别服务（主要包括：遗体整理、布置告别厅、协助客户摆放花圈花篮及挽幛等、司仪人员与丧事主办人沟通相关告别事宜、组织丧属列队准备告别、主持告别仪式等）；告别程序（默哀，奏哀乐；介绍逝者生平，亲属代表致答谢词；向遗体三鞠躬；瞻仰遗容，向遗体告别）；火化服务（遗体火化、骨灰冷却、对骨灰进行异物分拣后装灰、发放骨灰等）。

基于其物质主义的价值观和工具理性的限制，又对古典丧礼充满傲慢与偏见，现代殡葬无意间将逝者当作"垃圾"一样地处理掉了，不少人对这种简单粗暴化的丧葬程序提出质疑，认为丧礼不应该是简单的告别，而是与亲人以另一种方式联结，通过丧礼的一系列仪式安排，我们虽送走了亲人死去的躯体，却通过祭丧礼仪与他的精神在更深层次上联系起来，通过葬礼、祭祀让死者"不亡"，不被后人遗忘，并以此加固宗族的精神凝聚力和血脉的传承力。

第一章

中国传统丧葬习俗的
吸收借鉴

一、丧葬简史

丧葬，作为中国历史文化的重要组成部分，源远流长。丧葬礼俗并非人类诞生伊始就存在，而是经历了长期发展演变的过程，从上古最为简单的"葬之中野"，到逐渐繁冗复杂的丧葬程序、规则和礼仪，都从一定程度上反映了社会经济、思想文化的不断进步。

（一）原始萌芽

《周易·系辞》中曾说："古之葬者，厚衣之以薪，葬之中野，不封不树."有学者认为，这种丧葬方式可能是受到了一种上古"弃尸"习俗的影响，此时还并没有出现棺椁、坟墓的丧葬现象。故《孟子·滕文公上》说："上世尝有不葬其亲者，其亲死，则举而委之于壑."将死者弃之原野便草草了事。据考证，我国最晚在旧石器晚期便出现了丧葬礼俗，在北京周口店山顶洞遗址中，考古学家便发现了墓葬的遗存。而距今6000年左右母系氏族社会繁荣时期的黄河流域仰韶文化遗址，便出现了2000多座公共墓葬，都距居住区不远，大多数是土坑葬，并且排列有序。葬式丰富，如既有个人葬，也有合葬，其他还有一次葬、二次葬、屈肢葬、割体葬、瓮棺葬等；葬法多元，如土葬、火葬、瓮棺葬、衣冠葬等；在丧葬习俗方面，则出现了割体、涂朱、归葬、人牲、人殉、葬猪等习俗；在葬具上则有瓮棺、石棺、木棺、树皮棺、船棺等。[①]这些丧葬形式、习俗对后世的墓葬礼俗产生了深远的影响。

---

① 徐吉军.中国丧葬史［M］.武汉：武汉大学出版社，2012：12-51.

（二）周代立制

中国古代的丧葬礼仪主要是由《周礼》来确立的，历代虽然有变化有损益，但基本内容和方式没有大的改动。《周礼》中包括一整套可操作的关于饮食、起居、祭祀、丧葬等方方面面的礼乐制度，并成为系统化的社会典章制度和行为规范。《周礼》所规定的典章制度和礼仪规定名目繁多，有吉礼、嘉礼、凶礼、宾礼、军礼等。其中"凶礼"即是丧葬之事，"丧葬之礼节，皆整顿于周。由贵贱亲疏，而有种种差别。其中情之厚，世界所未见也。周公立制，节目详备，哭泣擗踊皆有法。"①其中包括丧葬程序如"复""沐浴""饭含""小敛""大殓"之礼等；在丧葬礼制方面，则首次提出"三年丧"之说，父母君师之丧，上自天子，下至庶民，无贵贱上下之别，皆以三年为定例。根据远近亲疏的差别，规定了服丧制度，对于服丧日期、丧服、服丧期间的饮食起居皆有明确的规定。在葬式上，也有严格的等级之分，如在殡葬时间上规定天子"七日殡""七月葬"；诸侯"五日殡""五月葬"；大夫、士"三日殡""三月或逾月葬"等。这些丧葬程序和规定对后世的影响极大。

（三）后世沿袭

在周代立制之后的相当长一段历史时期之内，丧葬、祭祀等礼俗基本都是对周制的沿袭。秦汉时期的丧葬礼仪大体上继承了春秋战国时期的丧葬礼仪制度，并且更趋于系统化，大致包括葬前礼、殡葬礼以及葬后服丧礼三项主要程序。徐吉军认为，汉代时期的居丧制度出现了礼法并举的趋向，居丧制度仍作为强制性的道德规范予以推行，尤其到了东汉时期，居丧已经成为朝野上下的普遍风尚。②另外，"三年丧"也开始逐渐推行，只是过程颇为曲折。

清代昭梿《啸亭杂录·三年丧》："自汉文帝短丧后，历代帝王皆蹈

---

① 张亮采.中国风俗史［M］.北京：中国书籍出版社，2015:30.
② 徐吉军.中国丧葬史［M］.武汉：武汉大学出版社，2012：267-268.

其陋。"汉文帝遗诏中提倡短丧，其遗诏曰："朕闻盖天下万物之萌生，靡不有死；死者，天地之理，万物之自然者，奚可甚哀。当今之时，咸嘉生而恶死，厚葬以破业，重服以伤生，吾甚不取。且朕既不德，无以佐百姓；今崩，又使重服久临，以离寒暑之数，哀人之父子，伤长老之志，损其饮食，绝鬼神之祭祀，以重吾不德，谓天下何！朕获保宗庙，以眇眇之身托于天下君王之上，二十有余年矣。赖天之灵，社稷之福，方内安宁，靡有兵革。朕既不敏，常惧过行，以羞先帝之遗德，惟年之久长，惧于不终。今乃幸以天年，得复供养于高庙，其奚哀悲之有！……其令天下吏民：令到出临三日，皆释服；毋禁取妇嫁女祠祀饮酒食肉者。自当给丧事服临者，皆无践；绖带无过三寸；毋布车及兵器；毋发民哭临宫殿；宫殿中当临者，皆以旦夕各十五举声，礼毕罢；非旦夕临时，禁毋得擅哭；已下，服大红十五日，小红十四者，纤七日，释服。"[①]这一遗诏将三年之丧"以日易月"的方式，将丧期改成了36天，并垂为定制，为后世所效仿，务从简约。张亮采在其《中国风俗史》中指出："自汉文短丧之诏下，而大臣不行三年丧，遂为成例。统计两汉臣僚为父母服三年丧者甚少。邓衍不服父丧，明帝闻之，虽薄其为人，然朝廷本无服丧定例，故亦不能以此罪之。其臣下丁忧，自愿行服者，则上书自陈。有听者，有不听者，亦有暂听而朝廷为之起复者。又因两汉丧服无定制，听人自为轻重，于是循名义者宁过无不及。"[②]不过，在这一时期，宗族祭祀兴盛，出现了墓上种柏与作祠堂。汉人以宗庙之礼，移于陵墓，建墓祠，尚墓祭。丧葬仪式中的招魂、挽歌、行状、碑文、墓志铭，以及为坟葬相地吉凶的堪舆之术兴盛。

秦汉时期的风水观念主要体现在葬地和葬日的选择上，出现了专门的卜选葬日之书——《葬历》。《论衡·讥日篇》提到："葬历曰：'葬避九空、地臽，及日之刚柔，月之奇耦。日吉无害，刚柔相得，奇耦相应，乃为吉良。不合此历，转为凶恶。'夫葬，藏棺也；敛，藏尸也。初死藏

---

① 司马迁，吴树平等.全注全译史记（上册）［M］.天津古籍出版社，1995：364。

② 张亮采.中国风俗史［M］.北京：中国书籍出版社，2015:71.

尸于棺，少久藏棺于墓。墓与棺何别？敛与葬何异？敛于棺不避凶，葬于墓独求吉。如以墓为重，夫墓，土也，棺，木也，五行之性，木土钧也。治木以赢尸，穿土以埋棺，治与穿同事，尸与棺一实也。如以穿土贼地之体，凿沟耕园，亦宜择日。世人能异其事，吾将听其禁；不能异其事，吾不从其讳。日之不害，又求日之刚柔；刚柔既合，又索月之奇耦。夫日之刚柔，月之奇耦，合于葬历，验之于吉，无不相得。何以明之？春秋之时，天子、诸侯、卿、大夫死以千百数，案其葬日，未必合于历。"①另外，秦汉时期的厚葬之风鼎盛，尤其体现在帝王将相的陵墓中，不但陵墓修建豪华，而且随葬之物也非常丰富。

魏晋南北朝时期，丧葬礼仪基本沿袭汉制，但由于受到佛、道二教的影响，灵魂不灭、因果报应、鬼神显验、肉体飞升等宗教迷信，成为极其普遍的社会心理和社会意识。由于这一时期社会动荡不安，战争不断，薄葬成为当时社会的重要时尚。另外，如相墓术和佛事的兴起，潜埋虚葬、招魂葬、归葬、渴葬、短丧俭葬的盛行，都是极富时代特色的丧葬习俗。②张亮采先生指出："晋代期功之丧犹以为重，自祖父母、伯叔父母以至兄弟姊妹妻子之丧，初丧去官，除丧然后就官。"③不过，此时也出现了一些诸如丧不废乐、居丧食肉、迁葬等风气。

唐代丧葬礼仪基本沿袭周制，只是更加制度化和法律化。初唐的两位君主唐高祖和唐太宗极力推行"法治"和"礼制"并重的治国方针，制定了《唐律》和《贞观新礼》，后来的唐玄宗也制定了《大唐开元礼》。其中都有关于殡葬的详细规定，如《唐律疏议·职制律》当中规定："诸闻父母若夫之丧，匿不举哀者，流二千里；丧制未终，释服从吉，若忘丧作乐，徒三年；杂戏，徒一年；即遇乐而听，及参予吉席者，各杖一百。闻期亲尊长丧，匿不举丧者，徒一年；丧制未终，释服从吉，杖

---

① （汉）王充.论衡校注［M］.张宗祥，郑绍昌标点.上海：上海古籍出版社，2010：476.
② 徐吉军.中国丧葬史［M］.武汉：武汉大学出版社，2012：280.
③ 张亮采.中国风俗史［M］.北京：中国书籍出版社，2015：106.

一百。大功以下尊长，各递减二等。卑幼，各减一等。"①意思是如果隐瞒父母、丈夫的死讯而不立即发丧的话，会被判处流刑发配二千里；如果在父母、丈夫死后的二十七个月内就脱去丧服并换上吉服作乐，就得判处徒刑三年；如果涉及尊长如伯、叔父母、姑、兄、姊等人的死讯而隐瞒不发丧的，判处徒刑一年。这是继《周礼》之后我国历史上再次通过国家力量使得丧葬礼仪达到了全面"制式化"的高度。在这一时期，佛家葬俗和相墓术进一步发展。

宋元时期的丧葬礼俗出现了儒道佛三教合一的现象，并且佛道化的趋向十分明显，火葬、厚葬、佛事与风水、墓祭等丧葬习俗盛行，但也同时出现了一些极具民族色彩的丧葬习俗，如蒙古族的丧葬习俗。在居丧方面，虽有礼制法度、道德礼俗上的制约，但在实际操作过程中，却并不严格。对此，张亮采先生提到："宋时丧礼尽废，士大夫居丧，食肉饮酒，无异平日。又相从宴集，靦然无愧，人亦毫不为怪。乃至鄙野之人，初丧未殡，亲宾则赍酒馔往劳之。甚至初丧作乐以娱尸，及殡葬则以乐道輀车，而号泣随之。亦有乘丧即嫁娶者。"②由于受到佛教的影响，凡有丧事，无不供佛饭僧，认为这样可以为死者减轻罪孽，增加福祉，使其可以往生天堂，享受极乐。除此之外，宋朝时期非常流行火葬："《宋史》绍兴二十七年，监登闻鼓院范同言：今民俗有所谓火化者，生则奉养之具唯恐不至，死则燔热而捐弃之。国朝著令，贫无葬地者许以官地安葬。河东地狭人众，虽至亲之丧，悉用焚弃。"③

明清时期的丧葬制度和习俗基本沿袭唐宋。徐吉军指出："明代丧葬礼仪的制定主要依据《仪礼·士丧礼》，另外也参考了唐代《开元礼》和宋代的《朱子家礼》。"④朱熹在《朱子家礼》中将丧葬分成了许多步骤，仅安葬之前就有初终(病人一断气称作初终)、沐浴、袭、奠、为位、饭

---

① 曹漫之．唐律疏议译注［M］.吉林人民出版社，1989：408–409.
② 张亮采．中国风俗史［M］.北京：中国书籍出版社，2015:157.
③ 张亮采．中国风俗史［M］.北京：中国书籍出版社，2015:158.
④ 徐吉军．中国丧葬史［M］.武汉：武汉大学出版社，2012：463.

含、灵座、魂吊、铭旌、小殓、大殓、成服、朝夕哭奠、上食、吊、奠、赙、闻丧、奔丧等步骤，这些步骤是需要分成若干天完成的，其中第一天所做的事有沐浴、袭(意思是助丧者陈列好别人送来的物品)、奠(祭奠)、为位(设立停放尸体的床，并用席子、被褥、枕头铺好，第一步放置大带、黑衣、袍袄、汗衫、袴袜、勒帛、裹肚之类于其上，然后带进室外帷帐之内，再放置浴床的西边，移尸其上，病时所穿衣服及内衣全部脱掉，换上新衣，但未着头巾、黑衣、鞋子)、饭含(即往死者口内放置不易腐烂的物品，以免死者嘴巴由于水分挥发而产生凹陷，影响面部美观，早期是放饭，发展到后来则是放置玉器之类的物品)、设置灵座、制作魂吊、铭旌等物品，第二天是小殓(即为死者穿好头天没有穿上的头巾、黑衣、鞋子)，第三天才是大殓(即将死者放入棺木)，每一个步骤在施行过程中都要有丧属在一旁陪哭。[①]朱熹在设计了如此多的步骤之后，紧接着对这些步骤作了详尽的说明，如此繁苛的要求为近代殡葬改革提供了无限空间。

(四)近代变革

中国在进入近现代社会之后，丧葬礼仪产生了巨大的变化。1918年11月23日，著名文化人士胡适的母亲逝世，为了提倡新文化，胡适在办理母亲的丧事期间在几个环节上作了一次尝试性的改革，如简化了讣文，删除了旧式讣文中"不孝××等罪孽深重，不自殒灭，祸延显妣"等之类的虚套，不仅不接受亲友赠送的冥器，自己也不购买此类物品，只接受香与挽联之类的物品，不请和尚、道士。对于这次改革，在胡适看来，丧礼应该随着社会发展而变迁，他认为："当从两方面下手。一方面应该把古礼遗下的种种虚伪仪式删除干净，一方面应该把后世加入的种种野蛮迷信的仪式删除干净。这两方面破坏功夫做到了，方才可以有一种近

---

① (宋)朱熹.朱子家礼[M]//王燕均，王光照校点.朱杰人，严佐之，刘永翔主编.《朱子全书》(第6册).上海古籍出版社、安徽教育出版社2002：902-929.

于人情，适合于现代生活的丧礼。"①主要体现在如下几个环节：

改革讣告，删除了虚文客套；

不接受纸质冥器；

不请和尚道士；

不按照《朱子家礼》强调的要求那样每一步骤的实施，都要有丧属在一旁陪哭，而是"哀至即哭"。

改革祭礼，这个祭礼不是安葬之后的祭礼，而是出殡之前的祭礼，用今天的眼光看来也就是吊唁之礼。胡适对它的改革是这样叙述的："本族公祭仪节：(族人亲自做礼生)序立，就位，参灵，三鞠躬，三献，读祭文，(祭礼中列来祭的人名，故不可少）辞灵，礼成。亲戚公祭，我不要亲戚'送祭'。我把要来祭的亲戚邀在一块，公祭主祭者一人，赞礼二人，余人陪祭，一概不请外人作礼生，不用'三献礼'。向来可分七八天的祭，改了新礼，十五分钟就完了。仪节如下：序立，主祭者就位，陪祭者分列就位，参灵，三鞠躬，读祭文，辞灵，礼成。谢奠。"

简化出殡；

简化点主；

不用阴阳先生，也就是说不请风水先生选墓地；

服丧：只穿五个月零十几天的丧服，实行短丧。

1928年，时任礼制服章审订委员会及中央研究院院长的蔡元培和内政部长薛笃弼鉴于各地丧俗的纷繁复杂，不利新式丧俗的形成，为改变这种现象，遂制订了《丧礼草案》②，全文如下：

报丧：死者殁后，家属通知亲友，或用讣帖，或登报。

亲殓：①告殓，丧主行告殓礼，向死者行三鞠躬礼。②陈殓具。③入殓。④盖棺。⑤丧主向灵前行三鞠躬礼，亲友向灵前行一鞠躬礼。

---

① 周吉平．北京殡葬史话［M］．北京：北京燕山出版社，2002：109.

② 长盛殡葬整理．丧礼草案．http://www.bokee.net/company/weblog_viewEntry/24468416.html，2015-07-13.

丧主谢襄殓者行一鞠躬礼。礼成。

　　受吊：来宾至灵前行三鞠躬礼，行礼时奏哀乐。礼毕，丧主致谢行一鞠躬礼。

　　祭式：①序立。②奏哀乐。③主祭者就位。④参灵，向灵前行三鞠躬礼。⑤献祭品(限鲜花、酒果等)，奏乐。⑥读祭文。⑦辞灵，向灵前行一鞠躬礼。⑧奏哀乐，礼成。

　　别灵：甲、来宾辞灵礼：①就位。②奏哀乐。③向灵前行三鞠躬礼。礼毕，丧主致谢行一鞠躬礼。乙、丧主辞灵礼：①就位。②奏哀乐。③向灵前行三鞠躬礼。

　　出殡：铭旌在前，次挽联、花圈，次乐队，次像亭，次送殡者，次丧主，次灵柩。(挽联、花圈、乐队、像亭等，不用者听。)

　　葬仪：甲、丧主行告窆礼：①就位。②奏哀乐。③读告窆文。④行三鞠躬礼。乙、丧主祭墓礼：①就位。②奏哀乐。③向墓前行三鞠躬礼。丙、送葬者参墓礼：同上。礼毕，丧主致谢行三鞠躬礼。

　　附则：

　　殓服：礼服或军服。附身以衾为限，不得用金玉、珍玩等物。

　　丧服：白衣、白冠。

　　旧俗所用僧道建醮，一切纸扎冥器、龙杠衔牌及旗锣伞扇等，一概废除。

　　纪念死者可用遗像，载名生卒年月及年岁等。如用神主，题主旧礼应即废除。

　　丧事从俭，奠仪、挽联、挽幛、赙仪、花圈等为限。此外，如锡箔、纸烛、纸盘、冥器等物，一概废除。

　　无论是从胡适所提倡的丧礼改革，还是《丧礼草案》当中所倡导的丧俗，其核心精神都在于一方面破除封建迷信的影响，另一方面则是减化繁杂的丧葬程序，这奠定了中国现代殡葬改革的基本方向。

二、丧葬礼俗

丧礼是与殡殓死者、举办丧事、居丧祭奠有关的种种仪式礼节，在古代为凶礼之一。在传统社会，为亲人特别是父母办理丧事是一件极为重要的大事，很早就形成了一套严格的丧礼制度。由于文献不足，商代以前的丧礼制度已难稽考，而周代的丧礼制度经战国学者的整理，有较详细的资料保存在儒家经典之中。《仪礼》中的《丧服》《士丧礼》《既夕礼》《士虞礼》四篇，就是专讲丧礼的，此外在《周礼》和《礼记》中也有若干记载。儒家礼经所记丧礼制度，主要是为士以上的统治集团成员制定的，但其影响则远远超出这一范围，而且大体上被后世所沿袭，二千多年来一直对历代的传统丧礼起着指导作用。如唐《开元礼》、宋《政和礼》、明《明会典》以及对士大夫阶层影响较大的司马光《书仪》、朱熹《家礼》所载丧礼制度，无不以之为范本而略加变通。以《仪礼》的记载为主要依据的中国古代丧礼制度，等级分明，如其中提到："天子死曰崩，诸侯曰薨，大夫曰卒，士曰不禄，庶人曰死"，"居丧未葬，读丧礼。既葬，读祭礼。"（《礼记·曲礼下》）丧礼也有不同的等级，并且程序复杂，名目有五六十种之多。礼之本经《仪礼》之《士丧礼》篇乃先秦士阶层"丧礼"之上篇，即初丧，与记述葬礼部分的下篇《既夕礼》相连成文而不可分割。记载葬后诸祭的《士虞礼》则言及三虞、卒哭、小祥、大祥、禫等情况。《丧服篇》则专述居丧服制规定。此四篇相合，才是先秦完整的士阶层三年之丧礼。

（一）丧葬流程

在整个中国礼仪文化中，丧礼及其相关的丧服制度是最为浩繁复杂的内容。《士丧礼》中详细讲述了治丧的具体过程和仪式，这一过程大致由以下一些环节构成：为死者招魂，覆盖衣被，楔齿缀足；君使人吊唁、赠衣，死者亲属、僚友吊唁、赠衣；为死者建铭，沐浴，着装，饭含，设重；小殓，大殓；朝夕哭；卜筮葬居和葬日等等。人们把丧葬礼仪程序分为三段：葬前分礼，即招魂、沐浴、饭含、大小敛、哭丧停尸等；葬礼即祭典、送葬、下棺等；葬后为服丧之礼。具体来说，可以划分为临终（初死）礼、殡礼、葬礼及其葬后之礼。通过一整套繁琐的丧礼程序，体现孝亲之意和敬始之心，并通过丧礼强化血亲关系，淳化社会风气。

1. 临终礼

按照传统殡丧之礼，临终者去世之后，就要准备一系列的仪式，如招魂、楔齿、缀足、饭含，还要打扮尸体、在堂上张起帷幕、报丧，等等，这些都是在人断气后要连续进行的项目。

（1）纩。

《礼记·丧大记》中说："属纩以俟绝气。""纩"是一种极其轻薄的丝絮，属于新絮。放在病人的鼻孔前，只要一息尚存，纩就会飘动。如果纩纹丝不动，表示已经气绝。根据《仪礼·既夕礼》和《礼记·丧大记》所说，病人病危时，要把寝室内外都打扫干净，撤去乐悬，把琴瑟收藏起来，把病人移据于正寝"適室"，并头朝东躺在室内北墙下。"士处適寝，寝东首于北墉下。有疾，疾者齐。养者皆齐，彻琴瑟。疾病，外内皆扫。彻亵衣，加新衣。御者四人，皆坐持体。属纩，以俟绝气。"（《仪礼·既夕礼》）撤去床，为病人脱下脏衣，换上新衣，由四个人分别按住病人的四肢。男女改换服装。在病人的口鼻上放点丝棉，以判断是否还有气息。因此，亦有以"属纩"代指临终者之说。

（2）沐浴。

为死者整理仪容。沐是洗头，浴是洗身。水为热洗米水，布用细葛絺巾。用所煮之淘米水给死者洗头、梳头，用巾拭干；再用浴巾洗尸身，用浴衣拭干。将洗过的水及梳、巾、浴衣等一并扔于甸人所掘之坎中，然后和往日一样为其修剪指甲、头发、胡须等。接着用发髻束发，插上发笄，穿上贴身内衣。

（3）饭含。

饭含乃士丧之礼，自天子以至于士人，此礼皆然，后世随着时代的不一，饭含也各有所异。"主人在扱米，实于右，三，实一贝。左、中亦如之。又实米，唯盈。"（《礼记·士丧礼》）主人用左手往死者嘴的右侧放米三次，继而放一个贝壳。然后在死者嘴的左侧和中间也照此处理。又放米，及满乃止。《礼记·檀弓下》说："饭用米贝，弗忍虚也。"郑注："尊之也。食道亵，米贝美。"出于孝亲不忍离别之意，生者不忍亲人空着嘴巴和肚子离去，故设此礼，将米和贝这类宝物放入死者口中以充实之。不用熟食而以米、贝，乃因其自然洁美。此仪节是在沐浴后小殓前。饭，指往死者口中放入米贝等物；含，指往死者口中放入珠玉等物。天子为含玉之礼，大夫则是饭玉之礼，《礼记·杂记下》云："天子饭九贝，诸侯七，大夫五，士三"，这说明"饭含"在丧礼中体现了不同的身份和等级。

（4）袭尸。

《仪礼·既夕礼》中说："袭，赗用制币，玄纁束，拜稽颡，踊如初。""袭"是沐浴、饭含之后为死者设掩和幎目、穿鞋衣，直至加冒等一系列仪节的总称。先用巾蒙住尸面，次用新丝绵塞住死者双耳，再将蒙面之巾系好；继而系上屦带，于脚背处将两屦系在一起。接着为死者穿上三套衣服，贴身之衣不算在三套之内。系好大带，插笏板于带之右侧。又套上右手大拇指套，并用握手丝带将其联结于臂腕，于手背上打好结。用"冒"套好尸体，盖上衣被。然后将布巾、浴巾、祭勺、修剪而得之乱发、指甲等统统理于坎中。

（5）复。

即招魂仪式，传统丧葬礼仪中常见的一种方式。《礼记·檀弓下》载："复，尽爱之道也，有祷祠之心焉；望反诸幽，求诸鬼神之道也；北面，求诸幽之义也。"死人出殡以前，由死者的一位亲人站到房顶上高呼几声死者的名字，将他走掉的魂召唤回来。"复"谓招魂复魄，意为召唤死者之魂归来。礼制规定的程序是，人始死，亲人应先尽哀而哭，哭喊一段落之后，才开始招魂。因此《礼记·丧大记》说："唯哭先复，复而后行死事"。《礼记·丧大记》载："复……皆升自东荣，中屋履危，北面三号，卷衣投于前，司服受之，降自西北荣。"人始死时魂魄离体未久，可持死者之衣升屋，北面三呼，招其魂魄归体，称为"伏魄"。由是可知，古人初死，招魂者都是从东荣处登梯升屋，一直上到屋脊的正中间，面朝北，挥动着招魂所用的衣服，拉长声调地呼喊三声："某，回来吧！"然后把招魂的衣服卷起来从前檐投下，下面一个人用竹筐接住，招魂者从西面屋翼的北边下来。

2.殡丧礼

殡后第十天，就需要置办撑材和明器。朝奠在日出时举行，夕奠在太阳尚未落山时举行。大敛以后，棺柩停放在殔内，等待落葬。大殓奠之后，盛放死者遗体的棺木谓之柩，停柩待葬的这一段时间谓之殡。古时一般停柩于宗庙，后世则在自己家中。主东宾西，西乃宾位。死者的灵柩停放于家中堂屋之西，寓意像对待宾客一样对待死者，此即"殡"为名之来历。《礼记·王制》云"天子七日而殡，七月而葬。诸侯五日而殡，五月而葬。大夫、士人、庶人三日而殡，三月而葬。"即根据不同的身份，殡与葬的时间安排是不同的。

（1）报丧。

又称"讣告"、"讣闻"、"报死"等，闽南等地忌讳说"死""亡"字，所以又称"赶生"。丧俗中的一个环节，指死者的亲属向亲戚、乡邻通告丧事的举动。又称"发丧"。在中国,汉、满等族一般是由死者近亲晚辈去到亲族的家门叩"报丧头"，通知死讯。《礼记·士丧礼》："帷堂。乃赴于君。"郑注："赴，告也。"告以噩耗，后世以"讣"名之。

（2）设奠。

布置灵堂也是重要的一环，灵前安放一张桌子，悬挂白桌衣，桌上陈设祭品,祭奠。在没有收殓之前,这盏长明灯不管白天晚上都要有人看守,不能让它熄灭。尸体和灵柩都忌讳停放在光天化日之下。"奠"则几乎贯穿整个丧礼。奠,是放置的意思。丧礼中所"奠"的是食物。《礼记·曾子问》:"孔子曰:'天子赐诸侯、大夫冕弁服于大庙。归设奠,服赐服,于斯乎有冠醮。'"孔颖达疏:"归,设奠祭于己宗庙。"一般是用干肉、肉酱、甜酒祭奠死者。然后从东阶上堂,将祭品置放在尸体东面,又于堂上陈设帷幕。

招魂而不复后,主人(孝子)就要在逝者尸首东边设置脯(干肉)、醢(肉酱)、醴(甜酒)、酒(黄酒),即所谓"始死之奠"。这些食品都是厨房中所有的,不须改做新的食物。因为鬼神无象,魂气无所不之,设奠是要使逝者的精魂有所依托。此后,凡在丧礼的大关节处,凡是尸身移动了,都要重新设奠,如敛(为逝者换衣服,并包裹起来)、殡(把尸体迁移到堂上宾位)、遣(发葬)时,都要撤去先前的祭品而设置新的祭品。而这些"奠",祭品则有小猪、鱼、兔子等肉食。[①]在主奠房间的外面还要搭灵棚,搭灵棚规模的大小,主要看丧居院落的格局。如果只搭一屋院子的棚,叫做"平棚起尖子",也叫"一殿",就像古典殿堂一样,上边起一条脊。如果丧居有两层院子,就可以搭一座大棚,将这两个院子都罩上,灵堂院子的棚顶高些,前院棚顶略低,使两个顶子浑然一体,后高前低,叫做"一殿一卷",即后院高顶为"殿",前院低顶为"卷"。所谓"殿",就是殿堂的意思;所谓"卷",即棚顶全是活席,可以"卷起来"的意思。这种棚历来都用数层席箔里外包严,不见杉槁,美观且不漏水。从外观上看,宏伟壮丽,犹如宫殿,使人望之,哀戚之情就油然而生。除了主棚外,还必须有许多用途不等、名称不同的棚,规模大小不一。由于在这期间,吊唁的亲友多,而且时间都比较集中,上祭恐怕发生拥挤,甚至排不上号。所以在其他院落还要搭一座或数座祭棚,凡远亲、朋友来吊唁的,被知宾引到这种棚里上祭;还有的棚是

---

① 腾讯儒学.丧礼中设奠本为让死者灵魂有所依托[EB/OL].https://rufodao.qq.com/a/20140424/025434.htm.2014-04-24.

用来摆官座，让来宾们休息、喝茶、用饭的。[①]

（3）建铭。

"铭，明旌也，以死者为不可别已，故以其旗识之。爱之，斯录之矣；敬之，斯尽其道焉耳。"（《礼记·檀弓下》）用死者生前所用之旗旌或据其身份制作之，以竹竿置于堂前西阶之上，此谓"为铭"。《礼记·士丧礼》中说："为铭，各以其物。亡，则以缁长半幅，赪末长终幅，广三寸。书铭于末，曰：'某氏某之柩。'竹杠长三尺，置于宇西阶上。"即依照死者身份为其建铭。倘是不命之士，则用长一尺、宽三寸黑布一块，长二尺、宽三寸红布一块，将其联结起来，进而于所联结部分写上铭文，称"某氏某之柩"。用三尺长的竹竿作旗竿，将其置于西阶上的屋檐下。

（4）准备明器。

明器，指的是古代人们下葬时带入地下的随葬器物，即冥器。《礼记·檀弓下》："其曰明器，神明之也。涂车刍灵，自古有之，明器之道也。"明器一般用陶瓷木石制作，也有金属或纸制的。除日用器物的仿制品外，还有人物、畜禽的偶像及车船、建筑物、工具、兵器、家具的模型。

（5）入殓。

"殓"通"敛"，指为死者穿衣及入棺的意思。入殓有"大敛"和"小敛"之分。小敛是死后第二天中最重要的仪节，小殓日之夜，于中庭点着大烛，主要内容是为死者穿衣、加衾。

根据《礼记》记载，小敛时，主人在门内的东边就位，面向西；主妇则在门内的西边就位，面向东，这才进行小敛，此时房中要陈衣陈馔，死者亲属如《孝经·丧亲》所云"擗踊哭泣，哀以送之"，表示哀恸之意。逝者亲人先把小敛衣陈列在房里，然后铺设好敛床，接着举行着装仪式。主人和主妇都要把头上的饰物卸下来，把头发盘束在头上，男子要露臂，亲属要不停地号哭，以示悲痛至极。主持仪式的人开始为死者

---

① 360 百科. 吊唁仪式［EB/OL］. https://baike.so.com/doc/6331114-25487733.html.

穿衣，先在床上铺席，再铺绞，它们的质地，要据死者的身份而定，依官爵的高下尊卑或家庭财力各有差别。小殓时，有3、5、7套，最多9套、均取单数；质地为麻、棉或绸缎，为官者则穿戴官服官帽等，以显富贵。无论贵贱尊卑，死者都应该穿上十九套新衣。穿好以后，亲属用被子把尸体裹上，然后用绞带捆紧。在这以后，再把布囊(称"冒"，分为上下两截)套在尸体上，然后盖上被子，覆盖好尸体。

小殓次日就是大殓，房中同样陈列所有的殓衣和供奉死者的各种馔食。根据丧礼规定，士大殓所应加的衣服为三十套。加毕，要用绞带"横五缩三"对尸体进行捆扎。俟棺内铺席置衾完毕，奉尸入棺。盖棺之后，阴阳两隔，亲属擗踊如初。"大殓"意味着死者与世隔绝，与亲人最后一别，所以举行大殓仪式非常隆重。大敛是死后第二天中最重要的仪节，主要内容是为将尸体装入棺柩。地点由适室转移到堂上，表示死者正一步一步地离开自己生活过的地方。为了便于将尸体装殓入棺，先要在堂的西阶之上挖一个称为"肂"的坎穴，其深度以能见到棺与盖之际的木樺为准。然后用窆车将棺柩徐徐放入坎穴中，棺盖放在地上。收尸盛殓的棺材，是以松柏制作的，忌讳用柳木。松柏象征长寿。柳树不结籽，或以为导致绝嗣。棺材外面一般漆成朱红色，写上金字。也有画上花鸟人物的。

大敛的时间是在小敛的第二天，就是人死后的第三天举行，以等待他生还过来。按照民间习俗，要在棺底铺上一层谷草，然后再铺一层黄纸，意思是死者的灵魂能够高高地升入天堂。而七星板则是求寿之意。在七星板上铺黄绫子绣花的棉褥子，俗叫铺金，褥子上绣海上江牙、八仙过海等图案，意思是超度死者的灵魂升天成仙。而清末北京丧家流行用的陀罗经被、如意寿枕等物，都寄托了这种意思。当主人"奉尸敛于棺"的时候，是最能表现也最需要抒发子女们的孝心的时候，是亲人孝思形式化的最佳场合。所以，家人们都要捶胸顿足嚎啕大哭。[①] 尸

① 360百科．入敛［EB/OL］．https://baike.so.com/doc/2900327-25248875.html.

体、殉葬物放妥后，接着要钉棺盖，民间称为"镇钉"。镇钉一般要用七根钉子，俗称"子孙钉"，据说这样能够使后代子孙兴旺发达。入殓后，雨打棺。否则，以为后代子孙会遭贫寒。入殓前后，停棺在堂，直至出殡。

（6）朝夕哭。

大敛以后，全家男女每天只要在朝、夕两个时间时到殡宫号哭就可以了，不再代哭，称为朝夕哭。

（7）吊唁。

一般吊唁者都携带赠送死者的衣被，并在上面用别针挂上用毛笔书写的"某某致"字样的纸条。在"做七"的同时要进行吊唁仪式。"唁"是指亲友接到讣告后前来吊丧，并慰问死者家属，死者家属要哭尸于室，对前来吊唁的人跪拜答谢并迎送如礼。自改革开放以来，吊唁仪式已经大大简化了，主要是遗体告别和开追悼会。前来吊唁的人身着素装，佩戴白花和黑纱，在悠戚的哀乐声中，一一向遗体鞠躬致哀，而后再绕遗体一周瞻仰遗容。

3.埋葬礼

（1）卜葬。

先占卜以择吉祥之葬日与葬地，称为"卜葬"。《礼记·杂记下》："兄弟曰'某卜葬'，其兄弟曰'伯子某'。"孔颖达 疏："谓卜葬择日而卜人祝龟之辞也。"后即为择时地安葬之代称。卜葬之日，行朝哭礼之后，众人都回到殡门外之位。《仪礼·士丧礼》中说："楚焞置于燋，在龟东。"大意是，卜人先设龟甲于门外西塾，龟头向南，龟甲下有卜席。用于灼龟的荆焞与燋置于一处，皆在龟甲的东边。族长临视卜事，并和宗人穿着吉服向东立于门外西边，以南为上，占者三人（分掌玉兆、瓦兆、原兆者）于族长、宗人的南边而立，以北为上。

（2）出殡。

准备下葬。奠仪完毕，柩车发行，此谓发引。"发引，曰柩车启行也"。《仪礼·既夕礼》："属引。"郑注："属，犹着也。引，所以引枢车。"此乃丧礼之重要仪节，所谓白衣执绋者也。白衣指的是所有参加出殡之人都要穿着白色素衣，引或绋，即牵拉枢车之绳索。枢车前往墓地，送丧者执引挽车走在前面。

（3）窆柩。

下棺谓之"窆"，窆奠，即下葬之奠。

（4）反哭。

葬事完毕，丧家奉神主返回祖庙或殡所而哭之的礼节谓之"反哭"。《礼记·问丧》："其往送也，望望然、汲汲然，如有追而弗及也。其反哭也，皇皇然，若有求而弗得也。故其往送也如慕，其反也如疑。求而无所得之也，入门而弗得见也，上堂又弗见也，入室又弗见也。亡矣丧矣！不可复见矣！"意思是孝子在往墓地送葬的时候，眼睛瞻望着前方，显出焦急的神情，就像是在追赶死去的亲人而又追赶不上的样子。葬毕哭着返回的时候，孝子的神情彷徨，就好像有什么心事没有了结似的。所以孝子在前往送葬的路上，就像幼儿思慕父母那样哭泣不止；在葬毕返回的路上，又像是担心亲人的神灵不能跟着一道回来而迟疑不前。表达了是孝子对于逝去亲人不再复见的悲痛心情，内心充满无限的惆怅、悲伤、恍惚以及感叹，只能通过后面的宗庙中祭祀以希望亲人的灵魂能够回来。

4.葬后礼

（1）三虞。

初虞、再虞、三虞。葬后四日内于殡宫（所）举行三次虞祭，故曰三虞。初虞曰"祫事"，再虞曰"虞事"，三虞曰"成事"。《礼记·檀弓上》中说："葬日虞，弗忍一日离也。"《仪礼·既夕礼》提到："犹朝夕哭，不奠。三虞，卒哭。"郑玄注："虞，丧祭名。虞，安也。骨肉归于土，精气无所不之，孝子为其彷徨，三祭而安之。朝葬，日中而虞，不忍一日离。"①孔颖达疏曰："士三虞，卒哭，同在一月。初虞，已葬日而用柔，第二虞亦用柔日。假令丁曰葬，葬日而虞，则已日二虞，后虞改用刚日，则庚日三虞也。故郑注《士虞礼》云：'士则刚日三虞。'三虞与卒哭相接，则壬日卒哭也。……士之三虞用四日。"②死者之"魄"长眠于地下，无法复归，但其"魂"却是永存的。《士丧礼》主要说的就是"送行而往"和"迎魄而返"：把死者的肉体送往墓地安葬，再把其灵魂迎回家中致祭，以与家人而常在。虞祭，就是安定死者神灵的精气，以免其彷徨的祭祀。虞祭的时间与次数也有等差，一般是在下葬当天的中午。虞祭之礼在人员和时间的安排上皆有相关的规定，例如在人员安排上，初虞主人主之；再虞，诸弟主之；三虞，长孙主之。在日期的选择上，初虞无定日多以下葬当日，亦有次日者。再虞用柔日乙丁己辛癸为柔日，三虞则用甲丙戊庚壬曰刚日。

（2）卒哭。

三虞之后，谓之卒哭，当天设牲醴猪羊等食物祭奠，属于吉祭。三虞而卒哭，三虞之祭的次日天明，是卒哭之祭。从第三次虞祭到三月之后的卒哭，死者已经逝去百日，丧家哀痛之情有所减轻，故而有"卒哭"之仪。"卒"，即停止无休止哭之意。卒无时哭而已，但朝夕哭仍行之。卒哭之祭后，则惟朝夕哭，不无时哭，故名其祭曰卒哭。《仪礼·既夕礼》："三虞，卒哭。"郑注："卒哭，三虞之后祭名。始朝夕之间哀至则哭，至此祭止也，朝夕哭而已。"③卒哭，是整个丧礼仪节中的一个重要分界点，卒哭之前的祭祀属于丧祭，卒哭之后则属于吉祭。《礼记·檀弓下》："卒哭曰成事，是日也，以吉祭易丧祭，明日，祔于祖父。其变而之吉祭也。比至于祔，必于是日也接；不忍一日末有所归也。"孔颖达疏

---

①　（汉）郑玄注，（唐）贾公彦疏.仪礼注疏［M］//李学勤.十三经注疏.北京：北京大学出版社，1999：764.

②　（汉）郑玄注，孔颖达疏.礼记正义［M］//李学勤主编.十三经注疏.北京：北京大学出版社，1999：273.

③　（汉）郑玄注，（唐）贾公彦疏.仪礼注疏［M］//李学勤主编.十三经注疏.北京：北京大学出版社，1999：764.

曰："以虞祭之时，以其尚凶祭，礼未成。今既卒无时之哭，惟有朝夕二哭，渐就于吉，故云成事，祭以吉为成故也。"①

（3）祔。

《仪礼·士虞礼》中提到："死三日而殡，三月而葬，遂卒哭。将旦而祔，则荐……明日，以班其祔。"祔为"依附"之义，意思是刚刚去世的人尚无自己的庙堂，只能暂时附于自己昭穆之班相同的祖庙受祭，如果是父则祔于父之祖考，母则祔于父之祖妣，故而称为祔祭或祔庙之祭。按照传统仪礼，逝者一般是第三天殡殓，三个月后出葬。出葬之月遂行卒哭之祭。次日清晨将死者附祭于先祖，当日落时则要举行荐祭。

（4）小祥。

"祔"之后，至十三月为小祥。小祥之后可以戴练冠，中衣也可以穿练衣，领口可以着镶红色的边，但是男子腰间的葛绖依然还不能去除。小祥后，未除服者均以轻服易重服，此服之变，谓之"受"。承受轻服之意也。《释名·释丧制》："期而小祥，亦祭名也。孝子除首服，服练冠也。祥，善也。加小善之饰也。"《礼记·曾子问》："曾子问曰：'祭如之何则不行旅酬之事矣？'孔子曰：'闻之：小祥者，主人练祭而不旅，奠酬于宾，宾弗举，礼也。昔者，鲁昭公练而举酬行旅，非礼也；孝公大祥，奠酬弗举，亦非礼也。'"孔颖达疏："练，小祥祭也。旅谓旅酬，故奠无尸。'虞不致爵'至'小祥'、'弥吉'，但得致爵于宾，而不得行旅酬之事，大祥乃得行旅酬，而不得行无算爵之事。"②此言小祥奠后可致酒于宾，而不行众宾旅酬之礼。《礼记·间传》说："期而小祥，练冠、縓缘，要绖不除。男子除乎首，妇人除乎带。"满一周年时举行小祥之祭，此后就可以改戴练冠，中衣也可以换成练衣，并且领子上带有浅红色的镶边，但男子的葛腰带还不能除掉。男子除丧是从首绖开始，妇人除丧

---

① （汉）郑玄注，孔颖达疏.礼记正义［M］//李学勤主编.十三经注疏.北京：北京大学出版社，1999：274.

② （汉）郑玄注，孔颖达疏.礼记正义［M］//李学勤主编.十三经注疏.北京：北京大学出版社，1999：578.

是从腰带开始。男子先除"首绖",因为"首绖"在男子的丧服中最为重要,女子先除腰带,因为腰带在妇人的丧服中最为重要。

（5）大祥。

初丧之后的第二十五月举行大祥之祭。《仪礼·士虞礼》曰:"期而大祥,曰:'荐此祥事'"。《礼记·间传》说:要用白绢镶边,身穿麻衣。《释名·释丧制》曰:"又期而大祥,亦祭名也。孝子除演服,服朝服缟冠,加大善之饰也。"大祥之后,丧家服饰逐步恢复正常。

（6）禫祭。

谓之吉分。禫祭是除服之祭,时间大概是在初丧后的第二十七个月,丧家服饰与居丧自此不再有任何禁忌,亲友此时以礼相赠。《仪礼·士虞礼》中说:"中月而禫。是月也,吉祭犹未配。"郑玄注:"中,犹间也。禫,祭名也。与大祥间一月。自丧至此,凡二十七月,禫之言,澹澹然平安意也。"[1]《礼记·间传》说:"中月而禫,禫而纤,无所不佩。"意思是禫祭以后就可以戴用黑经白纬的布所制的冠,无论什么装饰也都可以佩带。

（二）丧葬礼仪

自古以来,丧礼都被认为是一种对于家庭、社会乃至国家而言非常重要且隆重的礼仪之一,并因此形成了一系列的丧葬礼仪和制度。传统丧礼程序非常复杂,除了对上述丧葬过程的详细规定之外,还包括了诸多居丧礼仪,例如饮食起居、面容表情、穿着服饰,等等。

1. 哭丧仪式

哭丧是中国丧葬礼俗的一大特色。哭丧仪式贯穿在丧仪的始终,大的场面多达数次。而出殡时的哭丧仪式是最受重视的,所以有些地方有请人帮哭的习俗,择日仪式之后便要哭丧。出殡的时候必须"唱哭",而

---

① （汉）郑玄注,（唐）贾公彦疏.仪礼注疏［M］//李学勤主编.十三经注疏.北京:北京大学出版社,1999:835.

且哭的音量大小也非常重要，否则按照民间旧俗就会被视为不孝。

《礼记·间传》以为："斩衰之哭，若往而不反。"意思是对于斩衰之亲的哭声，就好像这口气一去就收不回来了。《礼记·问丧》中对孝子送葬时悲痛欲绝的神情、举止和心态做了惟妙惟肖的形容和描写："辟踊哭泣，哀以送之。送形而往，迎精而反也。其往送也，望望然、汲汲然如有追而弗及也。其反哭也，皇皇然若有求而弗得也。故其往送也如慕，其反也如疑。求而无所得之也，入门而弗见也，上堂又弗见也，入室又弗见也。亡矣丧矣，不可复见已矣！故哭泣辟踊，尽哀而止矣。心怅焉怆焉，惚焉忾焉，心绝志悲而已矣。祭之宗庙，以鬼飨之，徼幸复反也……故哭泣无时，服勤三年，思慕之心，孝子之志也，人情之实也。"[①]又曰："故曰'丧礼唯哀为主矣'。女子哭泣悲哀，击胸伤心；男子哭泣悲哀，稽颡触地无容，哀之至也。"[②]这一段所描述的是孝子在殡葬时万分悲痛的心情，以至于捶胸踉脚、痛哭流涕、痛不欲生。孝子在前往送葬的路上，就像幼儿思慕父母那样哭泣不止；在葬毕返回的路上，又像是担心亲人的神灵不能跟着一道回来而迟疑不前。回到家再也见不到亲人的影子，于是哭天嚎地，捶胸踉脚，要把心中的悲哀尽情发泄，只有这样才觉得心中好受点。所以想起来就哭，没有定时。而服丧三年，忧心劳思，日夜思慕，这是人的感情的真实流露。所以说，丧礼只是以悲哀为主。女子哭泣悲哀，捶胸伤心；男子哭泣悲哀，叩头触地，不注意仪容：这都是极度悲哀的表现。

一般意义上的"挽歌"，指的是丧葬过程中所唱的歌曲，通过唱挽歌以抒发丧亲者哀伤的心情。挽歌"是中国古代常用的哀祭文体之一，先秦时代就已出现了各种挽歌形态，到了汉代逐渐形成风气和规范，并被官方定为'送终之礼'"。[③]挽歌的代表性作品是《薤露》《蒿里》。《薤露》

---

① （汉）郑玄注，孔颖达疏.礼记正义［M］//李学勤主编.十三经注疏.北京：北京大学出版社，1999：1536.

② （汉）郑玄注，孔颖达疏.礼记正义［M］//李学勤主编.十三经注疏.北京：北京大学出版社，1999：1537.

③ 吴承学.汉魏六朝挽歌考论［J］.文学评论，2002（3）.

是为王公贵人出殡时唱；《蒿里》则是为士大夫和一般百姓出殡时唱。这两首通行西汉的挽歌，相传是田横门客的作品，可以说是迄今为止有文字记载的最早的挽歌。

《薤露》词曰："薤上露，何易晞。露晞明朝更复落，人死一去何时归。"意思是：薤上零落的露水，是何等容易干枯。露水干枯了明天还会再落下，人的生命一旦逝去，又何时才能归来？《蒿里》词曰："蒿里谁家地？聚敛魂魄无贤愚。鬼伯一何相催促？人命不得少踟蹰。"意思是：蒿里是魂魄聚居之地，无论贤达之人还是愚昧之人都不免一死，魂归蒿里。主管死亡的神对人命的催促是多么紧迫啊，人的性命不能久长，更容不得稍稍逗留。晋代崔豹在《古今注·音乐第三》中曾提及此二首挽歌："《薤露》《蒿里》，并丧歌也。出田横门人。横自杀，门人伤之，为之悲歌。言人命如薤上之露，易晞灭也。亦谓人死魂魄归乎蒿里，故有二章，一章曰：'薤上朝露何易晞，露晞明朝还复滋，人死一去何时归。'其二曰：'蒿里谁家地？聚敛魂魄无贤愚，鬼伯一何相催促，人命不得少踟蹰。'至孝武时，李延年乃分为二曲。《薤露》送王公贵人，《蒿里》送士大夫庶人。使挽柩者歌之，世呼为挽歌。《长歌》《短歌》，言人生寿命长短定分，不可妄求也。"[1]挽歌入礼，在汉晋时代兴起，到南北朝时更加流行。东汉时期，挽歌被列入丧制。

从形式上来看，现代民间哭丧歌，亦即挽歌。可以分成三类：一是"散哭"；二是"套头"；三为"经"。"散哭"的特点是"随心翻"，想到什么就哭什么，搭着什么就唱什么，没有限制。其内容主要是倾诉对死者的思念之情，自责对长辈的不孝，悲叹自己的苦难身世。至于"套头"，是有内容限制的。主要有"抱娘恩""十二个寻娘""十二月花名"等。哭的时候是哭别人的好处，诉自己的苦楚。"经"是结合丧葬仪式来唱的。病人死后，由女儿或者媳妇唱"买衣经""着衣经"等。

---

① （晋）崔豹.古今注·音乐第三［M］//晋唐剳记六种.台北：台湾世界书店，1963：12.

2.服丧制度

传统丧礼尤其强调对于丧服的规定，并根据亲亲、尊尊、长长、男女之别来制定丧服的区别。《礼记·大传》称："服术有六：一曰亲亲，二曰尊尊，三曰名，四曰出入，五曰长幼，六曰从服。从服有六：有属从，有徒从，有从有服而无服，有从无服而有服，有从重而轻，有从轻而重。"意思是：制定丧服的依据有六条：第一条是血缘关系的远近，第二条是社会地位的尊卑，第三条是异姓女子嫁来以后所取得的名分，第四条是本族女子的出嫁与否，第五条是死者是成年人与否，第六条是从服。从服又可分为六种：第一种是属从，即因亲属关系而为死者服丧，如儿子跟从母亲为母亲的娘家人服丧；第二种是徒从，即非亲属而空为之服丧，例如臣子为国君的家属服丧；第三种是本来有从服而变为无服，例如国君的庶子，本来是应跟从其妻为其岳父服丧的，但因怕触犯国君禁忌，就不服丧了；第四种是本来没有从服而变为有服，例如国君的庶子不为其母亲的娘家人服丧，而庶子之妻却要为之服丧；第五种是本应跟着服重服而变为服轻服，例如妻为其娘家父母服齐衰期，为重，而丈夫为其岳父母仅服绍麻，是轻。第六种是本应跟着服轻服而变为服重服，例如国君的庶子为其生母仅仅头戴练冠，葬后即除，而庶子之妻却要为之服齐衰期。这六点被称为古代服丧的六大原则。

之所以规定这些原则，既是恩情的衡量，也是道义的规定，故《礼记·大传》还说："自仁率亲，等而上之至于祖。自义率祖，顺而下之至于祢。是故人道亲亲也。"所谓"亲亲"就是按照血缘关系的亲疏，作为丧服轻重的标准；从恩情这个角度上讲，沿着父亲逐代上推以至于远祖，那是愈远愈轻；从道义这个角度上讲，沿着远祖逐代下推以至于父庙，那是愈远愈重。这样，远祖在恩情上虽轻，在道义上却重；父亲在恩情上虽重，在道义上却轻。这样的有轻有重，从人情道理上讲本应如此。

（1）"居丧"。

古代为直系亲属(父母或祖父母)服丧，称之为居丧。居丧或称丁忧，或称守丧、值丧，指遗族自死者断气时起服丧。它是人们为了表达对死者的哀悼之情而产生的一种习俗，涉及饮食、居处、哭泣、容体、言语、衣服、丧期等。死者的亲族须脱冠履，披发跣足。妇人则脱去身上装饰品，脱下彩色衣服。男子不穿皮鞋，不着华服。男女各依其轻重，穿孝服，戴麻冠。居丧之孝子禁理发，夫妇不能同房，禁晤宾友、赴宴、参拜寺庙等。此类居丧之俗，尤以殓葬以前最为严格，以后直至"除灵"仍遵守它，以昭孝道。古人对于居丧的表情、居住、饮食、服饰、活动、言谈等规定，在《仪礼》和《礼记》中的《杂记》《檀弓》《曲礼》《丧大记》《闲传》《丧服旧制》《问丧》《三年问》等篇均有明确记载。

①居丧表情。居丧之俗规定的礼节很多，其中一个重要的方面在于居丧表情的描述和规定。《左传·襄公三十一年》："居丧而不哀，在感而有嘉容，是谓不度。"《孝经》中提到孝子丧亲"哭不偯（同"哀"），礼无容，言不文"，《礼记·丧大记》说："父母之丧，居倚庐，不涂，寝苦枕块，非丧事不言。"又《礼记·檀弓》："辟踊，哀之至也。"意指亲人去世后，亲属擗踊哭泣，哀以送之。

②居丧寝室。居父母之丧，其居处，起初"居倚庐，寝苦枕块，不说绖带"。行卒哭祭之后，"拄楣翦屏，苄翦不纳"，过了小祥，"居垩室，寝有席"，大祥后"居复寝"，待举行过禫祭礼，才可以回到床上睡觉。"庐"是临时搭起来的简陋的房子；寝苦，是睡觉时无席，只垫以草苦；枕块，是用土块作枕头，而且睡觉时不解衣带，要和衣而睡。这是埋葬前的住处。埋葬以后，可逐步改善。一周年小祥祭以后，可在原居室之外另建一个小居室，叫"垩室"，稍加装修。两周年大祥祭以后，由"垩室"搬回原居室，但仍无床，只有到祭除服以后，才能恢复正常。三年之内，居处虽然有所变化，但有一条要严格遵守，就是始终不能与妻妾同居。[①]

---

① 张捷夫.丧葬史话［M］.北京：社会科学文献出版社，2011.8：40.

③居丧饮食。丧礼依据人情而设，丧亲者因为心中的悲痛而食不甘味，情有可原。《论语·阳货》中说："夫君子之居丧，食旨不甘，闻乐不乐，居处不安。"《礼记·问丧》也说："痛疾在心，故不甘味，身不安美也。"又《礼记·丧服四制》："父母之丧，衰冠，绳缨，菅屦；三日而食粥，三月而沐，期十三月而练冠，三年而祥。"《礼记·问丧》："亲始死，……伤肾、干肝、焦肺，水浆不入口三日。不举火，故邻里为之糜粥以饮之。""三日而食"，指古时父母之丧，三天以后才可以喝粥，三个月以后才可以洗头，周年以后可以改戴练冠。至于对于居丧饮食本身也有非常细致的描述，《礼记·间传》曰："斩衰三日不食；齐衰二日不食；大功三不食；小功、缌麻，再不食；士与敛焉，则壹不食。故父母之丧，既殡食粥，朝一溢米，莫一溢米；齐衰之丧，疏食水饮，不食菜果；大功之丧，不食醯酱；小功、缌麻，不饮醴酒。此哀之发于饮食者也。"意思是穿斩衰丧服的人，头三天不能吃任何东西；穿齐衰丧服的人，头两天不能吃任何东西；穿大功丧服的人，三顿不能吃任何东西；穿小功、绍麻丧服的人，两顿不能吃任何东西。士人如果去帮助小敛，则要停吃一顿。所以父母之丧，既殡以后，只喝稀粥，早上吃一溢米，晚上吃一溢米；而齐衰之丧在既殡以后，可以吃粗米饭和喝水，但不可以吃蔬菜瓜果；大功之丧在既殡以后，虽然可以吃蔬菜瓜果，但不可以吃醋酱一类的调料；小功、绍麻之丧在既殡以后，虽然可以吃醋酱一类的调料，但不可以喝甜酒。这是悲哀在饮食方面表现出来的不同。

④居丧禁娱。居丧期间不言乐。《论语·述而》曾记载孔子"于是日哭，则不歌"，《礼记·曲礼》也提到"临丧不笑。揖人必违其位。望柩不歌。入临不翔。当食不叹。邻有丧，舂不相。里有殡，不巷歌。适墓不歌。哭日不歌。送丧不由径，送葬不辟涂潦。临丧则必有哀色，执绋不笑，临乐不叹；介胄，则有不可犯之色。"意思就是参加葬礼，不可嬉笑。望见运柩车，不可唱歌。进入丧家，走路不要张开两臂。吃饭时不可唉声叹气。邻居有丧事，即使在舂米时也不可喊号子。邻里有停柩待葬的，就不要在街巷中唱歌。到墓地上，不要唱歌。吊丧之日，不要唱

歌，一定要有哀伤的表情。这说明在丧葬礼仪中人要庄严肃穆。

（2）"丧服"。

中国古代典籍所称"丧服"，不仅指居丧者的服饰，还包括居丧的时间和居丧期间生活起居的特殊规范。凡此种种，又以居丧者与死者的血缘关系的亲疏而有或重或轻、或长或短、或繁或简之别。传统丧礼对丧服制度的具体内容，有着详细的记载。如《左传·襄公十七年》记晏婴为父服丧："齐晏桓子卒，晏婴粗衰斩，苴绖、带、杖，菅屦，食鬻，居倚庐，寝苫，枕草。"这里所说的居丧期间的服饰及饮食起居事宜，与后世居父丧所用的最重的服制完全相同。《礼记·丧服小记》中也提到斩衰、齐衰、苴杖、削杖等物品，并指出："斩衰之葛与齐衰之麻同。齐衰之葛与大功之麻同。麻同，皆兼服之。"春秋战国时的丧服制度由儒家整理归纳并予以理想化，在《仪礼·丧服》中有集中详尽的反映，如"丧服，斩衰裳，苴绖、杖，绞带，冠绳缨，菅屦者。"以《仪礼·丧服》为准则的规范化的丧服制度借助政治的力量，在漫长的封建社会中得到普遍的推行，被历代王朝列入法典，其作为传统伦理的重要表现形式，植根于民间，对社会生活产生了巨大的影响。

丧服制度是用于居丧期间的服饰制度。在丧葬习俗中，丧家必须穿戴丧服，每个家族成员根据自己与死者的血缘关系，和当时社会所公认的形式来穿孝、戴孝，称为"遵礼成服"。《仪礼·丧服》所规定的丧服，由重至轻，有斩衰、齐衰、大功、小功、缌麻五个等级，称为"五服"。"五服"分别适用于与死者亲疏远近不等的各种亲属，亲属所着各等色泽粗细皆有异，越亲服越粗，越疏服越细，每一种服制都有特定的居丧服饰、居丧时间和行为限制，主要表达对死者的悼念和居丧者失去亲人的悲痛心情的一种形式，即所谓"饰情之表章"。

①"斩衰"。斩，意思是不缝边，衰同缞，是指用粗麻布做成的丧服。"衰"是指丧服中披于胸前的上衣，下衣则叫做裳。"斩衰"上衣下裳都用最粗的生麻布制成的，左右衣旁和下边下缝，使断处外露，以表示未经修饰，所以叫做斩衰。对"衰"的解释，就是指不缝边的意思。

三年之丧，如斩，表达丧亲者内心最为悲痛，以致无心思也无闲暇于装饰外在服饰，于是"斩取"最粗恶难看的麻以缝制丧服，另外配以麻制腰带、冠缨，草麻鞋绳头朝外，用竹竿作拐杖。凡诸侯为天子、臣为君、男子及未嫁女为父母、媳对公婆、承重孙对祖父母、妻对夫，都要穿斩衰。这种丧服不能锁边，用刀子随手裁取几块粗麻布，胡乱拼凑缝合在一起，即为"斩衰"。斩衰之经（带）有二：首经宽九寸，麻根向下，在左侧；腰经小于首经五分之一，其下垂部分长三尺。齐衰之经亦有二，首经麻根向右，在上部；腰经下垂部分亦长三尺。斩衰之经和齐衰之经皆陈设于东坫之南。妇人之腰经与男子有异，要于麻根处打结，陈列于东房。这种丧服一穿就要穿三年，用于直系亲属和最亲近的人之间，比如儿子为父亲服丧，妻子为丈夫服丧。

②"齐衰"。齐，"缝缉"之意。"齐衰"是用生麻布做成的丧服，能锁边，把边缝齐，所以叫"齐衰"。配以雄麻作腰带，用布作冠缨，以桐木为杖，草鞋可缉口。这种丧服穿的时间长短不一，可以是三年，也可以是一年、五个月、三个月等等。比如为继母、慈母服丧是三年，称为齐衰三年；孙辈为祖父母服丧、丈夫为妻子服丧是一年，称为齐衰杖期；还有一种是齐衰不杖期，这种丧服的服饰、服丧时间与齐衰杖期相同，差别只是无杖而已。服丧对象主要是孙为祖父母，侄为伯叔父母，兄弟之间，父母为长子以外的其他儿子，祖父母为嫡孙(确立长子身份的孙子)等。第四种是齐衰三月，主要是曾孙为曾祖父母等，通常是葬后即除服。①

③"大功"。"大功"是用熟麻布做成的丧服，比"齐衰"稍细，比"小功"稍粗。"功"同"工"，意思是做工很粗，故称"大功"。这种丧服要穿九个月。比如为堂兄弟、未婚的堂姊妹、已婚的姑、姊妹、侄女等服丧，已婚女为伯父、叔父、兄弟、侄、未婚姑、姊妹、侄女等服丧，都要穿这种丧服。"大功"是轻于"齐衰"的丧服，是用熟麻布制作

---

① 张捷夫.丧葬史话［M］.北京：社会科学文献出版社，2011：38.

的，质料比"齐衰"用料稍细。为伯叔父母、为堂兄弟、未嫁的堂姐妹、已嫁的姑、姐妹，以及已嫁女为母亲、伯叔父、兄弟服丧，都要穿这种"大功"丧服。

④"小功"。"小功"也是用熟麻布做成的丧服，比"大功"稍细，故称"小功"。这种丧服要穿五个月。比如为本宗的曾祖父母、堂姑母、已出嫁的堂姊妹等服丧，为母系一支中的外祖父母、母舅、母姨等服丧，都要穿这种丧服。"小功"是轻于"大功"的丧服，是用较细的熟麻布制作的。这种丧服是为从祖父母、堂伯叔父母、未嫁祖姑、堂姑、已嫁堂姐妹、兄弟之妻、从堂兄弟、未嫁从堂姐妹，和为外祖父母、母舅、母姨等服丧而穿的。

⑤"缌麻"。是指用细麻布做成的丧服。这种丧服只需穿三个月即可脱掉。比如为本宗的高祖父母、族兄弟、还没有出嫁的族姊妹等服丧，或者为外孙、外甥、岳父母等服丧，都要穿这种丧服。丧服中最轻的孝服是"缌麻"，而在日常所见的大多是用漂白的布做成，又称为"漂孝"。凡为曾祖父母、族伯父母、族兄弟姐妹、未嫁族姐妹和外姓中为表兄弟、岳父母穿孝，都用这个档次的衣料。可见传统礼仪是根据丧服的质料和穿丧服的时间长短，来体现血缘关系的尊与卑、亲与疏的差异的。

"五服"之外，古代还有一种更轻的服丧方式，叫"袒免"。在史籍中记载：朋友之间，如果亲自前去奔丧，在灵堂或殡葬时也要披麻；如果在他乡，那就"袒免"就可以了。袒，是袒露左肩；免，指不戴冠，用布带缚髻。

到了近现代的时候，中国的丧葬习俗受到西方的影响，丧服有了很大改变。通常是在告别死者、悼念亡魂时，左胸别一朵小黄花，左臂围一块黑纱；有些妇女死了亲人在发际插一朵白绒花，这些象征致哀方式，比起古代丧服，则已大大简化。

（三）丧葬禁忌

禁忌文化是一种悠久而复杂的社会文化现象，最初产生于对自然敬畏，表现为原始禁忌，其"根源归诸于一种特殊的魔力，这种魔力内在于人和精灵（Spirits）身上，而且可以通过无生命物体这个中介进行传递"。①中国关于禁忌的最早记载可以追溯到《汉书·艺文志·阴阳家》，其中提到："及拘者为之，则牵于禁忌，泥于小数，人事而任鬼神"，意为忌讳、约束之意。传统禁忌文化和仪式基本含有躲避不祥、祈求福祉之意。民间禁忌的存在，一般来说是有一个信仰的基础和系统链的，我们称为信仰体系。在中国，民间禁忌的信仰体系可分为预知系统、禁忌系统和禳解系统三个组成部分。禳解（祈祷消除灾殃）行为一般是指在发生了忌讳的事情或者违反了禁忌的规则之后进行的活动，民间称为"破法"。"禳解"是一种积极的巫术——法术行为，用以削弱或抵消凶祸的侵害。

1.丧葬禁忌的关联因素

丧葬禁忌主要与灵魂、风水、鬼神等相关，并构成稳定的信仰系统及其相关行为规范。丧葬禁忌一方面是出于对死者的敬畏和留恋，另一方面则是为了生者的福报，其关键则是神灵信仰或者祖先崇拜等观念的影响。正是"鬼灵祖灵信仰促使人类产生了一整套处理死者的方法，在处理死尸及丧祭礼中的仪式和禁忌，都是为了让亡灵在冥界过得更好，以佑福生者，是为生者计。鬼灵信仰、祖先崇拜是丧葬禁忌形成的原始信仰内核"。②后世形成了诸多有关丧葬和祭祀的禁忌，如《礼记·曲礼》中提到的"临丧不笑""望柩不歌""适墓不登垄"等。《礼记·檀弓》中所说："死而不吊者三：畏、厌、溺。"广义而言，违反丧葬、祭祀过程中所规定的礼仪，都可称为丧葬、祭祀禁忌。传统丧葬禁忌主要与灵魂、报应、风水、宗族等因素相关，比如对于坟茔的选择上，就必须要找一个有生气的"阴宅"方能保佑在世亲人，即便是现代社会，不少墓地公司也会根据墓地的方位而设定不同的价格来进行售卖。按照传统，很多

---

① （奥）弗洛伊德.图腾与禁忌［M］.赵立玮译.上海：上海人民出版社，2005：30.
② 孙文福，王占琦.丧葬禁忌生成的社会文化原因［J］.理论界，2006（4）.

人相信家族兴旺与先人的坟茔"风水"有紧密的关联。

2.丧葬禁忌的内容

在丧葬禁忌上，既有一些相通的地方，但也有很大的地域差异。比如袁君煊博士通过对贺州市鹅塘镇的土瑶村落明梅村的土瑶丧葬禁忌习俗的田野调查，发现该地土瑶丧葬禁忌习俗表现在丧葬的不同环节，如濒死时的禁忌：忌讳在家以外的地方意外死亡，死者遗体不能进入厅堂，只能在门口举办露天的丧葬仪式；守丧期间，孝男、孝女不可以坐板凳、睡床铺，需在地上铺草席守灵；出殡时需要提前算好日期，避免冲犯，送葬回来的路上忌回头；[1]贾忠文则提到黔桂边境的水族在丧葬中"忌肉食鱼"，并认为这是水族区别于其他民族的重要标志之一。[2]

（1）殡丧禁忌。

传统社会对于丧葬方面的禁忌所包含的内容广泛，比如对于出殡、下葬时间的安排，对于坟茔的选址要求等都有讲究。广义上的殡葬禁忌指的是在殡葬活动中人们需要注意的行为举止等方面的要求，狭义上的殡葬禁忌指的是在灵魂、风水等观念影响下的一些特殊禁忌。以下列举一些常见的民间禁忌。

死忌亲人不在场：汉族及其民族忌讳人死时亲人不在场，或死者见不到自己想见的人，俗以为这样死去，灵魂不得安宁。

忌死于偏房寝室：中国古俗，忌死于偏房寝室，要死于適室，即正厅、正寝内，因这些地方被认为是最神圣的地方，故有谓"寿终正寝"之说。

忌死于晚饭后：俗信清晨用早饭前断气最佳，替子孙"留三顿"（留三顿饭之义）；而晚饭后断气，则带走三餐，预示子孙将沦为乞丐，是不吉利的。

忌生肖相克者：入殓时，俗忌有与死者生肖相冲克者在场，唯恐受凶厄的影响和冲犯。

---

① 袁君煊，雷晓敏.土瑶传统丧葬禁忌的文化视角［J］.地方文化研究，2016（2）.
② 贾忠文.水族丧葬禁忌中"忌肉食鱼"风俗研究［J］.贵州文史丛刊，1990（3）.

殡葬忌雨打棺：入殓后，俗"忌雨打棺"，否则，以为后代子孙会遭贫寒。

客死他乡忌家葬：旧时汉族死在外乡的人禁忌回家安葬，一般是就地安葬，即使尸体运回家，也只能放在村外，直接埋葬。唯恐客死他乡者带回灾祸。

忌七月出葬：台湾地区以及南方一些地区，俗忌七月出葬。因民间传说，七月为鬼月，该月阴间的鬼魂要到人世上来讨食，为避鬼煞，故忌此月内殡葬。

棺材忌随便开启：平日里，凡属葬仪用具都禁忌随便乱动，尤其是棺材，最忌开启，否则，以为不吉。

还有：停棺室内忌红色、忌红笔题主、摔老盆忌不碎、棺出门忌碰门侧、抬棺忌言重字、出殡忌途中棺落、忌观看殡葬事、葬后归途忌回头、葬埋工具忌扛着、葬埋后忌不洗手。等等。

（2）安葬禁忌。

俗信坟墓必择吉地，可福佑子孙。传统丧葬非常讲究风水，无论是葬时、葬地，都要经过详细的卜筮，以求天时地利人和，因此形成了专门的葬师、风水师、葬经等。司马光在论及宋代的丧葬时说："今之葬书，乃相山川、岗畎之形势，考岁月日时之支干，以为子孙贵贱、贫富、寿夭、贤愚皆系焉。非此地、非此时不可葬也，举世惑而信之。"[①]

张亮采在《中国风俗史》当中也提到："坟墓必择吉地，谓之相墓术。此术之流传，世谓始于晋郭璞，故璞有《葬经》一书。今观璞本传，称璞葬母暨阳，去水百步。或以近水言之，璞曰：当即为陆矣。其后果沙涨数十里。又璞为人葬墓，晋明帝微服观之，问主人何以葬龙角。主人曰：郭璞云此葬龙耳，当致天子。帝曰：当出天子耶？主人曰：非出天子，能致天子至耳。此璞以相墓传名之确证也。而葬术之行，实即由此时而盛。"[②]即便在现代社会，"堪舆之说"仍然流行。

① 游彪."礼""俗"之际—宋代丧葬礼俗及其特征［J］.云南社会科学，2005（1）.
② 张亮采.中国风俗史［M］.北京：中国书籍出版社，2015：106-107.

　　两晋时期郭璞所著《葬经》中对于下葬以及占卜墓地等风水有详细的论述："葬者，藏也，乘生气也。夫阴阳之气，噫而为风，升而为云，降而为雨，行乎地中，谓之生气。夫土者气之体，有土斯有气，气者水之母，有气斯有水。经曰：土形气行，物因以生。夫气行乎地中，发而生乎万物。其行也，因地之势。其聚也，因势之止。葬者原其起，乘其止。地势原脉，山势原骨。委蛇东西。或为南北，千尺为势，百尺为形，势来形止，是谓全气。全气之地，当葬其止。气之盛虽流行。而其余者犹有止。虽零散而其深者，犹有聚。古人聚之使不散。行之使有止，故谓之风水。"

　　所谓葬，就是藏。要葬的有利，藏的适宜，还要乘生气。所谓生气，就是阴阳二气，在天地中发生发展变化运动的阴阳气体。世界万物都是生气所生的，当然，人也不能例外。父母的身体是生气生的，而人子受体于父母，即是父母的生气生人子的生气。因而父母和人子的生气是同类的生气，父母生气和人子生气之间同样会相互感应。所以本骸得气，遗体受荫。所谓"受荫"，就是受到庇荫、保护和庇护。生气生万物，人之所以生，就是因为生气的聚合所致。葬或藏，就是使外来龙脉同类的生气反纳入遗骸，以使生气旺盛，并起到感应和庇护后世的作用，这就是"葬乘生气"的道理。

　　《葬经》中提到好风水的葬法是以得水为最紧要，其次就是藏风。"得水"是可以得到较旺盛的生气，"藏风"的意思应该是使生气不溢，即防止向四面八方扩散，是说扦坟墓要密封，或进葬在较深的地层中。葬山的方法，即阴阳宅的选址(点穴)，布局、排(放)水、定吉向，其中包括格龙、乘气、消砂、纳水、开山立向、坐穴分金及规划、建筑设计等，这其中以察势最难，其次是观形；方术即理气则比较容易。其中还提到"山之不可葬者"有五种。

　　第一种，生气贵于生和，生，是发生、产生，即阴阳的斗争；和，是生气所产生之物。童山生气薄弱而不生物，因此，童山不可葬。第二种，气因势来，生气的发生发展运动变化由龙势来体现，凡被凿断的山脉，或挖深沟断了骨的断山，也是不可以葬的。第三种，气因土行，生气是土形气行的。因此没有土的石山，生气不能运动变化，所以石山是不可以葬的。第四种，气以势止，势止则龙止，龙止成形气钟，因此势未止，即龙仍在中途奔腾的过山，没有诸水会聚，群砂聚集，不可以葬的。第五种，气以龙会，周围是低陷的地形，或周围是水，而没有过脉的独山不可以葬。郭璞在《葬经》中还提到："穴有三吉，葬有六凶。藏神合朔，神迎鬼避，一吉也。阴阳冲和，五土四备，二吉也。目力之巧，工力之具，趋全避缺，增高益下，三吉也。阴阳差错为一凶，岁时之乖为二凶，力小图大为三凶，凭恃福力为四凶，僭上逼下为五凶，变应怪见为六凶。"葬要乘生气合吉时，神迎鬼避是择迎吉利的避除不吉利的，就是一吉。葬的外气，即堂气要阴阳冲和，而内气即来，龙气聚的，穴内要金木水火土五色的各种元素四季俱备，称为二吉。察势正确，扦穴合度，能趋全吉而避一缺，善者益善，不善者而增善，谓之三吉。"六凶"主要包括：一凶，阴阳差错。乾为阳，坤为阴。龙属阳，水属阴。把阴作阳处理，或把阳作阴处理，就称之为阴阳差错。二凶，岁时之乖。乖者，戾也，异也，背也。古人及今人造葬都得选吉日良辰，所谓"不得真龙得年月，也应富贵发人家"。因此，造日或葬日的岁时有乖，即为二凶。三凶，力小图大。龙气微弱，就不应扦大，如果穴场明堂不到一平方公里，而扦数千户或更多，此称为力小图大。四凶，凭恃福力。认为自己有福力，可不必禁忌一切，乱扦就可得到好地，就称为凭恃福力。五凶，僭上逼下。僭，假也。逼，是逼迫。以败棹之藏冒充好地，挂羊头卖狗肉，以假乱真，都称僭上。是吉藏硬说是腐骨之藏，是好地硬说是坏地等都称"逼下"。僭上逼下称为五凶。六凶，变应怪见。变，是变更变化。应，是应该、恰当，合乎事物的规律。怪见，不是一般的见解。凡属审龙、格龙、选址、点穴、定向等，都必须依照规律进行，变应怪见就是六凶。

对于相墓风水之术，自古以来，也存在一定争议。张亮采曾指出："相墓之术多缘饰阴阳家言，后世惑之，以为穷达寿夭，皆卜葬所致。于是趋吉避凶，有久淹亲丧不葬者，有既葬失利而改卜者，有谋人宅兆而迁就马鬣者。呜呼！藉骨之朽以荫家之肥，已为不仁不智矣。又况迷信龙脉风水、山川封禁，至数十里富有矿产而不之开，不但为东西文明国人所窃笑，抑亦富强政策之一大阻力也。"①相墓、堪舆之术主要目的就是为了趋吉避凶，借风水观念来达到所谓升官发财、金榜题名之类的"福报"，实际上却会导致很多问题，实为不明智之举。

3.丧葬禁忌的社会功能

禁忌文化作为一种悠久且复杂的社会文化现象，对于人们的言行举止及其心理有着重要的规范作用。在现代生活中，"在风俗习惯、信仰中表现出来的传统禁忌，依然扮演着重要角色。丧葬禁忌是传统禁忌中相对比较稳定的因子，它在中国传统丧葬礼仪中约束、限制、规范丧礼参加的言行和心理，对丧仪的演进和传统丧葬观念的支撑和传承，起着不可忽视的作用。"②死亡禁忌主要针对的是与死亡及其死者相关的事务，也是在世者直面死亡并尊重死者的方式，当然更深层次的原因还有与灵魂存在、生死相感、报应福佑等观念有关，丧葬禁忌体现在死亡及其丧葬的不同阶段之中，关键则在于与死者相接触导致的各种后果，并且呈现区域性特征。传统丧葬仪式和禁忌在沟通和聚合家庭、宗族、社会关系中有着十分重要的作用，因为"禁忌将人们的社会关系及行为模式用制度的形式固定下来，从而使各种社会因素、力量成为一个统一的整体，有助于增强团体的凝聚力"。③

（四）丧葬方式

唐代李延寿所撰《南史·夷貊传上·扶南国》对"海南诸国"的描

---

① 张亮采.中国风俗史［M］.北京：中国书籍出版社，2015:107.
② 孙文福.丧葬禁忌的民俗功能［J］.辽宁教育行政学院学报，2005（7）.
③ 蒋星梅.彝族丧葬禁忌文化析论——以云南直苴彝族非正常死亡者丧葬个案为例［J］.学术探索，2008（5）.

述中曾提到四种葬法："死者有四葬：水葬则投之江流，火葬则焚为灰烬，土葬则瘗埋之，鸟葬则弃之中野"，可见，最晚到南北朝之时，水葬、火葬、土葬、鸟葬等丧葬方式已经完备。[①]

1.土葬

土葬是我国产生最早、流传时间最长、使用范围最广、涉及民族最多、最为普遍的一种丧葬民俗。土葬起源于原始社会，从早期的半坡文明到后来的夏、殷等朝代都是采用土葬。《礼记·祭义》中提到"众生必死，死必归土"，强调人死之后入土为安。土葬的主要形式有竖穴墓、大石墓、瓮棺葬、石棺葬、砖石室墓、洞室墓、木椁墓、船棺葬等。随着当代土葬改革的推进，破除了一些旧的土葬习俗，比如，提倡限制土葬，推行火葬，保护生态环境。

根据1985年2月8日《国务院关于殡葬管理的暂行规定》，土葬改革区是指由省、自治区、直辖市划定的，暂不实行火葬的，地广人稀，交通不便的边远山区。有些地方县、市境内虽建有火葬场，但相距过远，运送尸体确有困难的地方，也可划为土葬改革区。在土葬改革区的平原地区要实行深埋，不留坟头，不占用耕地；山区则要尽量利用荒山瘠地建立公墓，并植树造林。

土葬改革的基本任务是在城镇实行殡仪服务社会化，逐步解决城镇居民办丧事难的问题；在农村，消除乱埋乱葬的现象和封建迷信的旧丧葬习俗，实现遗体埋葬公墓化，丧葬习俗文明化。土葬改革的主要内容包括：建立各类集体公墓，对丧葬用品的生产和销售实行行业管理，建立并发挥红白事理事会在农村丧俗改革中的积极作用，兴办土葬殡仪馆，开展平坟深埋还田工作。[②]现在，我国政策允许实施土葬的有十个少数民族：回族、维吾尔族、哈萨克族、乌孜别克族、塔塔尔族、塔吉克族、

---

① 姚海涛.先秦典籍中的火葬探析［J］.河北青年管理干部学院学报，2018（3）.
② 中国政府网.改革土葬的含义是什么？［EB/OL］.http://www.gov.cn/banshi/2005-10/11/content_76010.htm. 2005-10-11.

柯尔克孜族、撒拉族、东乡族、保安族。

2. 火葬

对于火葬之俗，《墨子·节葬下》曾有提到："秦之西有仪渠之国者，其亲戚死，聚柴薪而焚之，熏上，谓之登遐。"这说明早在周代以前，义渠戎族便有火葬的风俗。火葬原因有几下几点：一是受佛教焚尸葬俗的影响；二是受到家庭经济状况的影响而焚尸，贫困之家无力承担土葬费用而实施火葬；三是受少数民族葬俗影响而火葬。我国传统丧葬涉及火葬的民族有：羌族、彝族、怒族、拉祜族、普米族、哈尼族、纳西族、瑶族等。由于受到"入土为安"思想的影响，汉族曾视火葬为异端，火葬焚尸被认为是有悖孝道伦理的恶俗。

3. 悬棺葬

我国古代流行于南方地区的一种将棺木放置于悬崖峭壁之上的一种古老葬俗方式。又可称为崖葬、岩葬、仙人葬、箱子岩、挂岩子，起源于商代后期(福建武夷山"船悬棺"距今3400年)，主要分布在南方山区(西南云、贵、川及长江以南的省区)。唐代张鷟《朝野佥载》卷二中曾提到：五溪蛮父母死，于村外阁其尸，三年而葬。打鼓路歌，亲属饮宴舞戏一月余日。尽产为棺，余临江高山半肋凿龛以葬之。自山上悬索下柩，弥高者以为至孝，即终身不复祀祭。"悬棺葬的置棺方式主要有木桩架壑式（棺木架置于天然崖洞或在岩石裂隙所打的木桩之上，此种形式见于福建武夷山、湖南、四川等地，在湘西沅水两岸和川东长江三峡地区尤为常见）；崖洞式(包括天然岩隙式即利用临河峭壁上的天然洞穴或裂隙，略加修整置棺其内。这种形式在各地悬棺葬中均有发现)；横穴式（在临江崖壁上开凿长方式横龛，大小宽窄以容一具长约2米，高、宽约为0.5米左右的棺木为限，棺侧外露。这种置棺方式见于川南、川东长江三峡等地）；方穴式（在临江崖壁上开凿宽约1.5米或稍小的方洞，或者利用天然洞穴加工成方洞，置棺其内。此种形式在川东南、湘西和鄂西等地常见）；悬崖木桩式（在临江绝壁上开凿小方孔，打入木桩，然后架棺其上。这种形式多见于川南、湘西等地）；崖缘式（在海边陡峭崖壁上常有突出的狭窄崖缘形成天然平台，棺木置放上面，此种形式在台湾地区和东南亚海岛地区较为常见）。[①] 悬棺葬的主要原因在于灵魂观念与特殊的地理环境相结合而产生，对高山悬崖的崇拜信仰(山崇拜)产生了崖葬，生者的利益和死者的愿望通过奇特葬俗方式得到和谐统一。

4.水葬

水葬是世界上比较古老的葬法。水葬在世界上大体有三种不同的方式。漂尸式：即将死尸置于专门制作的死亡船上，放入江河湖海，任其自然漂流。投河式：即将死尸背到河边肢解后，投入河中。撒灰式：即将火化后的骨灰撒入江河湖海。历史上许多文化均有水与不死相关联之神话，因此领袖人物及英雄乃多行水葬，置于精致葬仪船中随波漂流。

5.树葬

树葬是一种非常古老的葬法，它的主要形式是把死者置于深山或野外的大树上，任其风化；后来，有的地方稍作改进的方式是将死者陈放于专门制作的棚架上。由于置放尸体后任其风化，故树葬也称"风葬""天葬""挂葬""木葬""空葬"或"悬空葬"。树葬是树居的反映，因此，树葬也是原始生活在葬俗上的遗存。

6.天葬

天葬是蒙古族、藏族等少数民族的一种传统丧葬方式，人死后把尸体拿到指定的地点让鹰(或者其他的鸟类、兽类等)吞食，认为可以带到天堂。跟土葬、水葬、火葬一样，是一种信仰，一种表达对死者敬慕追思的方式，其本质上是一种社会文化现象，从其起源、形式、内容以及

---

① 360百科.悬棺葬［EB/OL］.https://baike.so.com/doc/5364087–5599677.html.

仪式的实施，都属于受到自然地理环境和生存方式以及外来文化等因素的影响。因此，在不同的历史时期、不同的国家和地区、不同的民族乃至不同的社会阶层都会形成不同的天葬仪式。

7. 二次葬

二次葬是在采取埋葬、火葬、风葬等方式后，对尸体作二次或以上的处理。张亮采先生在《中国风俗史》中也提到了这种迁葬习俗："《梁书顾宪之传》：衡阳土俗，山民有病者，辄云先人为祸，皆开冢剖棺木，洗枯骨，名为除祟是也。"[1]即人死后棺殓土埋葬，待三五年后尸体腐烂后再择吉日，开棺，检取骨殖，将骨头擦洗干净、晾干。然后按照次序分头、颈、胸腰、下肢装入特制的陶瓮，俗称"金塔"。这种"二次葬"又称二次洗骨葬或二次捡骨葬，至今在福建、广东、广西的农村地区还保留此种葬俗。

8. 洞葬

甲定洞葬，位于贵阳市花溪区甲定村栗木山的半山腰上，为当地苗族的一种丧葬习俗。入洞者必须60岁以上，已婚，非凶杀，非传染病和异地死亡者，此葬俗已经有600多年的历史。洞葬上下有两个洞口，棺柩摆放在为繁树浓阴所掩的上洞，洞口豁敞，高十余米，宽亦有十余米，纵深约有三四十米，目测可看见上百具棺柩置于"井"字形木架之上，列成五排，棺柩或头朝外，或头朝里，其中似乎有其规则。

9. 沙葬

新疆沙漠最为盛行。将死者用麻袋装好，投入流沙中，使其慢慢陷进沙子里。由于气候关系，许多尸体进入沙子里面会很快脱水，使得尸体不会腐烂，可以天然保存几百年甚至上千年。

---

[1] 张亮采.中国风俗史［M］.北京：中国书籍出版社，2015:106.

10.深葬

深葬，又称为秘葬。明代叶子奇在《草木子·杂制篇》载："送至其直北园寝地深埋之，则用万马蹴平，俟草青方解严，则已漫同平坡，无复考志遗迹。"[①]讲述从成吉思汗开始，直到元末的脱欢帖木儿，至今都未发现他们的墓迹。成吉思汗认为"英明在世，不留其骨"，意味着人生在世"使其神，用尽力"，死后就无需再留什么了。

11.野葬

天葬葬式之一，又称为"荒葬"。古代丧葬习俗，经过元、北元(明)、清各个朝代，有了许多变化。特别是喇嘛教传入后，在草原牧区出现了野葬。人死后，给死者穿上新衣服、新靴，用白布缠身，把尸体放在勒勒车上(也有的不用勒勒车，是用马或骆驼驮)，用鞭抽打牲畜，把车赶向固定的野葬地，不用人驾驭，让它随意奔走，任意颠簸。死尸掉在哪里也无人管。直到第三天才沿车辙去找尸体。找到尸体后，如果尸体已经被野禽、野兽吃掉，就认为已经升上了天堂。要是禽兽没吃，就要请喇嘛来念经，给他超度亡灵。有的地方野葬略有不同。就是装尸体的车要有人驾驭，到了野葬地让车子任意颠簸，尸体在哪里落地，哪里就是吉祥的葬地。尸体掉落后，马上用土块、石块把尸体围起来。第三天与前述方法一样，去看尸体，如被禽兽吃了，就高兴地把尸骨、遗物掩埋起来；如没被吃，就要请喇嘛念经。这种葬法的特点是"求天卜地"，流行的范围很广。[②]

---

① （明）叶子奇.草木子［M］.北京：中华书局，1959：60.
② 360百科.野葬［EB/OL］.https://baike.so.com/doc/5646074-25369925.html.

三、中国传统丧葬的伦理功能

　　传统社会重丧之原因主要有以下一些方面，如肉体消亡与灵魂不灭、鬼魂与阴间、肉体与墓葬、恐惧与敬仰、厚葬、隆祭、永祀。丧事礼仪，最初只是伤痛哭泣、思慕悲哀，此为质。先王以为太直接，便制定了哭丧的形式，穿戴服制等，此为文。文、质相得益彰。后来习俗慢慢演变，只在形式仪文上下功夫，而丝毫不在意制定礼制的初衷。

　　我国的丧葬礼仪极富伦理色彩和人情味道。在丧葬礼仪中，其基本信念之一就是"不死其亲"。换句话说，就是不把死去的亲人当作亡人，而是把他视为灵魂与肉体仍然存在的活人，具体表现在行动上就是"事死如生"。儒家文化所注重丧葬礼俗主要突出的是对生生之德的敬畏，对血亲之恩的感念，对礼仪教化的重视，即"敬始""慎终"和"追远"。首先，"生"乃天地之大德，故"事死"当如"事生"，以敬天地之德、父母之恩，成全孝道。《论语·阳货》曰："子生三年，然后免于父母之怀。夫三年之丧，天下之通丧也。予也有三年之爱于其父母乎？"《礼记·三年问》中说："三年之丧何也？曰：称情而立文，因以饰群，别亲疏贵贱之节，而弗可损益也。故曰：无易之道也。"孟子也说："养生不足以当大事，惟送死可以当大事。"（《孟子·离娄下》）朱熹注曰："事生故当爱敬，然亦人道之常耳，至于送死，则人道之大变。孝子之事亲，舍是无以用其力矣。故尤以为大事，而必诚必信，不使少有后日之悔也。"①而"慎终"和"追远"，则分别意味着丧葬之礼和祭祀之事，并以此达到"民德归厚"的教化目的。邢昺疏曰："'慎终'者，终，谓父母

---

　　① （宋）朱熹.四书章句集注［M］.北京：中华书局，2010.

之丧也。以死者人之终，故谓之终。执亲之丧，礼须谨慎尽其哀也。'追远'者，远，谓亲终既葬，日月已远也。孝子感时念亲，追而祭之，尽其敬也。'民德归厚矣'者，言君能行此慎终、追远二者，民化其德，皆归厚矣。言不偷薄也。"①慎终，以表丧亲之痛，追远，以感血亲之念，前者内化为德，后者外化为教，合内外之道，尽显伦理之厚。

（一）敬始慎终，礼义之文

《左传·昭公五年》中说："敬始而思终，终无不复。"《荀子·礼论篇》言："礼者，谨于治生死者也。生，人之始也；死，人之终也。终始俱善，人道毕矣。故君子敬始而慎终，终始如一，是君子之道，礼义之文也。夫厚其生而薄其死，是敬其有知而慢其无知也，是奸人之道而倍叛之心也。"荀子以"礼"论"生死"，以生为始，以死为终，是以敬始慎终之教行生死之道。

1.不忍之心，孝亲之道

《孟子·滕文公上》中说："盖上世尝有不葬其亲者，其亲死，则举而委之沟壑。他日过之，狐狸食之，蝇蚋嘬之，其颡有泚，睨而不视。夫泚也，非为人泚，中心达于面目，盖返归虆梩而掩之，掩之诚是也，则孝子仁人之掩其亲，亦必有道矣"。②意思是说，大概上古时候曾经有不安葬自己亲人的人，这种人的亲人死了，就把尸体扛起来丢到山沟里。后来路过那里，看见狐狸在撕食尸体，苍蝇蚊子也聚来叮咬。他的额头上就冒出了汗，斜着眼而不敢正视。冒出的汗是内心真情表现在脸上的结果，于是这人就返去拿藤蔓野草和灌木来掩埋尸体。掩埋尸体确实是对的，所以孝子和仁爱的人埋葬自己的亲人，也必然是有道理的。

《礼记·檀弓上》中说："始死，充充如有穷；既殡，瞿瞿如有求而

---

① （三国）何晏注，（宋）邢昺疏.论语注疏［M］.北京：中国致公出版社，2016：9.
② （宋）朱熹.四书章句集注［M］.北京：中华书局，2010：263.

弗得；既葬，皇皇如有望而弗至。练而慨然，祥而廓然。"意思是说，双亲刚死的时候，孝子满腔悲痛，好像日子没法子再过下去，殡殓以后，孝子的眼神不定，好像在寻找什么而又找不到的，埋葬以后，孝子彷徨无依，好像在盼望亲人归来而又盼不到的样子。周年以后，孝子感慨时间过得太快。除服以后，还觉得内心相当空虚。

荀子认为，死亡，只有一次而不能再来一次，臣下所以敬重君主，子女所以敬重父母，在这里得到最充分的体现。所以，活着的时候，侍奉不忠厚、不恭敬有礼，这叫做粗野；死去后，丧葬不忠厚、不恭敬有礼，这叫做轻薄。君子鄙视粗野，而以轻薄为耻辱。所以，不能轻慢逝者，中庸讲，应当"事死如事生，事亡如事存"，此谓"孝之至也"。

生有所尊养，死有所葬祭，这是传统社会对于"孝"的一贯之道。《礼记·祭义》说："天之所生，地之所养，无人为大。父母全而生之，子全而归之，可谓孝矣。"《礼记·祭统》说："是故孝子之事亲也，有三道焉：生则养、没则丧、丧毕则祭。养则观其顺也，丧则观其哀也，祭则观其敬而时也。尽此三道者，孝子之行也。"又有父母死后，《论语·学而》说"三年无改于父之道，可谓孝矣"。三年之丧在过去就是全民性的孝道教育。"三年之丧"的最终目的，是通过宣传孝道以稳固家族关系并上升到政治稳定。这是因为"三年之丧"是根据长幼、嫡庶、性别、宗亲、姻亲、世代等轻重有别而制定的，它强化了以血缘的亲疏远近而决定上下尊卑的宗法制度。对于"三年之丧"的起源，众说纷纭，或尧舜之制，或殷商旧俗，或周公之法，尽管说法不一，但并不影响后人对于其核心要义的理解。《礼记·丧服四制》云："圣人因杀以制节，此丧之所以三年。贤者不得过，不肖者不得不及，此丧之中庸也，王者之所常行也。"孙希旦解释道："三年之丧何也？曰：称情而立文。郑氏曰：称情而立文，称人情之轻重，而制其礼也……创巨者其日久，痛甚者其愈迟。三年者，称情而立文，所以为至痛极也。"[①]

―――――――

① （清）孙希旦.礼记集解［M］.北京：中华书局，1989：1372–1374.

《礼记·三年问》对于"三年之丧"也有着相当详细的说明："三年者，称情而立文，所以为至痛极也。斩衰，苴杖，居倚庐，食粥，寝苦枕块，所以为至痛饰也。三年之丧，二十五月而毕，哀痛未尽，思慕未忘，然而服以是断之者，岂不送死有已、复生有节也哉？凡生天地之间者，有血气之属必有知，有知之属莫不知爱其类。"为什么要设定三年守丧期限呢？主要是根据与逝者远近亲疏的血缘关系、丧亲者内心哀痛程度不同而制定的。创伤深重，复原的日子就长；悲痛厉害，平复的时间就慢。守丧三年的规定，是根据内心哀痛程度而制定的与之相称的、用来表示无以复加的悲痛。三年的守丧期限，实际上二十五个月就结束了。虽然丧亲者的哀痛还没有结束，对逝去亲人的思念仍然存在，可是守丧的期限却到此为止，这是因为对死者的怀念不能影响丧亲者正常生活。"故三年之丧，人道之至文者也，夫是之谓至隆。是百王之所同，古今之所壹也，未有知其所由来者也。孔子曰：'生三年，然后免于父母之怀；夫三年之丧，天下之达丧也'"（《礼记·三年问》）。所以说，按照传统对于孝亲的理解，"三年之丧"是一种非常具有人情味的礼仪，是普天之下通行的丧礼。

2.哀敬乎止，中庸之德

墨子在《修身》篇中说到"丧虽有礼，而以哀为本焉。"孔子也指出："丧致乎哀而止。"（《论语·子张》）丧礼虽然有很多礼节，但哀痛却是根本。《孝经·丧亲》中说："孝子之丧亲也，哭不偯，礼无容，言不文，服美不安，闻乐不乐，食旨不甘，此哀戚之情也。三日而食，教民无以死伤生。毁不灭性，此圣人之政也。丧不过三年，示民有终也。"丧亲之痛，以至于哭泣气竭声嘶，行为举止失了仪态，言语没了条理，心中不安，食不知味，显然已到悲伤痛哭的极点。可见，在丧葬问题上中国人特别强调一个"哀"字。《论语·子张》中讲"祭思敬，丧思哀"，显然是把"哀"理解为丧葬的一项根本原则。

孔子在《论语》中曾反复强调"哀"字。《论语·八佾》中有："丧，与其易也，宁戚"的话，宣布不是铺张而是哀戚才是丧礼的根本；还有"临丧不哀，吾何以观之哉"的话，认为不以悲哀的心境为父母办丧事，是让人看不下去的。《论语·子张》中除"丧思哀"外，还有"丧致乎哀而止"的话，显然是进一步把"哀"看作丧礼的最高原则。正如《礼记·檀弓上》中子路所说："吾闻诸夫子：丧礼，与其哀不足而礼有余也，不若礼不足而哀有余也。祭礼，与其敬不足而礼有余也，不若礼不足而敬有余也。"意思是举行丧礼，与其哀痛不足而冥器衣衾之类有余，还不如冥器衣衾之类不足而哀痛有余；举行祭礼，与其恭敬不足而祭品有余，还不如祭品不足而恭敬有余。"这里的"敬"，至少有三层意涵：其一是强调对鬼神的"孝敬"。其二是强调对该祭祀的都应当祭祀。其三，也是最重要的是"诚敬"，亦即他所谓"祭思敬。"孔子及其门徒强调"祭如在，祭神如神在"，是要人们在祭祀时心情特别虔诚，要自觉神就在自己眼前。而且，凡当参加的祭祀活动都应当自己参加，由别人代替不得；因为"吾不与祭，如不祭。"（《论语·八佾》）

虽然丧礼强调"哀"为根本，但对于亲人之逝所表现的哀伤悲戚之情却应有一定的限度，不能过犹不及，以致伤身。比如，孝子应当哭泣，但不可过于悲痛，声断伤身。因此，《礼记·丧服四制》中说："三日而食，三月而沐，期而练，毁不灭性，不以死伤生也。丧不过三年，苴衰不补，坟墓不培；祥之日，鼓素琴，告民有终也；以节制者也。"意思是，父母之丧，三天以后就可以喝粥，三个月以后就可以洗头，周年以后就可以改戴练冠，虽然孝子极其悲伤，身体非常羸弱，但这样不至于危及性命，这体现了不因死者而伤害生者的道理。

古代丧期最长不超过三年，"斩衰"丧服破了也不再补，坟头不再添土，到了大祥就可以弹奏素琴。凡此种种，是要告诉人们哀伤是有限度的。"弁人有其母死而孺子泣者"，孔子曰："哀则哀矣，而难为继也。夫礼，为可传也，为可继也。故哭踊有节。"（《礼记·檀弓上》）弁邑有个人死了母亲，其哭声像幼儿哭母，任情号哭，全无节奏。孔子认为，这种哭法，就表达悲哀而言没啥说的，问题在于一般人都学不了。

礼在制定的时候，就要考虑如何能传给后代，如何能使人人都可做到。所以，丧礼中的哭泣和顿足，是有一定之规的。因此，在丧礼中，最重要的是"敬为上，哀次之，瘠为下。颜色称其情，戚容称其服。"（《礼记·杂记下》）意思就是丧礼中"敬"是最重要的，哀痛还在其次，形容憔悴甚至闹出病来最使不得。脸色要和哀情相称，悲容要和孝服相称。

礼的制定首先是因"情"而定，虽有一定规则，正如荀子所说："文理繁，情用省，是礼之隆也。文理省，情用繁，是礼之杀也。文理情用相为内外表墨，并行而杂，是礼之中流也。故君子上致其隆，下尽其杀，而中处其中。"（《荀子·礼论》）过于繁重的礼与过于简单的礼，都属"过犹不及"，所以礼节仪式和表达的情感要能相互配合，并行不悖，恰到好处。

（二）慎终追远，民德归厚

《论语·学而》中说："慎终追远。"邢昺疏："追远者，远谓亲终既葬，日月已远也，孝子感时念亲，追而祭之，尽其敬也。"故"追远"最初的意思主要是祭祀尽虔诚，以追念先人，亦可引申为追念前贤，饮水思源，不忘本之意，"追远"正是"孝悌"文化的体现。

实际上，《论语》中曾子所讲的"慎终追远，民德归厚矣"大致有以下几种不同的解释：第一，谨慎的思考人生于天地之间的意义。第二，慎重地办理父母丧事，虔诚地祭祀远代祖先，后来也指谨慎从事，追念前贤，通过这种方式礼仪达到"民德归厚"的目的。孟子甚至认为"养生不足以当大事，惟送死足以当大事"。（《孟子·离娄下》）因为丧礼是告别人世间的终极仪式，祭礼则表达了生者与逝者的精神联系，二者对于人生都具有终极关怀的意义。第三，慎，害怕；终，结果；追远，指找当初的动机和原因。如果凡人都能在做事前想想此事的动机和初衷，并且能想到这样做的后果，那么民风就能淳厚，就能少做错事。这种解释是南怀瑾先生提出来的。第四，"慎"指谨慎。如《中庸》有言："天命之谓性，率性之谓道，修道之谓教。道也者，不可须臾离也；可离，非道也。是故君子戒慎乎其所不睹，恐惧乎其所不闻。莫见乎隐，莫显乎微，故君子慎其独也。"这里讲的是品德高尚的人，他即使在独处的时候也是谨慎的、自律的。

中国人的传统信仰，特别重视报本反始，认为这是制礼作乐的依据，人是天地所生，父母所养，而圣人所教化，所以古人特别重视对于天地、父母和圣贤的感恩与报答之情，而此情义是通过一系列礼的程序来实现，礼的设计正是出于表达感恩与敬意，所以古人缘情以制礼，并通过这些仪式的反复实践，使得情感得以宣泄，情操得以升华，人格得以陶冶，如此以礼化俗，以俗正心，使得公序良俗得以形成，这其实是任何社会有效治理的基础条件，所谓人必自治而后有治。由此可见，礼乐传统对于中华民族，远比寻常所说的道德建设更为重要，这是解决人的安身立命问题，也是宗教学所谓的终极关怀。对于人生终极意义的安顿，在欧美是通过对于上帝的信仰来解决，对于汉民族则主要是通过礼乐制度来完成，礼乐仪式不仅建构了人生秩序，而且建构了现实世界与超验世界的精神通道，使逝者得以永垂不朽，生者的心灵有所皈依，而不是皈依于某个至上人格神，而是通过礼仪实践中的生命体验，与祖先之灵和天地精神融为一体，进而将圣与俗、现实与来世打通。

总而言之，丧服制度是出于表达对亲人去世的哀伤悲痛，根据与逝者的不同亲缘关系而设定，体现了古人因情而制礼的考量，既是传统社会伦理情意的展示，也是通过服制来加强此种伦理的情意。奠酒、摆祭、烧纸是孔子说的"事死如事生"之意，希望亲人在另一个世界免受资用匮乏之苦；神位之设置意在安顿亡灵，不使其沦为孤魂野鬼，丧礼之后神位归入祠堂则是亲人之灵魂与先祖团聚，一起保佑子孙后代。合理丧期的设定主要是为了使得丧亲者通过一系列祭奠仪式，使得悲痛得以宣泄，此种悲哀如果不借助一定形式表达出来，会导致严重的心理创伤。唢呐锣鼓是与传统丧礼相匹配的，礼乐相须为用，礼非乐不举，乐依礼而行，唢呐声声奏出了人内心深处的悲痛，使得整个村庄沉浸在悲伤与回忆中，并借着这种表达的共鸣而在精神上融为一体。亲友吊孝是表达悼念慰问，亲属答谢是表达感恩之情；跪灵是在棺椁抬出家门之前，儿孙们跪在灵棚向即将永别的亲人表达生离死别之痛；随后的"路祭"，则是最后一次在逝者走过的路上祭奠他，送他远行。

第二章

当代丧葬观念的认同困境

近年来，个别地区所出现的丧葬改革乱象不但引起了一定程度的社会矛盾，而且引发了社会的广泛关注以及学界对于丧葬形式与意义等相关问题的重新思考，如传统丧葬礼仪与现代殡葬改革、中华传统丧礼中的人文关怀和当代价值、目前殡葬业管理的理念误区及其殡葬服务业应如何彰显人的尊严，等等。这种探讨及其争论恰恰反映了当前人们在丧葬观念上的认同困境，这种观念上的争议对殡葬方式的改革产生很大影响。

一、土葬与火葬

无论是古今中外，在土葬与火葬的问题上，实际上并没有定论，甚至饱受争议。在历史上，土葬与火葬也基本处于彼此消长的情形。对此，有学者指出："宋、元、明、清历代统治者皆曾下诏或颁布法律禁止火葬，违者治罪。有的朝代专门设立漏泽园、义冢，以解决贫困者无力购置墓地的问题。这些措施反证了中国火葬之盛。至明代火葬转衰，传统的厚葬、土葬又卷土重来。不过禁令对佛教徒、少数民族不实施，在一些边远地区，如青海的土族，藏族就一直沿袭火葬习俗。"①但是在农村地区，还是有很多人坚持"入土为安"，并且还是选择传统方式，即用棺材将逝者埋葬在自己的家族坟场，从而导致诸多问题出现。根据我国的国情，1985年2月中国政府发布了《关于殡葬管理的暂行规定》，确定了积极地、有步骤地推行火葬，改革土葬，破除封建迷信的丧葬习俗，提倡节俭、文明办丧事的殡葬管理工作方针。并在全国范围内划定了火葬区和土葬改革区，凡人口稠密、耕地较少、交通方便的地区，划为火葬区，

---

① 李平.试析佛教对中国丧葬习俗的影响［J］.神州民俗·教育科技，2008（6）.

在火葬区倡导推行火葬。

（一）根深蒂固的土葬观念

1.入土为安

土葬墓一般葬一个遗体，但也有数人或氏族（家族）合葬的。墓室大多有不同质地的棺椁和殉葬品。传统土葬对于棺椁的要求较高，《礼记·檀弓上》载："殷人棺椁。"郑玄注："椁，大也，以木为之，言椁大于棺也。殷人尚梓。""棺"是盛放死者的木制葬具；"椁"则是套在棺外的外棺。根据身份的不同，棺椁的用料和尺寸也不同。

《礼记·檀弓上》："天子之棺四重；水兕革，棺被之，其厚三寸；杝棺一，梓棺二，四者皆周。棺束：缩二，衡三，衽每束一。伯椁以端长六尺。"意思是天子的棺有四层：第一层是用水牛皮包住木板的棺，厚三寸；第二层是用椴木作的棺，厚四寸；第三、第四层都是用梓木作的棺，居内者叫属，厚六寸，居外者叫大棺，厚八寸。这四层棺，都是上下与四周合围的。棺盖和棺身用皮带束紧，纵向束两道，横向束三道。每一道的棺盖与棺身的接缝处，都要加个桦铆紧。撑用柏树的近根部分来做，每段木料长六尺。

《礼记·丧大记》中说："君松椁，大夫柏椁，士杂木椁。"诸侯用松木作椁，大夫用柏木作椁，士用杂木作椁。另说："君大棺八寸，属六寸，椑四寸；上大夫大棺八寸，属六寸；下大夫大棺六寸，属四寸，士棺六寸。君里棺用朱（绿），用杂金鐕；大夫里棺用玄（绿），用牛骨鐕；士不（绿）。君盖用漆，三衽三束。大夫盖用漆，二衽二束；士盖不用漆，二衽二束。"诸侯的棺有三重：最外边的大棺厚八寸，中间的属厚六寸，贴身的椑厚四寸。上大夫的棺有两重：大棺厚八寸，属厚六寸。下大夫的棺两重：大棺厚六寸，属厚四寸。士棺一重，厚六寸。诸侯的里棺内壁用朱色的嫌作衬里，用金钉、银钉、铜钉钉牢；大夫的里棺用玄色的嫌作衬里，用牛骨钉钉牢；士的棺不用衬里。诸侯的棺盖与棺身的接缝要用漆涂合，而且每边有三处接桦，再用三条皮带捆紧。大夫的棺盖与棺身的接缝也要用漆涂合，但每边只有两处接桦，再用两条皮带捆紧。士的棺盖与棺身的接合部不用漆涂合，但每边也有两处接桦，再用两条皮带捆紧。由此可见，传统丧礼对于棺椁的要求极为严格。

但实际上上古时期并没有这个讲究，故《孟子·公孙丑下》中说："古者棺椁无度。中古棺七寸，椁称之，自天子达于庶人；非直为观美也，然后尽于人心。"人们对于棺椁质量的追求，其实并不仅仅是为了美观，而是认为只有这样才能表达自己的孝心，因为礼制所限或者由于财力不够而不能用上等木料做棺椁，就觉得不够称心满意。如果不为这两者所限制，一般人都会选择最好的用料做棺椁以彰显自己的孝心。

中国的土葬形式主要有竖穴墓（土坑墓），旧石器时代晚期一直流行；大石墓、瓮棺葬，流行于新石器时代至汉代；石棺葬、砖石墓，战国时期以来一直流行；洞室墓，始于战国时期，盛行于六朝以至隋唐；木椁墓，始于商代，汉以后少见；船棺葬，战国末期到汉初盛行于四川一带。

土葬习俗的形成，同人们的观念有着密切关系。人们认为死者入土是必然归宿，正如《礼记·祭义》中说"众生必死，死必归土"。一方面，土葬与"农业发展有关，农业的进步及与此相关的亲土、恋土、入土为安意识支撑并推动了土葬的发展，成为汉民族的代表葬法，古代匈奴、突厥、回纥等民族也以土葬为主要葬式。"[1]另一方面，土葬与鬼魂观念有密切联系，《韩诗外传》中说"人死曰鬼，鬼者归也，精气归于天，肉归于地。"《礼记·郊特牲》中说："魂气归于天，形魄归于地"。古人认为人死后形体埋入地下，脱离形体的灵魂才可以归于天。由"'灵魂不死'，到既'怕'又'爱'的双重感情，再以某种形式送死者去另一个世界。其中，'灵魂不死'构成全部丧礼及活动的哲学本质。"[2]

从旧石器时代一直到现代，人们在埋葬死者时，都要为之随葬大量

---

① 李平.试析佛教对中国丧葬习俗的影响［J］.神州民俗·教育科技，2008（6）.
② 王治国.殡葬文化学：死亡文化的全方位解读［M］.北京：中国社会出版社 1998：290.

的物品，包括各种用具及食物、装饰品等，目的是让死者的灵魂在另一个世界生活得更好。不过，"现代葬式的改变正在冲击着人们'入土为安'的观念，树葬、花坛葬、海葬、草坪葬、壁葬等新葬式都以火葬为基础。而传统观念对用火烧人的身体是任何情况下都难以接受的，身体的保存延续着生者对逝者灵魂不死的传统观念，入土意味着身体能够在土地里面完好保存"。[①]

2.灵魂存在

关于"灵魂"的传说由来已久，一直是人们争论的话题之一。相信"灵魂"存在的人认为：人的"灵魂"和人的肉体是组成人生命的两个缺一不可的部分，即使人的肉体死亡了，其"灵魂"依然存在。各种宗教信仰都相信有"灵魂"的存在。例如，基督教认为，信基督的人的"灵魂"在人死后可以进入天堂，而不信基督的人则要下地狱。佛教认为，人的肉体死亡之后，"灵魂"要转生，即六道轮回，转生成什么取决于其在世间的所作所为。不相信"灵魂"存在的人则认为，"灵魂"是人们出于对死亡的恐惧而想象出来的东西，人肉体死亡了，那么这个生命就结束了，他的思维停止，一切都过去了。这种人的理由是，"灵魂"看不见，摸不着，连最先进的现代科学仪器也探测不到它的存在。还有一种观点认为，人类无法证明"灵魂"的存在，但也无法否定"灵魂"的存在。因为看不见，摸不着，现代科学仪器探测不到的，并不能证明不存在，也可能是因为这个仪器还不够先进。这种人认为，"灵魂"的存在是一个"信"的问题，信则有，不信则无，于是便将灵魂问题归结为信仰问题。

传统关于灵魂的观念主要包括以下几个层面：首先，相信灵魂存在。万物皆有灵，不仅是人而且所有的动植物乃至无生命的东西的背后都藏着一个"精灵"。其次，灵魂可以独立于人的身体而存在。灵魂寓居何处，人们不得而知，但有一点可以肯定，灵魂既可寓居于身体之内，也

---

① 费中正.身体的死亡与象征交换的重构：殡葬文化研究初探［J］.中州学刊，2013（12）.

可以在身外游荡。再次，灵魂是不灭的。灵魂与肉体不同，肉体只是灵魂的寓所，是会灭亡的，而灵魂却是永生的，于是产生了灵魂不死的观念。最后，灵魂在另一个世界活着，但并不是跟活着的人断绝关系，它仍以各种方式与生者保持着密切的联系。卡西尔指出："我们在世界各地看到的葬礼都有共同点。对死亡的恐惧无疑是最普遍最根深蒂固的人类本能之一。人对尸体的第一个反应本应是让它丢在那里并且十分惊恐地逃开。但是这样的反应只有在极为罕见的情况下才能见到。它很快就被相反的态度所取代：希望能保留或恢复死者的灵魂。"①

早期的丧葬实际上非常简单，即用草裹尸，使其"不得见"，但随着后来灵魂观念的出现，认为人死之后仍有灵魂的存在，会与在世者产生一定的联系，甚至影响子孙后代的前途命运，因此开始重视对逝者的安葬，进而发展为一系列复杂的丧葬礼仪和程序。

传统殡葬观念认为，"死亡意味着身体的消失，重要的是，在身体消失后人的灵魂仍然存在，它生活在另一个世界之中，仍然与生者的世界进行联络，于是生者会敬畏逝者，通过殡葬活动以及此后的一系列献祭，寻求逝者在另一个世界的庇佑，由此在殡葬环节人们对逝者充满感情，遵循社会礼仪。"②王充在其《论衡·薄葬篇》中专门对厚葬之风进行批判，并认为厚葬主要与两个因素有关，一是儒家"示不负死以观生"的厚葬主张，二是"以为人死辄为神鬼而有知，能形而害人"的鬼神论。王充指出："闵死独葬，魂孤无副，丘墓闭藏，谷物乏匮，故作偶人，以侍尸枢，多藏食物，以歆精魂。积浸流至，或破家尽业，以充死棺，杀人以殉葬，以快生意。非知其内无益，而奢侈之心，外相慕也。以为死人有知，与生人无以异，孔子非之，而亦无以定实。"《论衡·薄葬篇》中提到用人偶去侍奉装有死尸的棺材，在坟墓中多储藏食物以便让鬼享用，甚至杀人殉葬等做法，这种厚葬风气逐渐发展为相互炫耀，讲究排场，甚至为此倾家荡产。正是因为"死人之议，狐疑未定，孝子之计，

---

① 卡西尔.人论［M］.上海：上海译文出版社 2004：121.

② 费中正.身体的死亡与象征交换的重构：殡葬文化研究初探［J］.中州学刊，2013（12）.

从其重者。"(《论衡·薄葬篇》)但实际上对于人死之后能不能成为鬼，尚无定论，这也是王充所质疑的地方，他指出："人死血脉竭，竭而精气灭，灭而形体朽，朽而成灰土，何用为鬼？"(《论衡·论死篇》)，因此，他认为正确的做法应该是"明死人无知，厚葬无益，论定议立，较著可闻，则玙璠之礼不行，径庭之谏不发矣。"(《论衡·薄葬篇》)即阐明死人无知，厚葬没有好处，不应出现厚葬的现象。

关于灵魂、鬼神之说，张亮采先生指出："春秋以降，阴阳家言，风靡一世。其别有五：曰天道，曰鬼神，曰灾祥，曰卜筮，曰梦。而鬼神之说优盛。"[①]

关于鬼神之说，民间流传着相当丰富的事例，例如记忆前生、死后复活、鬼神附体、借尸还魂、亡魂鬼神托梦、入冥、神游、见鬼神、往生征兆、佛菩萨感应、因果现报等，尽管多属个别人或少数人的主观经验，只是偶尔发生，但总是时有出现，流传民间，向世人泄露生死之谜的"天机"，提供生死轮回的证据。

关于鬼神、灵魂的著述也非常丰富，我国自东晋以来，历代皆有专门记述神怪异闻的笔记、志传、小说，如《搜神记》《灵鬼志》《冥祥记》《玄怪录》《集异记》《宣室志》《夷坚志》《子不语》《阅微草堂笔记》等，现存者尚有数十种之多。《法苑珠林》《太平御览》《太平广记》《分门古今类事》《山堂肆考》《古今图书集成》《少室山房笔丛》等类书中，皆有关于仙佛、鬼神、怪异的专类。

（1）魂魄。

人死魂（阳气）归于天，精神与魄（形体）脱离，形体骨肉（阴气）则归于地下。魂是阳神，魄是阴神。《左传·昭公七年》中说："人生始化曰魄，既生魄，阳曰魂。"孔颖达疏曰："魂魄神灵之名，本从形气而有。形气既殊，魂魄亦异。附形之灵为魄，附气之神为魂也。附形之灵者，谓初生之时，耳目心识、手足运动、啼呼为声，此则魄之灵也；附

---

①　张亮采. 中国风俗史［M］. 北京：中国书籍出版社，2015：52.

所气之神者，谓精神性识，渐有所知，此则附气之神也。是魄在于前，而魂在于后。"①《黄帝内经》中也有关于魂魄的记载："五藏：心藏神，肺藏魄，肝藏魂，脾藏意，肾藏精志也。"意思是心藏神，主宰人的生命活动。肺中有七魄，肝藏有三魂，脾和人的死穴有关。肾藏精与志，精可化髓，髓通于脑。道教有"三魂七魄"之说，三魂乃是指天魂、地魂、人魂，古称胎光、爽灵、幽情，也有人称之为主魂、觉魂、生魂或元神、阳神、阴神或天魂、识魂、人魂；七魄乃是指喜、怒、哀、惧、爱、恶、欲。三魂在于精神中，七魄在于物质，所以人身去世，三魂归三线路，七魄归肉身消失。天魂归天路，地魂归地府，人魂则徘徊于墓地之间，直到再度轮回，三魂才会重聚，七魄则随新的肉身产生。有了魂魄之说，生与死便以一种独特的方式达成了"和解"，人死并不意味着完全"灭亡"或"不存在"，而是以另一种方式继续"存在"着，魂魄观念所表露的正是民间沟通"生"与"死"的努力。

（2）鬼魅。

①鬼。《礼记·祭义》云："众生必死，死必归土，此谓之鬼。"《礼记·祭法》则云："庶人庶士无庙者，死曰鬼。"许慎《说文解字》则说："鬼，人所归为鬼，从人，像鬼头，鬼阴气贼害，从厶。"墨子在《明鬼》篇中专门论述了"鬼"的"存在"，曰："古之今之为鬼，非他也，有天鬼，亦有山水鬼神者，亦有人死而为鬼者。"并列举了古代的传闻、古代圣王对祭祀的重视以及古籍的有关记述，以证明鬼神的存在和灵验。并指出，"尚者《夏书》，其次商、周之书，语数鬼神之有也，重有重之。此其故何也？则圣王务之。以若书之说观之，则鬼神之有，岂可疑哉！"墨子认为鬼神不仅存在，而且能对人间的善恶予以赏罚，因此告诫人们需要对鬼神有所敬畏。

②魑魅、魍魉。传统观念认为山神为魑魅，水神为魍魉。"魑魅"意指中国古代神话传说中的山神，也指山林中害人的精怪，能作祟祸人。

---

① （春秋）左丘明，（晋）杜预，（唐）孔颖达. 春秋左传正义［M］// 李学勤主编. 十三经注疏. 北京：北京大学出版社 2000：1437–1438.

《左传·宣公三年》中说："故民入川泽山林，不逢不若，螭魅罔两，莫能逢之。"魍魉常和魑魅并称，事实上二者并不一样。"魍魉"一般指的是水神的说法，对于"魍魉"为"水神"的说法也不尽一致。东汉许慎《说文解字》中解释说："罔两，山川之精物也。"《孔子家语·辨物》则云："木石之怪夔魍魉。"可见，"魍魉"已不只是水神而也是山中精物了。

（3）轮回。

"轮回"为佛、道两教概念，有生死轮回之义。佛教认为，轮回的原因主要在于十二因缘的"无明"，"无明"产生各种"行"，进而产生不同的"业力"，正是因为"业力"的存在，才为轮回的进行提供了源源不断的动力。佛教有"六道轮回"之说，认为众生就是在这六道中不断的流转轮回，即天人道(化生)、人道、畜牲道、阿修罗道(魔)、饿鬼道、地狱道(化生)。除了佛教的"六道轮回"，实际上道教也讲"轮回"，不过道教所讲的"轮回"不是"六道"，而是"五道"，包括神上天为天神（神道），神入骨肉形而为人神（人道），神入禽兽为禽兽神（畜生道），神入薜荔为饿鬼名也（饿鬼道），神入泥黎为地狱道。

民间传说中有大量与"轮回"有关的怪闻异事，如见鬼见神、凶宅闹鬼、狐精物怪、巫术通神、入冥走阴、修道成仙、雷击恶人，等等。与生死轮回有关的怪异现象载诸史料者，有不昧宿因、借尸还魂、死后复生与神游、生摄冥职、亡魂鬼神托梦、死后来报与亡者现形、附体传语，除此之外，还有尸解、遇仙、出神、神灵感应、雷击恶人、人死为神等。

中国民间传统对于魂魄、阳间、阴间、轮回以及报应等观念的信奉，在某种程度上缓和了生与死的矛盾以及由此导致的紧张，因为人死之后并不会归于"虚无"，活着的人生活在"阳间"，死去的人生活在"阴间"，而且可以以某种方式与在世者发生联系，这些观念使得人们在精神上淡化了对死亡的恐惧，从而获得某种面对死亡的心理慰藉。

（二）迂回曲折的火葬历史

查考我国古代文献，早在春秋战国时期我国某些地区就有火葬习俗。

《列子·汤问》中说:"秦之西有仪渠之国者,其亲戚死。聚柴积而焚之。熏则烟上,谓之登遐,然后成为孝子。此上以为政,下以为俗。而未足为异也。"《荀子·大略》也记载了青海、甘肃地区的氐羌各族死后必焚的古俗:"氐羌之虏也,不忧其系垒也,而忧其不焚也。"从先秦典籍中,可以看到早在春秋时期,我国已有实施火葬的做法,其中以氐、羌以及仪渠民族为代表,并且这一宗教仪式已然具备了严格的程序和坚定的信仰度,以至于形成了"不忧其系累,而忧其死不焚也"的丧葬习俗。[①]不过,火葬一开始只流行于中原周边的少数民族中。

魏晋时期,随着佛教的传入,火葬开始在中国一些地区盛行,而宋代则是中国历史上火葬最为盛行的时期,主要原因有两点:"一是佛教的影响,二是土地占有关系的变化。"[②]宋代士人洪迈《容斋随笔》记载:"民俗火葬,自释氏火化之说起,于是死而焚尸者,所在皆然。"宋朝火葬之风盛行主要和佛教影响力的扩大有关,都城汴京、河北、两浙、福建、四川等地是宋代火葬盛行的地区,也是佛教最为发达的区域。张亮采指出:"火葬之俗,自宋时已盛行于江南,至明而移于浙江。"[③]徐吉军也提到:"蒙舍及诸乌蛮不墓葬,凡死后三日焚尸,其余灰烬,掩以土壤,唯收两耳,南诏家则贮以金瓶,又重以银函盛之,深藏别室,四时将出祭之"[④]顾炎武《日知录》的记述也可佐证:"火葬之俗盛行于江南,自宋时已有之。"[⑤]最初只有贫苦人家为节省丧事开支,唯务从简,选择火化的方法。后来,江浙一带的富人家也多选择火葬,如周辉《清波杂志》卷十二所云:"浙右水乡风俗,人死,虽富有力者,不办蕞尔之土以安厝,亦致焚如僧。"[⑥]《马可波罗行记》当中也有相关记载:"人死焚其尸,设有死者,其亲友服大丧……行于尸后,在偶像前作丧歌。"[⑦]由于火葬的

① 姚海涛.先秦典籍中的火葬探析[J].河北青年管理干部学院学报,2018(3).
② 张捷夫.丧葬史话[M].北京:社会科学文献出版社,2011:119.
③ 张亮采.中国风俗史[M].北京:中国书籍出版社,2015:186.
④ 徐吉军.中国丧葬史[M].南昌:江西高校出版社,1998:403.
⑤ 吴钩.宋朝的土葬与火葬之争[EB/OL].https://www.rujiazg.com/article/4066,2014-6-8.
⑥ [宋]周辉.清波杂志校注[M].刘永祥校注.中华书局,1997:508.
⑦ [宋]周辉.清波杂志校注[M].刘永祥校注.中华书局,1997:509.

流行，宋代一些城市还出现了火葬场，时人称之为"化人场"。

1.争议中的火葬

自古以来，土葬与火葬一直存在争议。即使是在火葬最为盛行的宋代，也不乏存在大量的批判之声，如"夷狄之法"、"不孝之大者"、"伤风败俗莫此为甚"、"其为悖礼甚矣"，等等。"宋时士大夫多以火葬为非，以为大戾于孝道，"①认为火葬是不孝的做法，并以火葬为耻。当然，也有的地方提倡火葬，如姑苏一带一直流行火葬。直至当代，对于火葬的认同也因人而异。自当代殡葬改革以来，为了逃避火葬，甚至出现极端的例子。齐鲁台曾在《开讲天下》节目讨论了"土葬和火葬"的问题，结果是支持土葬的人高居上风。

（1）反对火葬的观点。

第一，火葬非仁义之举。三国时期的如淳认为："焚如、死如、弃如者，谓不孝子也。不畜于父母，不容于朋友，故焚杀弃之。"②火葬被视为不孝的行为，更非仁义之举。《宋史·礼二十八·士庶人丧礼》中提到火葬的做法属于"厚其生而薄其死"，而且火葬主要是那些人多地少的地方以及一些贫下之家所倾向选择的方法，并建议各州县设立"义地"使贫无葬地之民能够葬亲。户部侍郎荣薿"请禁火葬，令州郡置荒闲之地，使贫民得以收葬，诚为善政。"在某些时期，火葬被视为一种有伤风化的恶俗而被明令禁止。例如，明清两代对火葬采取了严厉的处罚措施，《大明律·礼律·丧葬条》及《大清律·仪律》中规定了对违反规定实行火葬者，"杖一百""流三千里"，甚至"斩首"的刑罚。

第二，火葬将令逝者灰飞烟灭。火葬形式与魂魄观念相冲撞，在推崇土葬的人们看来，火葬将使人挫骨扬灰，魂飞魄散，永不复生。鬼神观念与风水阴阳等相糅合，相信死后灵魂的存在，以至于"事死如生"，因此，土葬的形式更能够满足死后生活世界的建构。

---

① ［宋］周辉.清波杂志校注［M］.刘永祥校注.中华书局，1997：510.
② 李道平.周易集解纂疏［M］.北京：中华书局，1994：309.

（2）赞成火葬的观点。

第一，环境原因。土葬并不环保节地，尤其是传统的土葬占用了大量的土地空间，还有乱埋乱葬的问题。另外，尸体以土葬方式分解过程缓慢，其中有些防腐剂以及灵柩容易污染环境，而火葬可以让尸体得到立即处理，更加干净卫生。

第二，宗教原因。印度宗教，如印度教和佛教，皆崇尚火葬。佛教的六道轮回说和因果报应说是实施火葬薄葬的理论依据："人跨越生死在六道之间轮回，生生不息，所以死亡只是生命形式的转换一个过程，因此佛教徒都秉持薄葬意识。因果报应使人们相信人死之后的灵魂，可因生前的善恶，或升天为菩萨，或重新投生作人，或转生为畜牲，甚至成为饿鬼堕入地狱。对凡夫俗子来讲，想死后进入西方极乐世界，活着就得不断行善，死后则必须依靠外部力量，由后人请僧、道，设道场为其超度，洗刷生前的污垢，助其进入西方极乐世界。"[①] 释迦牟尼在世时，印度以火葬为正仪，佛涅盘后，举行荼毗（焚烧）火葬，信徒皆效法之，而僧众更是跟进。荼毗后得到三千多颗舍利子，弟子们照佛祖遗训，建造了"塔"，而将这些舍利子安放在塔里。

隋唐开始，佛家居士亦多火葬。在佛教传入中国后，特别是"佛既谢世，香木焚尸"而葬后，火葬就成为对德行高尚的僧人的一种褒奖。如鸠摩罗什去世后，"姚兴于逍遥园依外国法以火焚尸,薪灭形碎,惟舌不烂"。智嵩"弟子积薪焚其尸，骸骨灰烬，唯舌独全，色状不变"。隋唐以后，随着佛教的传播，这种火葬习俗陆续在中原佛教出家人中流行开来。[②]

2.火葬的现代发展

中华人民共和国建立后，出于保护耕地、节省土地资源等原因，一贯倡导火葬。1956年4月27日，毛泽东、朱德、刘少奇、周恩来、邓小平等联合签名，以个人名义倡导火葬。几十年来，通过推行火葬，在节

---

① 李平.试析佛教对中国丧葬习俗的影响［J］.神州民俗·教育科技，2008（6）.
② 马格侠，王永春.唐代火葬的流行及其原因［J］.唐山师范学院学报，2016（4）.

约殡葬用地、保护生态环境等方面取得了显著成效。目前来看，"年均遗体火化率接近50%，乱埋乱葬现象得到较大程度地遏制，丧葬陋俗逐步破除，殡葬服务设施建设快速推进，惠民殡葬政策效果显著，科技人文殡葬加快发展。"①

（1）改革原因

我国现行殡葬管理政策的核心内容是改革土葬，实行火葬。改革的主要目的在于通过火葬节约殡葬用地，革除丧葬陋俗，提倡文明节俭办丧事，树立良好的社会主义精神文明之风。

（2）实施困境

第一，火化后依旧土葬，并没有节约用地。第二，火葬费用居高不下。由于殡葬业的垄断经营，缺乏相应的市场调节机制，殡葬管理单位往往凭借其在殡葬管理上的优越条件从殡葬活动中攫取高额利润。第三，火葬观念的认同困境。火葬政策从实施以来，一直受到群众的抵触，特别是农村地区，传统观念根深蒂固，对死者的后事安排，一直遵循"入土为安"的传统观念。在土葬改革区域的火化人口少，社会资本参与度不高。第四，火葬是否环保的争议。有越来越多的研究显示，火化过程对环境有明显的影响。

二、厚葬与薄葬

纵观我国的殡葬历史，始终存在着两种截然不同的丧葬观——厚葬观和薄葬观。早在《墨子·节葬下》就曾提到厚葬与薄葬之间的认知差异，墨子说："后世之君子，或以厚葬久丧以为仁也，义也，孝子之事也；或以厚葬久丧以为非仁义，非孝子之事也。"有的人以厚葬久丧为孝子应该做的事，但有的人却认为这是不仁不义。厚葬是我国古代丧葬

---

① 徐富海，丁朋.节地生态：殡葬改革的新方向［J］.中国民政，2016.（7）.

民俗的主流，基本上主导着我国的丧葬民俗。厚葬之风之所以产生并盛行，其原因一是灵魂不灭观念和祖先崇拜，二是与儒家及封建统治者长期提倡的重伦理的孝道观念有关。同时，又有许多识之士对厚葬痛加抨击，并提出薄葬的理论，形成了与陈腐厚葬观相对立的思想和风尚，显示了我国丧葬民俗发展的另一种趋势和走向。同时，我国的丧葬礼仪因受道教长生不死、得道成仙以及佛教的来世观和投胎转世观念等宗教思想的影响、浸染，无论是观念信仰还是礼俗都或多或少地增添了许多内容。佛教传入并盛行的魏晋南北朝时期，一改汉代的厚葬之风，是我国封建社会中丧事最为俭薄的时代，给人一种革故鼎新的感觉。

（一）厚葬观念

厚葬观念自古有之，中国商代时为厚葬高峰期，不仅殉葬品奢侈，并迫使大量奴隶殉葬。西周时，墓葬大小、棺椁层数、随葬品的种类繁多，都按礼制作了相应的规定。其实，自春秋时开始，出现在墓上封土建坟丘的习俗，汉代以下普遍照此行之，最初的做法是一则"易之以棺椁"，二则"封之数之"，也就是把尸体装在棺椁里，把掩埋尸体的土坑填平后再堆起一个高出地面的土堆，并在土堆旁边栽上一棵树，我们现在所说的"坟"指的也就是这样的土堆，由于古人很重视丧葬礼仪，这种丧葬形式也就逐渐演化为厚葬之风。

1.严格的等级之分

传统葬礼，节目详备，不但程序繁杂，而且有严格的贵贱亲疏的等级秩序之分。第一，亲疏之别。父母之丧，身着斩衰之服二十五月，谓三年丧；君王驾崩，群臣诸侯皆居丧三年，嗣王不亲政，谓谅暗；祖父母、伯叔父母、昆弟之丧，身着齐衰之服十三月，谓期丧；外祖父母，身着小功之服五月，等等。第二，根据死者身份的不同，在对其死亡的称呼上也有分别。据《礼记·曲礼下》载，"天子死曰崩，诸侯曰薨，大夫曰卒，士曰不禄，庶人曰死。"第三，死者饭含之物的差别。"天子饭九贝，诸侯七，大夫五，士三。"(《礼记·杂记下》)第四，葬时的差别。如天子七日殡，七月葬，诸侯五日殡，五月葬，大夫士三日殡，三月或逾月葬。第五，所用棺椁的区别。《荀子·礼论》中讲，天子、诸侯棺椁皆用松木，大夫棺椁用柏木，庶民棺椁用杂木。棺椁厚薄的尺寸及木料质地也非常讲究，天子棺椁七层，大夫三层，士二层。他们下葬时所穿的衣服的多少、厚薄都有明确的规定，棺椁上的装饰也有差别。其中在《礼论》中还提到如果是受到刑罚制裁的人，其丧葬只能允许妻儿来治丧，同族亲属则不许送葬，而且也没有什么哭泣礼节，也不穿粗麻布丧服，就如同家里没有丧事一样。另外，在坟的高低和树的种类和数目上，也有严格的区别。比如天子坟高三尺，树以松；诸侯半之，树以柏；大夫八尺，树以药草；士四尺，树以槐；庶人无坟，树以杨柳。第六，礼器的区别。周代的礼制规定，天子用九鼎，诸侯用七鼎，大夫用五鼎，士用三鼎或一鼎。到了东周，则是天子、诸侯用九鼎，卿用七鼎，大夫用五鼎，士用三鼎或一鼎。与鼎配合使用，九鼎配八，七鼎配六，五鼎配四，三鼎配二，亦有明确的规定。

2.明确的血缘之别

在隆丧厚葬的传统中，对于丧礼中的出殡、居丧、丧祭等方面有着严格的要求，要符合礼制。子思曰："丧三日而殡，凡附于身者，必诚必信，勿之有悔焉耳矣。三月而葬，凡附于棺者，必诚必信，勿之有悔焉耳矣。丧三年以为极，亡则弗之忘矣。故君子有终身之忧，而无一朝之患。故忌日不乐。"(《礼记·檀弓上》)意思是说，人死了三天而行殡礼，凡是随尸体入殓的物品，一定要考虑周密，一丝不苟，合乎礼制，不妄增减，以免日后有所遗憾。三个月以后下葬，凡是随棺入圹的物品，一定要考虑周密，一丝不苟，合乎礼制，不妄增减，以免日后有所遗憾。

虽然服丧以三年为极限，但除丧以后也不应忘掉双亲。所以君子一辈子都在怀念双亲，但任何时候都不能因思亲过度而有损身体。

中国传统特别注重丧礼制度，认为"天子以下，死而相丧，衣服、年月亲疏隆杀之礼"，其中涉及居丧者的服饰，还包括居丧的时间和居丧期间生活起居等一系列特殊规范。这些规范因与死者的血缘关系的亲疏远近而有或繁或简的区别，主要包括父系、母系有别，亲疏有别，男女有别，嫡庶有别，凡此完全符合宗法制度的原则。丧服制度既是宗法制度的表现形式，又反过来使宗法制度更加严密，二者之间有着不可分割的关系。传统社会特别强调家族宗法制度，因此，殡葬就不只是埋葬死者这样简单的行为，而更是一种家族性的行为，其目的在于更好地维系家族血缘关系、强化家族意识、传承家族血脉等。

（二）节葬观念

关于薄葬或者节葬的观念，自古以来，相关论述颇多，儒、道、墨等诸学派都对此有所涉及。例如庄子对葬的方式有这么一段描述："庄子将死，弟子欲厚葬之。庄子曰：'吾以天地为棺椁，以日月为连璧，星辰为珠玑，万物为赍送。吾葬具岂不备邪？何以加此！'弟子曰：'吾恐乌鸢之食夫子也。'庄子曰：'在上为乌鸢食，在下为蝼蚁食，夺彼与此，何其偏也。'"（《庄子·列御寇》）由此段话中可以看出庄子在生死问题上的自然与洒脱。儒家尽管在礼仪制度以及程序上强调厚葬，但实际上这一套厚葬礼仪执行起来却难，以至于自古以来就有很多人并不厚葬而提倡节葬。孔子重"礼"，强调秩序不可乱，并认为："礼，与其奢也，宁俭；丧，与其易也，宁戚。"（《论语·八佾》）礼的根本并不是奢侈而是俭朴，不是增加形式的改变而是内心的真实感情表达。

《礼记·丧服四制》曾记载关于"三年丧"的问题："《书》云'高宗谅闇三年不言'，善之也。"理由是"三年忧，恩之杀也。"实际上当时就有人并未完全按照"三年丧"的规定来做。"滕文公问丧礼于孟子，且欲行三年之丧，父兄百官皆不欲，曰：'吾宗国鲁先君莫之行，吾先君亦莫之行也。'"（《孟子·滕文公上》）鲁最为秉礼之国，夫子称其一变可以至道，而尚不能行此，则他国可知。这一段表明，"三年丧"在执行起来存在一定困难，鲁是最为秉礼之国，夫子称其一变可以至道，而尚不能行此，则他国可知。

《孟子·尽心上》中也提到"短丧"："齐宣王欲短丧。"赵岐注："齐宣王以三年之丧为太长久，欲减而短之"。"短丧"即缩短服丧期限，如以日易月，改三年的三十六月为三十六日之类。在短丧方面，汉文帝的做法堪称典范，对后世影响甚大："自汉文帝短丧后，历代帝王皆蹈其陋。"（《啸亭杂录·三年丧》）

春秋战国之际的墨子曾写出过有关"节葬"的专论，对当时的厚葬久丧之风作了非常系统的批评。墨子提到"此存乎王公大人有丧者，曰棺椁必重，葬埋必厚，衣衾必多，文绣必繁，丘陇必巨；存乎匹夫贱人死者，殆竭家室；存乎诸侯死者，虚车府，然后金玉珠玑比乎身，纶组节约，车马藏乎圹，又必多为屋幕、鼎鼓、几梴、壶滥，戈剑、羽旄、齿革，寝而埋之。"（《墨子·节葬下》）大意是，厚葬久丧的情况存在于王公大人有丧事者的家中，则说棺木必须多层，葬埋必须深厚，死者衣服必须多件，随葬的文绣必须繁富，坟墓必须高大。对于贫困家庭也是如此，他们甚至竭尽家产来厚葬。诸侯死了，使府库贮藏之财为之一空，然后将金玉珠宝装饰在死者身上，又必定要多多制造许多陪葬品置于死者寝宫而埋掉，然后才满意。其中还提到殉葬之法，天子、诸侯死后所杀的殉葬者，多的数百，少的数十；将军、大夫死后所杀的殉葬者，多的数十，少的数人。所以墨子得出结论说："细计厚葬为多埋赋之财者也；计久丧为久禁从事者也。财以成者，扶而埋之；后得生者，而久禁之。"（《墨子·节葬下》）

孟子认为厚葬久丧是浪费钱财，应当禁止。墨子的观点就是将厚葬与富、众、治三者结合起来看是否属于仁义之行，以衡量厚葬久丧在哪一方面能符合"富贫众寡，定危治乱"的利益。他说："计厚葬久丧，请可以富贫众寡、定危治乱乎？则仁也，义也，孝子之事也！为人谋者，不可不劝也；意亦使法其言，用其谋，若人厚葬久丧，实不可以富贫、众寡、定危、治乱乎？则非仁也，非义也，非孝子之事也！为人谋者，不可不沮也。"（《墨子·节葬下》）意思是，若厚葬久丧确实可以使"贫者富""寡者众"，可以使"危者安""乱者治"，这就是仁的、义的，是孝子应做的事，那么应该鼓励人们去做。若厚葬久丧确实不可以使贫者富、寡者众，不可以使危者安、乱者治，这就是不仁义的，不是孝子应做的事，就应当阻止人们去做。从墨子对于"节葬"的观点来看，"厚葬"存在以下几个问题：

第一，浪费财物，妨碍劳动生产。墨子说："若法若言，行若道使王公大人行此，则必不能早朝，五官六府，辟草木，实仓廪。使农夫行此。则必不能早出夜入，耕稼树艺。使百工行此，则必不能修舟车为器皿矣。使妇人行此，则必不能夙兴夜寐，纺绩织纴。"（《墨子·节葬下》）行厚葬久丧之风，一方面是大量浪费钱财，二是长久服丧会影响人们去劳作。因此，应该"死者既以葬矣，生者必无久哭，而疾而从事，人为其所能，以交相利也"。死者既已埋葬，生人不当久哭，而应赶快就业，人人各尽所能，才是有利的做法。

第二，家国不宁，妨碍国家治理。《墨子·节葬下》认为，"今唯无以厚葬久丧者为政，国家必贫，人民必寡，刑政必乱。若法若言，行若道，使为上者行此，则不能听治；使为下者行此，则不能从事。上不听治，刑政必乱；下不从事，衣食之财必不足。"认为以厚葬久丧的原则治理政事，国家必定会贫穷，人民必定会减少，刑政必定会混乱。

因此，墨子认为，考虑丧葬之事，应该从以下几个层面来考虑：一是"便其习，而义其俗者"，即考虑人们的习惯和当地的风俗；二是不失死生之利，即"故衣食者，人之生利也，然且犹尚有节；葬埋者，人之死利也，夫何独无节于此乎？"（《墨子·节葬下》）即活着的人犹崇尚节制，那么人死后也应当节制节用。

三、私坟与公墓

《说文解字》说："坟，墓也。"土之高者谓之"坟"。古时称墓之封土成丘者为坟，平者为墓，对称有别，合称相通。后指埋葬死人的穴和上面的坟头(堆土)，通称"坟墓"。也就是说，墓指平处，坟指高处，"葬而无坟谓之墓"即此意。中国古代历来有在墓区植树的习俗，尤多植松、柏以及杉等树，取象征先人如松柏长青之意。

上古的人们对死者遗体的处理极为草率，或抛尸于野外，或埋于土中，并无衣衾棺可言，故"坟墓"并不是一开始就有的。《礼记·檀弓上》中就曾提到："古也，墓而不坟。"张亮采先生说："人未死之前，则有生圹。既死之后，则有招魂，有挽歌，有行状，有堪舆相地吉凶。既葬之后，有碑文，有墓志铭。而墓上须种柏作祠堂，祠堂之内常设影堂，顾亭林所谓尸礼废而像事兴者也。墦间之祭始于周人，而汉人亦尚墓祭。"[1]墓为地下，坟为墓的地上标识。《礼记·檀弓上》记载："孔子既得合葬于防，曰：'吾闻之。古也墓而不坟；今丘也，东西南北人也，不可以弗识也。'于是封之，崇四尺。孔子先反，门人后，雨甚至。孔子问焉曰：'尔来何迟也？'曰：'防墓崩。'孔子不应。三，孔子泫然流涕曰：'吾闻之：古不修墓。'"这段话大意是，孔子终于把父母合葬于防之后，说我听说，古时的墓地上是不积土为坟的。现在我是个四处奔波的人，不可不做个标志。于是就在墓上积土，高四尺。孔子先从墓地回家，弟子们还在墓地照料，一阵大雨之后，弟子们才来到家。孔子问他们，说："你们怎么回来的这么迟？"弟子们答道："防地的墓因雨而坍塌了，我们在那里修墓。"孔子没有作声。弟子们以为孔子没有听见，连说了三遍。这时，孔子才伤心地流下眼泪，说：我听说过，古人是不在墓上积土的。由此可见，孔子对于坟墓还是很重视的。

对于族墓和公墓，王治国在其《殡葬文化学：死亡文化的全方位解读》一书中提到了公墓与邦墓之间的区别，公墓为贵族墓地，邦墓为同一血缘的邦之平民墓地，后公墓分离出专门的帝陵，而邦墓则演化为各个家族的宗族墓地，即"祖坟"。还有一种墓地成为"义冢"，是官府出

---

① 张亮采.中国风俗史［M］.北京：中国书籍出版社，2015：72.

资购地或择无主荒地给那些无主尸骸的墓区。^①

（一）家族墓地

家族墓源自"邦墓"，一开始指的是宗法制社会中普通老百姓的墓地，也是根据宗法关系进行族葬，并由墓大夫掌管。《周礼·春官·宗伯》中关于"冢人"的职责中说道："冢人掌公墓之地，辨其兆域而为之图。先王之葬居中，以昭穆为左右。凡诸侯居左、右以前，卿大夫士居后，各以其族，凡死於兵者，不入兆域。"冢人是掌管王的墓地的人，辨别墓地的范围而绘制地图，先王的墓葬处在中间，其子孙们按照昭穆的次序分葬左右。凡做诸侯的子孙葬在王墓的左右前方，做卿、大夫、士的子孙葬在王墓的左右后方。凡死于战争的人，不葬入王族墓地。还提到："墓大夫掌凡邦墓之地域，为之图。令国民族葬，而掌其禁令。正其位，掌其度数，使皆有私地域。凡争墓地者，听其狱讼。帅其属而巡墓厉，居其中之室而守之。"墓大夫掌管王国中民间墓地的地域，绘制成图。掌管其中墓葬规模的大小，并使各族都有本族私有的墓葬地域。《周礼·地官·大司徒》中也提到："安万民，一曰媺宫室，二曰族坟墓。"其中提到坟墓按族分布，受到血缘宗族观念的影响，家族墓群基本都是严格按照血缘关系的远近来排列。在当前农村地区，家族公墓随处可见。

祖坟地的埋葬顺序，很有讲究，根本宗旨就是体现长幼尊卑，"昭穆之制"就是其中一种原则家族墓葬群的排列方式，主要有"携子抱孙形"、"携子荫孙形"、"一字葬"以及"人字葬"。^②

1.夫妻合葬墓

《诗经·王风·大车》曾说："穀则异室，死则同穴"。"穀，生之意，生在于室，死则神合同为一也。"汉文化中"生则同床，死则同穴"的观

---

① 王治国.殡葬文化学：死亡文化的全方位解读［M］.北京：中国社会出版社 1998：366.

② 天顺祥.论家族坟墓（祖坟）的排列形式［EB/OL］. http://www.tian168.com/binzangbaike/binzangchangshi/464.html，2018-02-28.

念根深蒂固，夫妻死后一定要同葬在一个墓穴之中，而且男女棺材相距不超过十厘米。有学者指出，"自殷商以来，中国古代的墓葬多数为竖穴木撑墓的单人葬；不过在这种传统保守习惯极强的墓葬制度中，一种新型的、夫妻共同理葬的合葬墓出现了。这一变化被认为是传统墓制的一大变革，夫妻合葬则明显倾向于夫妻一体观的意识。"[①]夫妻合葬是从西汉中期以后开始流行，至东汉后期，合葬的形式进一步发展，同一墓室内若干个体合葬的家族合葬墓也开始出现。不过，合葬却在很早就已经出现，中国古代合葬的形式最初是一种有一定间隔、夫妻墓并列的并穴合葬形式。自殷商至春秋，合葬墓主要以这种形式出现。[②]《礼记·檀弓上》曾提到"合葬"之风源自周公："季武子成寝，杜氏之葬在西阶之下，请合葬焉，许之。入宫而不敢哭。武子曰：'合葬非古也，自周公以来，未之有改也。吾许其大，而不许其细，何居？'命之哭。"这说明合葬不是古制，自周公以来才有合葬，后来再没改变。又曰："舜葬于苍梧之野，盖三妃未之从也。周公盖附。"郑注曰："附，谓合葬；合葬自周公以来。"另外其中还提到孔子将父母合葬于防。

2.家族墓葬群

一个家族从始祖所迁的墓地，往往到后来十几代或几十代人都葬在一处，而成为家族墓葬群。这种墓葬群的排列方式有两种：

（1）携子抱孙形。

即始祖夫妇合葬墓在正中间的最上头，墓前面是明堂神路；以明堂神路为中线，左边为长子夫妇墓位，右边为次子夫妇墓位，三子再排左边，四子再排右边，即始祖左为1、3、5、7儿子墓位，右侧依次为2、4、6、8儿子墓位，形成俗话所说"左长右二"的排列方式，始祖与儿子排成一排，为"携子"。孙子辈墓穴排在前面，按照大小序列，还是以中间

---

① （日）太田有子.中国古代的夫妻合葬墓［J］.杨凌译.华夏考古，1989（4）.
② （日）太田有子.中国古代的夫妻合葬墓［J］.杨凌译.华夏考古，1989（4）.

为大，然后左右展开，是为"抱孙"，逐代照此排列方法继续延伸埋葬。[①]

（2）携子荫孙形。

"携子"行同上，但是不需要设置明堂神路，孙辈排在祖辈之后之上，从下往上排列，在祖辈荫护之下，步步登高，意为"荫孙"。这种葬法多为望族或贵族所采用。

3.一字葬

因特殊原因，不设先祖墓穴，从多位兄弟开始立坟，不设明堂神路，按照平面拉开。长幼排列方式有两种：

（1）中间为家族之长即老大，左右分单双依次为老二、老三、老四、老五等。晚辈则排在第二行，排列顺序如第一行。

（2）按照左为大为上的原则，依次排列，自左而右：1、2、3、4……以此类推。

4.人字葬

人字葬是一种金字塔形排列，第一排正中为族长，当儿子数目为单数的时候，不设明堂神路；当儿子数目为双数的时候，前设明堂神路。族长左右留出空白，可以植树调整坟地风水；而子子孙孙往前走，子辈左右排列按照"一字葬"的第二种方式，孙辈排在下一层，按照辈份依次前推。

（二）公共墓园

公墓最早起源于氏族墓地，具有典型意义的规范化公墓是距今7000至5000年之间的仰韶文化的氏族墓葬群，同一氏族的死者被集中安置在同一墓区内，排列相当整齐。在宗法社会出现之后，公墓逐渐演化为专指国君及王室之墓，按照宗法等级关系进行排列，并由专门的冢人掌管。

[①] 张泊. 家族墓葬排序规则整理［EB/OL］. http://blog.sina.com.cn/s/blog_4d9f40c90102xf9d.html，2017-10-14.

北宋时期，因诸多战乱，出现了许多客死他乡无人认领的尸体以及因家贫而无力丧葬者。为安葬这些死者，北宋朝廷专门设置"漏泽园"，来收殓无人认领的无主尸体或者因家贫无力埋葬者，集中埋葬。"漏泽园"成为国家安葬贫苦者骸骨的公共墓地，南宋时期"漏泽园"作为社会公共坟场，其存在非常普遍。"漏泽园"的挖掘建设及埋葬需要有较高的规划和要求，漏泽园的位置多选定在高亢荒芜的高地，由政府拨地，以避免占用农田等膏腴之地而影响农业生产。《嘉定赤城志》中记载了南宋宁宗嘉定四年（1211年）台州（今临海市）黄守，重新修葺废旧漏泽园并置新园的基本情况：旧园内立墙，墙内分为若干穴，自东取西，或自南取北，每穴地广七尺，修一丈，比葬，掘深五尺，每三层横穿一沟，沟广二尺，深六尺，仍相一低处笕沟水出溪，约可瘗一千五百四十八人，余三处可瘗二千五百人。[①]

近现代以来，公墓的性质有发生了改变，成为一般意义上的公共墓地，主要形式有：

1.园林公墓

园林公墓是公墓建设与发展的趋势，是园林化的公墓，是以公墓安葬为主要用途的特殊公园。它充分考虑了死者生前所向往的"仙境"，也更多地考虑到生者的需要，主要是环境方面的需要，这一需要属于殡葬消费的一部分，是精神的物化品，透过物质形式能反映出人们观念上的差异，这就形成了殡葬活动者对公墓绿化美化的需求的差异，也就是园林公墓的多样性。人的祖先来自大自然，人类喜爱自然既是生理需要也是心理趋向，人们到公墓去祭奠时，总希望环境能满足自己的需要，这种需要是后天的，是精神的，因而园林公墓的建设又具有一定的特殊性。现阶段，在我国殡葬改革中，由于国家提倡骨灰处理多样化，因而我国的公墓出现了多种形式。

---

① 360百科.漏泽园［EB/OL］. https://baike.so.com/doc/9497080-9840427.html.

2.山地公墓

一般是在荒山上建立的，这类公墓的优点是地形地貌十分丰富，可以建造出高水平的生态园林。不足之处是地质条件很差，给公墓施工和园林绿化施工造成一定的难度。

3.平地公墓

一般是在平原或丘陵地区的瘠地上建立的，这类公墓的特点是地形平坦，公墓的设计和园林设计方便自由。不足之处是公墓整体环境在审美上略显呆板。

4.普通公墓

用水泥、砂浆、砖、石材、装饰材料等建成墓穴。这种形式在我国比较普遍。

5.塔陵公墓

把塔作为公墓的主体建筑，其外观是公墓的主要景点，其内部可以安放骨灰。

6.骨灰墙（廊、亭）

充分利用园区的墙、廊、亭等建筑，合理改造，把骨灰安放在墙（廊、亭）内。

7.洞式公墓

把过去的"挖墓坑"改变为"墓洞"，其状似窑洞，结构简单，施工容易，安葬方便，此公墓适用于山地和丘陵地带。在平原地区可将壕沟和窑洞有机地结合起来，建设成"战壕式公墓"，如果在废弃的田间壕沟两边，可分别建成"猫耳洞"似的墓穴，会成为一种别具一格的公墓，再在沟中、沟旁栽种纪念树，形成排列整齐的林带，既可以防风固沙、保护庄稼，又可以发展第三产业。山区、平原还可以建设一种"地道、地坑"式公墓，把地道、地坑与窑洞综合利用起来为殡葬改革事业服务。

8.树葬公墓

生者为死者种植好树木，把死者骨灰直接葬入树下的土中，树前放置一块较小的卧碑刻名以作标记和纪念。树葬公墓又能形成骨灰林，其外观是一片森林，林中却是公墓。

9.草坪公墓

把死者骨灰直接葬入草坪内，草坪上置一卧碑刻名以作标记和纪念。此类公墓能形成"广阔的大草原上点缀着异彩纷呈的雕塑"的景观。

10.种植园公墓

在种植园（多为果园、茶园、植物园等）内，把死者骨灰葬入树下。

根据各地的工作实践，以树代墓是一个文明、节俭、进步的葬法，人类来源于大自然，又回归到大自然，以树代墓，既解决了群众安葬和祭奠的问题，又绿化美化了环境，采取林墓结合、果墓结合、茶墓结合、花墓结合、药墓结合的方法，成功地闯出了一条经济效益、社会效益双丰收的路子。

第三章

现代丧葬的生态建构

《中国殡葬事业发展报告》中指出：2015至2016年，我国殡葬事业在深化改革中有序发展，主要表现在：殡葬事业发展规划有了制度性安排；节地生态安葬政策深入人心；殡葬管理服务专项整治取得实效；惠民殡葬政策全面落地；殡葬标准化工作持续深入；殡葬业投资规模有所提升。但是，仍存在的主要问题有：殡葬业大数据研发与应用滞后、超期遗体存放长期积压处置难、基本公共服务均等化推进不平衡不充分等实际问题，需要在今后深化殡葬改革中予以重点关注。①根据"十三五"规划的要求，将"创新、协调、绿色、开放、共享"的发展理念应用到殡葬改革的具体实践中来，切实推进我国殡葬事业的改革。

一、绿色丧葬：现代丧葬的自然生态

就绿色殡葬的内涵来说，狭义的绿色殡葬一般指生态殡葬，或叫环保殡葬，生态殡葬主张"回归天然"，主要葬法有植树葬、花葬、草地葬、海葬、虚拟墓地等。广义的绿色殡葬不仅包含生态殡葬，并且包含传统殡葬领域中在理念、风气、技能、程序等方面不断俭朴、环保的变革取向。因此，对于绿色殡葬，一是不断推广和拓展生态殡葬，二是在土葬、火葬中坚持俭朴、环保等文明理念。另外，绿色殡葬还应当是透明殡葬，殡葬大众服务的文明程度也是绿色殡葬的重要指标。②

2016年2月19日，民政部等9部门联合印发了《关于推行节地生态安葬的指导意见》(以下简称《指导意见》)，为进一步深化殡葬改革、推行节地生态安葬、保护生态环境、促进人与自然和谐相处提出了指导意见。《指导意见》首次明确了节地生态安葬要以节约资源、保护环境为价值导向，鼓励和引导人们采用树葬、海葬、深埋、格位存放等不占或

---

① 李柏森.中国殡葬事业发展报告（2016~2017）[M].北京：社会科学文献出版社，2017：1.
② 邓海骏，郭林.跨越厚葬与薄葬：绿色殡葬的形式社会学研究[J].中州学刊，2013（12）.

少占土地、少耗资源、少使用不可降解材料的方式安葬骨灰或遗体，使安葬活动更好地促进人与自然和谐发展。①《指导意见》发布后，全国30个省、市、自治区均及时出台了相关政策措施，积极推行节地生态安葬方式，大力推行葬式葬法改革，如树葬、花坛葬、草坪葬、壁葬、骨灰撒散、遗体深埋等新型生态葬法，提高节地生态安葬服务水平，普及生态殡葬知识，宣传节地生态安葬政策，着力培育现代殡葬文化。

近年来，民政部门根据人口、耕地、交通等状况，科学划分火葬区和土葬改革区。在火葬区，全面推行骨灰集中规范安葬，推广骨灰格位存放、树葬、花葬、草坪葬、深埋等多种生态节地的安葬方式，倡导海葬等不保留骨灰的安葬方式。经过多年的推行，各地节地生态安葬有了较大进展。《指导意见》指出，无论是在火葬区还是在土葬改革区，党员、干部都应当带头实行生态安葬，积极参与骨灰撒散、海葬或者深埋、不留坟头等生态安葬方式。鼓励党员、干部去世后捐献器官或遗体。近年来，各地按照生态文明建设的要求，积极倡导和推行节地生态安葬，初步建成一批节地生态安葬设施，取得了一定成效。

（一）生态丧葬的意义

党的十八届五中全会提出了绿色发展理念，要求"坚持绿色富国、绿色惠民，为人民提供更多优质生态产品"。十九大报告也指出："发展是解决我国一切问题的基础和关键，发展必须是科学发展，必须坚定不移贯彻创新、协调、绿色、开放、共享的发展理念。"针对发展中的突出问题，习近平总书记指出，必须坚持"绿水青山就是金山银山"的新发展理念，节约资源和保护环境，推进美丽中国建设。近年来，民政系统大力倡导生态殡葬，不断巩固和提升火化率，引导和鼓励群众采取树葬、花葬、草坪葬等其他不占或少占土地的生态安葬方式。如今，绿色、惠民、文明，已经成为殡葬改革发展的共识。当前，在人多地少的基本国

---

① 李柏森 . 中国殡葬事业发展报告（2016~2017）［M］.北京：社会科学文献出版社 2017：5.

情下，面对资源约束趋紧、环境污染严重、生态系统退化的严峻形势，推行节地生态安葬不仅重要而且紧迫。构建绿色殡葬，"要在整合殡葬内容与形式方面着力，以此为基础，进一步调整殡葬活动中生者与逝者的互动方式。具体来说，一是要整合好殡葬法制、观念、标准与殡葬活动的殡、葬、祭这三大方面。二是在此基础上，将殡葬活动中生者与逝者的互动方式朝着绿色殡葬的方向调整：将互动关系由神圣转向世俗；将互动领域由个人、家庭(族)转向社会；将互动意义由家庭认同转向社会认同，赋予绿色殡葬更高层面的文化内涵和文化意义"。①加强节地生态安葬设施建设，推行节地生态安葬是减轻群众负担，保障基本安葬需求的重要途径；是移风易俗、弘扬社会主义核心价值观的重要举措；是促进生态文明建设，造福当代和子孙后代的必然要求，对于全面深化殡葬改革、建设美丽中国，具有十分重要而深远的意义。

（二）生态丧葬的理念

节地生态安葬，就是以节约资源、保护环境为价值导向，鼓励和引导人们采用树葬、海葬、深埋、格位存放等不占或少占土地、少耗资源、少使用不可降解材料的方式安葬骨灰或遗体，使安葬活动更好地促进人与自然和谐发展。在保障群众基本安葬需求的前提下，坚持节约资源、保护环境，把以人为本、生态文明的理念贯穿于殡葬改革全过程，加大节地生态安葬公共服务产品供给，提供优质人文安葬服务，加强政策激励引导，使满足安葬需求与保护资源环境协调推进，促进形成人与自然和谐发展新格局。

1. 以人为本

《孟子·离娄下》中说："人之所以异于禽兽者几希，庶民去之，君子存之。"意思就是人和动物的区别其实就那么一点点，按照孟子的观

---

① 邓海骏，郭林.跨越厚葬与薄葬：绿色殡葬的形式社会学研究［J］.中州学刊，2013（12）.

点，"这一点点"就是人之所以为人的关键，即仁义礼智四德。董仲舒说："人有父子兄弟之亲，出有君臣上下之谊；会聚相遇则有耆老长幼之施，粲然有文以相接；欢然有恩以相爱，此人之所以贵也。"（《汉书·董仲舒传》）同样，康德说："人是生活在目的的王国中。人是自身目的，不是工具。人是自己立法自己遵守的自由人。人也是自然的立法者。"[①]

黑格尔明言："人间最高贵的事就是成为人""法的命令是：'成为一个人，并尊敬他人为人'。"[②]最早明确提出"以人为本"的是春秋时期齐国名相管仲，《管子·霸言篇》中曾提到"以人为本"："夫霸王之所始也，以人为本。本理则国固，本乱则国危。"说明以人为本在治国理政中的重要地位。《书经》则说："民为邦本，本固邦宁。"

习近平同志在多次谈话中强调"以人为本"，2014年9月21日，习近平在庆祝中国人民政治协商会议成立65周年大会上的讲话中提到："要坚持把实现好、维护好、发展好最广大人民根本利益作为一切工作的出发点和落脚点，我们的重大工作和重大决策必须识民情、接地气。要以人民群众利益为重、以人民群众期盼为念，真诚倾听群众呼声，真实反映群众愿望，真情关心群众疾苦。"

2015年4月28日，习近平在庆祝"五一"国际劳动节大会上的讲话中又提到："要面对面、心贴心、实打实做好群众工作，把人民群众安危冷暖放在心上，雪中送炭，纾难解困，扎扎实实解决好群众最关心最直接最现实的利益问题、最困难最忧虑最急迫的实际问题。"新发展观明确把以人为本作为发展的最高价值取向，就是要尊重人、理解人、关心人，就是要把不断满足人的全面需求、促进人的全面发展，作为发展的根本出发点。人类生活的世界是由自然、人、社会三个部分构成的，以人为本的新发展观，从根本上说就是要寻求人与自然、人与社会、人与人之间关系的总体性和谐发展。

"以人为本"，尊重人的尊严，为人提供个性化、艺术化的服务，成

---

① （德）康德.实践理性批判［M］.韩水法译.北京：商务印书馆，2003：95.
② （德）黑格尔.法哲学原理［M］.范杨，张企泰译.北京：商务印书馆，2012：46.

为殡葬业发展的新方向。殡葬改革作为一项与群众切身利益相关的工作，所体现的是对人的关切、对人的价值认同以及对长久以来形成的风俗的尊重，"殡葬改革归根结底做的是人的工作，这就要求我们必须把握以人为本的工作规律，从广大农民群众现阶段对火葬仍缺乏广泛认同这一事实出发，在强化乡风文明建设和推动移风易俗方面下大功夫，在兼顾公序良俗的同时出台政策加强宣传和引导，在充分征求群众意见的基础上寻求心理认同，这可能是个漫长的过程，但只有解决好'心里'的问题，才能真正做好'人'的工作。"[1]

2.绿色共生

目前来看，节地生态安葬设施供给并不充足，激励引导和规范管理的制度机制也不完善，群众对节地生态安葬的接受程度不高，乱埋乱葬、骨灰装棺再葬、墓位面积超标、过度使用不可降解材料等问题还比较突出。绿色丧葬不但要治理散埋乱葬，不但要加大对"四边区域"内乱葬乱埋行为的治理，切实解决"三沿五区"的"青山白化"问题，同时也要建设各种生态墓园。党的十八大以来，党中央、国务院把生态文明建设摆在突出地位，将其纳入"五位一体"总布局中协调推进，在这一背景下，2016年民政部等9部门印发《关于推行节地生态安葬的指导意见》。《指导意见》提出，鼓励家庭成员采用合葬方式提高单个墓位使用率，提倡以树葬、海葬、花葬、草坪葬等节约资源的环保安葬骨灰方式取代浪费土地、破坏生态资源的传统墓葬，不留坟、不建墓，节约土地，保护环境。保护土地资源和生态环境，是社会文明进步的具体表现，建设良好的生态环境是落实科学发展观的具体行动。

十九大报告指出树立和践行"绿水青山就是金山银山"的理念，坚持节约资源和保护环境的基本国策，像对待生命一样对待生态环境，统筹山水林田湖草系统治理，实行最严格的生态环境保护制度，形成绿色

---

① 韩茜.殡葬改革应以人为本. http://www.northnews.cn/2018/0803/2903591.shtml. 2018-08-03.

发展方式和生活方式，建设美丽中国，创造良好生产生活环境。坚持节约优先、保护优先、自然恢复为主的方针，形成节约资源和保护环境的空间格局，还自然以宁静、和谐、美丽。绿色发展注重的是解决人与自然和谐问题。因此，需要加快形成人与自然和谐发展现代化建设新格局，推进美丽中国建设，就能既要绿水青山、也要金山银山，从根本上解决资源环境问题，为全球生态安全做出新贡献。"绿色化"的发展要求就是要建立科技含量高、资源消耗低、环境污染少的产业结构和生产方式，带动绿色产业的发展和形成经济社会发展新的增长点，它同时也是一种生活方式和消费模式向勤俭节约、绿色低碳的方向转变，力戒奢侈浪费和不合理消费。

在我国资源紧缺、生态恶化的形势下，提倡'绿色殡葬'——植树葬、花葬、草坪葬、海葬、虚拟墓地、深葬等不仅能使人与自然的关系回归和谐，也更有利于创建人与人和谐的社会氛围。"①彰显人与自然的和谐。传统墓园"以传统墓碑葬为主要安葬形式，排排墓、椅子墓为主要墓型，材料以石材居多，墓位硬化现象较为普遍。绿化率低，与城市周边景观不协调。生态墓园是坚持'景观建园、文化建园、生态建园'和'先建公园、后建墓园、不见墓碑'建设理念的新型现代人文纪念设施，注重打造人文环境，和谐融入城市景观和人们的日常生活"。②化解"生态葬"的遇冷尴尬，"不仅需要政府部门尽快形成一种主动作为的积极姿态，同时也要努力改变生态葬法'低廉而不低端'的固有印象。选择'生态葬'，其融入自然、生态环保等的有利之处显而易见，但'节约土地'不是为了'简化祭拜'，如何通过相关设施的建设与配套，确保人们既愿接受生态葬法，又能感受庄重祭扫，这也是有利'生态葬'选择升

---

① 贾卫列.用绿色殡葬破解"一墓难求"［EB/OL］.http://opinion.china.com.cn/opinion_90_126490.html，2015–04–07.

② 李辉.探索"互联网＋殡葬"融合发展新形态［EB/OL］.http://www.chinabz.org/xwzx/zxdt/3567.html，2017–02–10.

温的一种辅助措施。"①传统殡葬活动造成资源浪费与环境污染已经严重影响了人与自然的关系，危及了自然生态系统的新陈代谢。为此，要改善生态环境，殡葬业就要改变丧事活动的陈规陋习和传统安葬方式，推广有利于生态保护的绿色殡葬。主要措施如下：

第一，对原有落后的火化设备进行更新。过去的火化炉设备简陋，功能差，在火化遗体时会产生较为严重的黑烟和有害气体，造成环境污染。现代科学技术的进步已经为解决这一问题提供了契机，运用已经研制出来的绿色火化炉可以大大减少环境污染。为此，必须对原先污染较大的火化炉进行更换或改造。

第二，以写纪念文章、制作纪念网页等新的方式取代烧纸钱、放鞭炮的方式，来表达对逝者的怀念。

第三，采取多种措施做到有关丧葬用品的循环利用，以减少殡葬活动中的资源消耗，如花圈，传统的习俗往往要在追悼会后烧掉，既浪费又污染环境，现可以采用租用的方式来重复利用，降低殡葬活动中的能源消耗。

第四，提倡"入林为安，与树千古"。树是生命的延续等殡葬理念，大力推广树葬、花葬、海葬等生态葬法，对生态保护有着重要的意义。"树葬"便是其中之一。该葬式巧妙运用园区地形和树木资源，将墓位隐匿于山间树木中，达到"是墓不见墓"的效果。

（三）生态丧葬的方式

坚持创新发展理念，既要推动殡葬理念的改革，也要改变丧葬方式，其中，节地生态安葬是殡葬改革的重中之重。"生态葬"作为一种新型葬法，也逐渐被人们所接受，如生态墓园、骨灰自然葬、骨灰海葬等方式，这些方式是最能体现不占或少占土地、少耗资源、少使用不可降解材料的安葬方式。《指导意见》指出，在火葬区和土葬改革区依法推行遗

---

① 司马童. 推广"生态葬"还需多方着力［EB/OL］. http://opinion.china.com.cn/opinion_11_126211.html，2015-04-03.

体火化、骨灰或遗体公墓内集中安葬，并在此基础上，因地制宜创新和推广更多符合节地生态要求的安葬方式。首先，在火葬区，积极推行不占或少占土地的生态化骨灰安葬方式，在人口密集区推行以楼、廊、堂、塔、墙等形式存放骨灰的立体安葬方式。倡导建设单人骨灰安葬或双人骨灰合葬占地小于国家规定标准的节地型墓位，提倡地面不建墓基、地下不建硬质墓穴，墓碑小型化、微型化，最大限度降低硬化面积，并鼓励家庭成员采用合葬方式提高单个墓位使用率。积极推广骨灰植树、植花、植草等生态葬式，使用可降解容器或直接将骨灰藏纳土中，不设硬质墓穴和墓碑。倡导骨灰撒海、撒散等不保留骨灰的安葬方式。其次，在土葬改革区，遗体应在公墓或农村公益性墓地内集中安葬，不得乱埋乱葬，倡导建设单具遗体安葬和双人合葬占地分别低于国家规定标准的节地型墓位，减少地面硬化面积，鼓励墓碑小型化或不立碑；倡导遗体深埋、不留坟头或以树代碑。最后，尊重少数民族丧葬习俗，鼓励和支持少数民族群众选择既具有民族地域特色又符合当地生态要求的葬式葬法。①

1.海葬

海葬是将骨灰撒入大海的一种葬法。骨灰撒海，冲破了传统的"入土为安"观念。海葬有利于节约土地、发展经济，有利于移风易俗，有利于社会主义精神文明建设。

2.自然葬

让生命回归自然的一种丧葬方式。逝者骨灰自然葬是指使用可降解容器或者直接将骨灰藏纳土中，安葬区域以植树、植花、植草等生态自然进行美化，不建墓基、墓碑和硬质墓穴的安葬方式。这种丧葬方式满足了"入土为安"的传统习俗，是一种最为节地生态的葬法之一。"让生

---

① 《关于推行节地生态安葬的指导意见》（2016年2月19日，民政部等9部门联合印发）。

命回归自然，实现最长情的陪伴"是自然葬的主旋律。[①]

（1）树葬。

现代树葬是殡葬的一种新形式，就是人们以认养绿地的办法，植一些树木，将亲人的骨灰撒在树下。现代树葬最大的特点就在于，它的地面是没有任何殡葬设施的，而是以纪念树或自然石为标记。与传统墓穴日益抬高的价格相比，树葬的价格明显低廉。更重要的是，树葬不留坟头，占地很少，还能绿化山林。这种安葬方式象征着生命常绿，也符合人们"入土为安"的传统观念。

（2）花葬。

花葬是墓葬与树葬的创新，它改变了传统公墓死板、无生机的形式，用花坛葬代替墓穴，将特制的可降解的骨灰盒放入花坛葬中，花坛葬上种植鲜花。坛位可循环利用，占地面积少，价格经济。花葬的最大主角就是各色花朵，在节省土地资源的同时，也可以令墓地环境赏心悦目，并充满人文关怀。

（3）草坪葬。

源于西方、流行于东方的葬式。与芳草为伴，让生命生于自然、归于自然，吸取大地甘露，与天地合二为一。西洋风格与中华传统文化的完美结合，流畅的线条，给人视觉的美感。配以茵茵绿草，恰似雨后的原野，让人顿觉清新与惬意。匠心独具的设计，施以香炉、鲜花寄托后人无限的追思。草坪葬改善了环境，节约了土地，既是对逝者的尊重，也是对生者的尊重。

3. 壁葬

壁葬是将骨灰盒嵌在墙壁内的丧葬方式。壁葬墙和普通的墙体高低相仿，前者略厚些，墙体正面分布着井字形的壁葬格，大小可放入骨灰盒。格位口用石材封死，石材外表面就当作墓碑，刻上碑文。一堵壁葬

---

① 李辉. 探索"互联网＋殡葬"融合发展新形态［EB/OL］. http://www.chinabz.org/xwzx/zxdt/3567.html，2017-02-10.

墙可安置几十乃至几百个骨灰盒，存放量极大，又节约土地。壁葬的建筑形式十分丰富，有回廊式的、有亭子式的、有四合院式的，还有多层式的等。①

4.塔葬

相比传统的墓葬，新型"塔葬"不用骨灰盒，直接将逝者骨灰伴着鲜花在塔内下葬，让逝者在此回归自然。按容量，该塔能容纳的骨灰至少超万例，具有明显的节约用地、价格实惠等特点。为满足需要，该塔内壁上还设置单独的格子，用来安放骨灰。

5.钻石葬

又称骨灰钻石，指的是将被火化的人骨灰转变成"晶莹的钻石"，是纪念钻石的一种。亲人死后，尸体焚化变成骨灰后，把骨灰放进高温的真空感应炉里提纯，将碳从骨灰中提取出来，然后再将其变成石墨，最后把这些石墨放入一个压力器中放两个星期，就能在巨大的高温压力作用下变成一颗人造钻石。钻石葬这种方式把亲人的骨灰变成钻石，作为珠宝戴在亲属身上，从而实现了让最亲爱的人"永垂不朽"。

二、和谐丧葬：现代丧葬的社会生态

和谐丧葬与绿色丧葬的理念具有一致性。在构建和谐社会的进程中，就必须重视殡葬改革中的核心问题，切实关注老百姓的需求，充分做好殡葬服务的宣传工作，打造和谐殡葬的美好前景。建构和谐社会要求坚

---

① 360百科.壁葬［EB/OL］. https://baike.so.com/doc/6147196-6360381.html.

持协调发展，正确处理发展中的各种关系，重点促进城乡区域协调发展，促进经济社会协调发展，增强发展的整体性，实现资源环境可承载的区域协调发展新格局。根据这一理念，将丧葬礼俗改革纳入实施乡村振兴战略、助力脱贫攻坚重要内容，推动自治、法治、德治相结合，坚持文化引领、示范引导、宣传教育、创新治理同向发力，遏制大操大办、厚葬薄养、人情攀比等陈规陋习。2018年12月，民政部在陕西大荔召开全国丧葬礼俗改革暨公益性公墓建设管理座谈会，各地民政部门现场交流推进丧葬礼俗改革、加强公益性公墓建设的经验做法，共同探讨深化殡葬移风易俗。会议深入学习贯彻习近平总书记关于实施乡村振兴战略的系列重要论述，特别是关于殡葬移风易俗方面的重要指示精神，推进丧葬礼俗改革、加强公益性公墓建设的经验做法，保障群众"逝有所安"，深化殡葬移风易俗，助力实施乡村振兴。

推进丧葬礼俗改革就是要顺应新时代人民群众对美好生活的期盼，符合生态环境保护需求和社会文明进步要求，培育具有时代特征、民族特性、群众认同、人文内涵深厚的丧葬礼仪，重点做好三方面工作：一是把握"破"与"立"的关系，推动现代丧葬礼俗改革创新。要理清殡葬领域封建迷信与精神文明、陈规陋习与传统礼俗、文明节俭与满足需求之间的关系；坚持"破"与"立"的结合，正确诠释和传承殡葬传统礼俗文化中的合理内核，鼓励因地制宜探索符合改革方向的多种路径方法，创新更多体现社会发展和文明进步的治丧新模式、新礼仪。二是注重"繁"与"简"的适度，赋予现代丧葬礼俗人文内涵。要引导新时代丧葬礼仪顺应时代发展，树立正确导向，有效保障基本需求，满足合理个性化需求，做到繁简有度、彰显人性、体现内涵。三是消弭"生"与"死"的屏障，打造现代丧葬礼俗培养阵地。引导全社会正确认识"生"与"死"的关系，消除殡葬"负魅场"效应，解决好治丧、祭扫场所问题，发挥好殡葬服务机构和城乡基层组织的主体作用，注重殡葬专业人才培养，让文明礼仪落地生根、开花结果。[①]

（一）化解矛盾，力求平衡

党的十九大报告指出"我国社会主要矛盾已经转化为人民日益增长的美好生活需要和不平衡不充分的发展之间的矛盾"，体现在殡葬问题上，主要是发展中的矛盾以及观念上的认知差异。我国的殡葬业，目前正处于改革的关键时期，因此聚集了不少问题和矛盾。一方面，殡葬行业不断扩大，殡葬设施日益完善，殡葬业飞速发展；但另一方面，殡葬用地耗费，殡葬消费虚高、殡葬行业暴利等问题也不断凸显出来。具体表现为：传统丧葬观念与现代丧葬方式的矛盾、殡葬行业利益与民生生活需求的矛盾、丧葬方式与环境保护之间的矛盾、殡葬管理方式和体制与人民生活需求之间的矛盾、殡葬业发展与国家社会总体发展之间的矛盾，等等。所以，应注重解决发展不平衡问题，切实提高社会服务、公共服务，坚持绿色发展。

辽宁阜新北山公墓工会主席时代华认为，纵观殡葬业的所有矛盾，大致都源于三个基本矛盾：殡葬业的公益性和其市场化的矛盾、殡葬业的发展方式与国家总体发展要求上的矛盾、传统殡葬理念和现代社会文化全面发展的矛盾。[②]首先，殡葬业的公益性与市场化的矛盾会延伸出企业利益和民生需求之间的矛盾，从而导致诸多殡葬暴利、丧葬费用虚高等突出问题。因此，如何在保障民生的基础上推动殡葬经济市场的发展将是殡葬业改革的一个重点问题，比较一致的观点是采取以殡葬业市场为主、以民生保障为辅的发展格局，这就要求营利性殡葬与公益性殡葬的并存。比如，时代华指出，可以在丧、殡、葬、祀整个殡葬过程全面放开后，对群众的基本殡葬需求采用最高限价或政府补贴甚至买单的

[①]　任欢.全国丧葬礼俗改革暨公益性公墓建设管理座谈会召开.光明网.http://life.gmw.cn/2018-12/07/content_32129044.htm, 2018-12-07.

[②]　时代华.试论殡葬业目前的基本矛盾［EB/OL］.http://www.chinabz.org/bzkj/lltt/5277.html, 2017-08-31.

方式进行满足等。① 不但火化费可以由政府补贴或买单，骨灰洒海、骨灰深葬也都可以采用这一方式。其次，殡葬业的发展方式与国家总体发展要求上的矛盾突出表现在资源耗费上。解决这一矛盾，"我们必须具有几种观念，如公墓必须树立以服务求发展的观念，必须树立墓地循环使用的观念，必须树立公墓要面对整个社会的观念，即公墓要承担全社会骨灰处理和纪念的任务，比如建立公共深葬区等。必须限制传统墓穴占地，以此来减少对土地的消耗。这些观念的树立，措施的采取，是公墓乃至殡葬业的生存、发展的根本保障。"② 最后，随着城市空间布局扩展和交通路网建设，原本较为偏僻的散葬坟墓也侵入了铁路、公路、高速路沿线范围，出现了较大数量的"路边坟"，甚至有一些是较为集中的高大墓、豪华墓，严重影响了相关区域的环境及美观。因此，对这些散埋乱葬的"路边坟"及高大墓、豪华墓等坟墓治理，是抓好殡葬改革的重点和关键。

（二）坚持共享，促进和谐

党的十八届五中全会提出的共享发展理念，其内涵主要有4个方面。一是全民共享；二是全面共享；三是共建共享；四是渐进共享。③ 这4个方面是相互贯通的，要整体理解和把握。共享发展理念要求按照人人参与、人人尽力、人人享有的要求，坚守底线、突出重点、完善制度、引导预期，保障基本民生。坚持共享发展理念，应该增加公共服务供给，从解决人民最关心最直接最现实的利益问题入手，提高公共服务共建能力和共享水平；应该着力增强发展的整体性协调性，准确把握协调是持续健康平衡发展的内在要求，充分认识协调既是发展手段又是发展目标，同时还是评价发展的标准和尺度，是发展平衡和不平衡、发展短板和潜力的统一，要着力推动区域、城乡、物质文明和精神文明协调发展。根

---

① 时代华 . 试论殡葬业目前的基本矛盾［EB/OL］. http://www.chinabz.org/bzkj/lltt/5277.html，2017–08–31.

② 时代华 . 试论殡葬业目前的基本矛盾［EB/OL］. http://www.chinabz.org/bzkj/lltt/5277.html，2017–08–31.

③ 习近平 . 深入理解新发展理念［J］. 求是，2019（10）.

据这一理念，体现在殡葬问题上，就必须推进丧葬礼俗的改革，在坚持绿色丧葬的基础上，加强城乡公益性公墓建设，补齐殡葬公共服务短板，进一步推动殡葬移风易俗改革进程，切实将殡葬服务纳入保障和改善民生、促进精神文明和生态文明建设的重要方面。

全国丧葬礼俗改革暨公益性公墓建设管理座谈会指出："要坚持民生优先，按照城乡统筹、规模适度、节地生态、方便群众的原则，优先建设公益性骨灰堂，统筹建设公益性公墓，解决供需失衡、结构失调、价格过高等问题，更好地满足群众安葬需求。要坚持服务为先，切实加强公益性公墓管理，实行政府定价，执行公墓行业服务标准，创新公益性公墓管理方式，提高服务质量和水平。要坚持城乡统筹，加强原有农村公益性墓地和历史埋葬点的撤并整合，坚决制止和纠正农村公益性墓地建设管理中存在的违法违规行为。"①因此，要实现殡葬、祭祀行为与社会的和谐，不但要倡导移风易俗，还要依靠政府和殡葬行业的共同努力，共同建构和谐丧葬的整体理念和布局，从而缓解殡葬活动中的矛盾，满足各方面的基本需求。

（三）和而不同，科学发展

当今时代是一个具有多元文化及价值理念的时代，也是一个极具个性化的时代。如何在这种多元化的主导趋势中寻求一种共存共荣、和谐发展方式，应当成为我们现在必须思考的问题，这也意味着我们应该如何在"差异"中寻求一种"统一"，如何在"矛盾"中寻求一种"和谐"。简而言之，就是如何建构一种和谐的社会，是一个首要且必要的主题。那么，我们首先就必须要对"和谐"以及"和谐社会"本身的内涵有充分的了解。"和谐"之谓和，是一种"中庸"之和，是一种"不同"之和，是以差别为基础的。孔子云："君子和而不同，小人同而不和。"（《论语·子路》）所以，"和谐"概念的关键并不是毫无差别的、单一性质的绝对

---

① 任欢. 全国丧葬礼俗改革暨公益性公墓建设管理座谈会召开［EB/OL］.http://life.gmw.cn/2018-12/07/content_32129044.htm，2018-12-07.

的 "同",而是各种异质性的事物相生相克、相互整和、相互涵容而达到的一种和谐与发展,这才是事物的生生之德。由此相对应,"和谐社会"所要求的也并不是否定一切差别的价值观,而是要求以差别为其发展的内在性原则,以 "政通人和" "协和万邦" 乃至 "天人合一" 为其构建的主要目标。概而言之,就是构建一个人与自己、与社会、与世界、与天地和谐发展的家园。①

推进殡葬改革不能只是局限于某一职能部门,而是必须形成一种合力,构筑一种全方位的 "生态场"。这种 "生态场" 不仅需要呼吁政府相关部门主动参与推动殡葬改革,在统合相关社会资源、凝聚社会各种力量全力支持殡葬改革的同时,还需要呼吁社会重视以生命教育为核心的人文素质教育,不仅构筑一种充满生命关怀意味的和谐社会环境,而且要结合我国文化传统以及当代境遇等背景,在坚持新发展理念的前提下,建立一种全面性、融入性、持续性的绿色改革机制。从殡葬改革的目标来看,应初步建立起覆盖城乡的殡葬管理服务体系,实现殡葬公共服务均等化,公众依法治葬办丧意识显著增强。火葬区建有县级以上殡葬服务设施,达到国家环保标准,火化率达到90%以上;土葬区农村公益性公墓设施100%覆盖行政村。倡导节地生态、文明节俭安葬,骨灰格位存放、树葬、草坪葬、撒散、遗体深埋、不留坟头等方式安葬率达到50%。道路沿线、景区、水源区等重点区域散埋乱葬坟墓治理率达到100%。在全社会形成厚养薄葬、节地生态、文明节俭殡葬新风尚。②

1.促进丧俗改革,倡导移风易俗

改革殡葬陋习,推进公益性公墓建设,加强移风易俗宣传教育,倡导 "厚养礼葬短丧" 理念,循序渐进,积极引导群众自觉认同火葬区和土葬改革区殡葬管理有关规定,党员干部要带头实行火葬和生态安葬,

---

① 黄瑜.孔子 "直" 道思想及其现代意蕴[J].南昌大学学报(人文社会科学版)2007(4).
② 刘俊,肖安海.大力推进城乡殡葬改革,实现惠民绿色文明殡葬[EB/OL].https://www.sohu.com/a/273293946_100159948.2018-11-05.

推动殡葬改革，做推动社会主义精神文明和生态文明建设的表率。在殡葬改革的过程中，也应当注意以下几点：

第一，尊重地方习俗。根据各个地方的风土民情，制定不同的丧葬政策，提升相关的丧葬服务。例如，民政部、国家民委、卫生部《关于国务院〈殡葬管理条例〉中尊重少数民族的丧葬习俗规定的解释》（民事发〔1999〕17号）规定："在火葬区，对回、维吾尔、哈萨克、柯尔克孜、乌孜别克、塔吉克、塔塔尔、撒拉、东乡和保安等10个少数民族的土葬习俗应尊重，不要强迫他们实行火葬。"

另外，对于火葬区域和土葬区域应该分别对待，应充分考虑到当地的实际情况以及人民群众的接受程度，逐步推进殡葬改革的进程。严格按照国家殡葬管理相关政策法规的相关规定，对于火葬区域以循序渐进、分步实施的办法，加强宣传，积极引导当地居民对于火葬的认同，不断提高火化率。对于土葬区域，应当尽量整改散埋乱葬等不良风气，尽可能选择荒山瘠地进行集中安葬，积极推进公益性公墓的建设，严禁占用耕地、林地建造坟墓，并积极推广平地深埋、不留坟头的遗体安葬方式。

第二，灵活火化策略。火化问题一直是殡葬改革的重点，但是，有些地方在制定"强制火化区"和"非强制火化区"时，不但采取了"一刀切"的做法，而且将其作为一项重要的硬性指标，以至于相关部门在不考虑实际情况的前提下盲目追求火化率，这种僵化的做法既违背了人民群众的意愿，也在某种程度上造成了社会矛盾。

第三，创新丧葬方式。应当不断创新葬式葬法，积极推广骨灰自然葬、海葬、网葬等新型丧葬方式。骨灰自然葬是指使用可降解容器或者直接将骨灰藏纳土中，安葬区域以植树、植花、植草等生态景观进行美化，不建墓基、墓碑和硬质墓穴的不保留骨灰的安葬方式。骨灰自然葬既满足了"入土为安"的传统安葬习俗，又以不保留骨灰的安葬方式，节约了土地资源、保护了生态环境。[①] 在这方面，可以借鉴国外现代殡

---

① 范佳富.让殡葬"绿"起来——全国殡葬工作座谈会综述［J］.中国民政，2017（17）.

葬的做法，如英国、日本等国借助殡葬场所积极倡导生命教育，乌克兰出现了"棺材酒吧"，一些国家还出现了"棺材体验(假死体验)"、"殡葬主题餐厅"等，都延伸了现代殡葬的社会功能。国外现代殡葬发展表现出的对殡葬文化的再造以及优秀殡葬文化的传承，给予我们极大的启迪。这些做法不但使殡葬空间不仅由过去的"阴森恐怖之感"代之为如今的"庄严敬畏之感"，还承担了人文纪念、生命教育、游览休闲、文化传承等多方面功能。[①]

2.创新宣传方式，强化舆论引导

充分利用各种媒体和传播手段，深入宣传殡葬法规政策，普及科学知识，倡导文明节俭、生态环保、移风易俗的殡葬新风尚。大力宣传党员、干部带头推动殡葬改革的先进典型，传播正能量。充分发挥媒体监督作用，曝光负面案例，努力营造有利于殡葬改革的良好氛围。

《指导意见》认为，应"充分发挥媒体、殡葬服务机构、基层自治组织、社会组织等在宣传教育方面的作用，用群众喜闻乐见的方式，宣传节地生态安葬的重大意义、法规政策和实践成果，凝聚全社会的思想认同。开展节地生态安葬示范活动，鼓励有条件的地方大胆探索、先行先试，逐步形成可复制可推广的有效模式。注重实践养成，坚持清明节等重要节点集中宣传与日常引导相结合，积极组织开展殡葬服务机构开放日、节地生态安葬宣讲、集中撒海生态安葬等活动，加强对群众治丧观念和治丧活动的正向激励引导，培育和树立文明节俭、生态环保、移风易俗的殡葬新风尚。"具体而言，应积极组织相关部门对节地生态安葬政策、方式等问题进行宣传，围绕"节地生态安葬"主题，联合宣传办、文明办、国土、环保、住建、农业、林业等有关部门，充分利用各种新闻媒体，进行生态殡葬的知识普及，宣传节地生态安葬的相关政策。

---

① 张震.国外殡葬文化：传承与创新并重〔EB/OL〕.http://shaanxi.mca.gov.cn/article/bxgz/201309/20130900522509.shtml，2013-09-25.

首先，设立奖补政策，在减免基本殡葬服务费用为主要内容的惠民殡葬政策基础上，指导和推动有条件的地方建立节地生态安葬奖补制度，把树葬、海葬、格位存放等不占或少占地方式，以及土葬区遗体深埋不留坟头等生态葬法纳入奖补范围，鼓励群众积极参与。其次，坚持日常宣传与清明等重要时间节点宣传相结合，开展主题宣传月活动。拍摄殡葬改革新闻宣传片，借助农村电影放映工程在全省播放，让群众更加了解殡葬改革及相关政策和措施，文明节俭治丧、节地生态安葬、文明低碳祭扫渐成新风。最后，提高社会参与度。注重发挥殡葬服务机构、乡镇街道、村（居）委会、社会组织、红白理事会等基层组织宣传平台作用，推进殡改文化进乡村、进社区，群众支持、参与殡葬改革的意识不断增强。①

3.积极保障民生，增进社会和谐

殡葬公共服务是一项基本民生服务。从2009年开始，民政部逐步推行以减免基本殡葬服务费用政策，惠民殡葬政策基本覆盖低收入群众，城乡公益性安葬设施加快推进。同时不断加大殡葬服务供给，适应群众多样化、多层次的殡葬服务需求，逐步推进"惠民殡葬"相关措施，打破殡葬行业垄断。

殡葬改革应该立足实际，制定和完善殡葬事业发展规划，明确殡葬改革目标任务和方法步骤，并纳入当地国民经济和社会发展规划。根据人口、耕地、交通等情况，科学划分火葬区和土葬改革区，统筹确定殡葬基础设施数量、布局、规模和功能。加大投入，重点完善殡仪馆、骨灰堂、公益性公墓等基本殡葬公共服务设施，逐步形成布局合理、设施完善、功能齐全、服务便捷的基本殡葬公共服务网络，为推动殡葬改革创造有利条件。②2012年12月，民政部印发了《民政部关于全面推行惠民殡葬政策的指导意见》（以下简称《指导意见》），其中涉及全面推行惠

---

① 范佳富 . 让殡葬"绿"起来——全国殡葬工作座谈会综述［J］. 中国民政，2017（17）.
② 《关于党员干部带头推动殡葬改革的意见》.

民殡葬政策的重要意义、总体要求、具体措施、保障机制相关问题。根据《指导意见》，全国31个省（市、区）均制定了相关的惠民殡葬实施办法，为城乡低收入群体甚至全体社会成员的善后提供基本殡葬服务。

北京市出台实施城乡无丧葬补助居民丧葬补贴办法，率先实现了丧葬补贴城乡同标准、全覆盖。制定了《关于健全本市节地生态安葬补贴激励机制的实施意见》《北京市节地生态安葬补贴管理办法》及《关于进一步健全本市骨灰海葬、骨灰自然葬补贴办法的通知》，通过政府购买服务的方式，对本市户籍亡故居民免费提供骨灰海葬；对本市户籍亡故居民免费提供骨灰自然葬；对选择骨灰海葬、骨灰自然葬的本市户籍亡故居民，免费提供遗体接运、遗体火化等6项基本殡仪服务；对本市重点优抚对象和享受本市城乡居民最低生活保障待遇的对象免费提供公益性骨灰格位安葬。

浙江省在火化率连续多年保持100%的基础上，于2013年底率先全国实现了惠民殡葬政策全覆盖。部分经济条件较好的地区，如杭州、宁波、湖州等地在四项基本殡葬服务免费的基础上，进一步拓展了惠民举措，将骨灰盒的赠送、小告别厅的使用纳入减免范围。截止2016年底，浙江省各级财政累计投入实施惠民殡葬政策配套资金6.3亿元，惠及了200余万逝者及家庭。①

4.严格执纪执法，构筑约束体系

推行殡葬改革，倡导移风易俗，除了让老百姓树立起更加文明的丧葬理念和不盲目攀比的消费观，更需要各方合力。一方面，建立健全党委领导、政府负责、部门协作、社会参与的工作机制。组织部门要注意掌握党员、干部治丧情况，加强对党员、干部的教育管理。宣传等部门要做好殡葬改革宣传引导工作。公安、民政、财政、国土资源、工商、林业等部门要各司其职、密切配合，加强基本殡葬服务供给，完善惠民

---

① 范佳富.让殡葬"绿"起来——全国殡葬工作座谈会综述［J］.中国民政，2017（17）.

殡葬政策措施，规范殡葬服务市场秩序，督促党员、干部破除丧葬陋俗，加快推动殡葬改革。工会、共青团、妇联等人民团体和基层党组织、村（居）委会以及红白理事会、老年人协会等社会组织要充分发挥作用，广泛动员群众积极参与殡葬改革。另一方面，进一步修订《殡葬管理条例》，健全基本殡葬服务保障、殡葬服务市场监管、丧事活动管理执法等方面制度。健全和规范对乱埋乱葬、违规建墓等行为的行政强制执行制度。积极建立殡葬改革激励引导机制，实行生态安葬奖补等奖励政策。加强监督检查，强化责任追究，对党员、干部尤其是领导干部在丧事活动中的违纪违法行为，要依纪依法严肃查处。

（1）丧葬秩序的规范。

第一，合理规划殡葬布局。合理划分火葬区域和非火葬区域，合理设计墓葬区域，对于某些特殊地域如高速公路干线、铁路沿线、风景名胜区域、集中住宅区域等可进行重新规划调整，明确禁止在以上区域散埋乱葬。

第二，提升殡葬治理水准。积极打造"共建共治共享"的社会治理格局。丧葬治理应遵循因地、因时、因人制宜的原则，科学有效地推进殡葬改革。

第三，加强殡葬市场监管。相关部门定期开展殡葬用品市场专项检查，针对一些封建迷信、铺张浪费的丧葬用品进行重点查处。

（2）丧葬制度的完善。

2016年，基本殡葬服务首次纳入了国家"十三五"社会保障制度之中，在"支持社会福利和慈善事业发展"中提出了"发展公益性基本殡葬服务，支持公共殡仪馆、公益性骨灰安放（葬）设施和墓地建设"的规划要求。"十三五"期间，"公益性基本殡葬服务"作为国家社会保障的制度性安排，并将基本殡葬服务纳入国家基本公共服务项目清单，主要内容包括：为城乡困难群众以减免费用或补贴方式提供遗体接运、暂存、火化、骨灰寄存等基本殡葬服务，为优抚对象及城乡困难群众免费或低收费提供骨灰节地生态安葬服务，为今后保障殡葬基础设施建设提供了政策依据。①

第一，完善殡葬政策。立足实际，制定和完善殡葬事业发展规划，明确殡葬改革目标任务和方法步骤，并纳入当地国民经济和社会发展规划。根据人口、耕地、交通等情况，科学划分火葬区和土葬改革区，统筹确定殡葬基础设施数量、布局、规模和功能。加大投入，重点完善殡仪馆、骨灰堂、公益性公墓等基本殡葬公共服务设施，逐步形成布局合理、设施完善、功能齐全、服务便捷的基本殡葬公共服务网络，为推动殡葬改革创造有利条件。

首先，对属于政府指导价范围的殡葬服务，要灵活相关价格浮动幅度。本着补偿经营成本不得盈利的原则，按照一定标准，成本价格越高的商品或服务项目，加价幅度越小；相反，价格成本较小的，则加价幅度可适当高些。其次，建立殡仪馆相关商品和服务采购公开招标制度。坚决杜绝相关商品或服务不经公开招标竞争采购就随意进入殡仪馆，从根本上管住有关服务项目或商品一开始就虚高的问题，确保丧葬家属利益。最后，扩大殡葬基本服务项目和政府价格管制范围。有关方面要与时俱进，进行充分调查研究，把一些目前已经基本普遍接受，但还没有进入到基本服务项目和政府管制范围的殡葬服务项目，有效地纳入基本服务项目和政府管制范围。一方面可以使增大的基本服务项目得到政府减免等优惠，另一方面可在殡葬服务垄断状态下，使得一些漫天要价的商品和服务得到有效规范，压减那些可供寻租的空间。治理殡仪馆贪腐乱象，除加强殡葬行业职业规范监督外，更要从加快殡仪服务市场化改革入手，推广殡仪基本服务政府买单，选择性服务项目进行充分市场竞争，如此才能压缩殡葬行业的"任性"空间，使殡葬服务价格回归理性轨道。

第二，健全殡葬法制。1985年2月，国务院发布了《关于殡葬管理的暂行规定》，这是新中国建国后第一个全国性的殡葬行政法规，标志着

---

① 李伯森.中国殡葬事业发展报告（2016–2017）［M］.北京：社会科学文献出版社，2017：3–4.

我国殡葬改革由倡导阶段初步进入到法制阶段。其中明确了殡葬管理的方针：积极地、有步骤地推行火葬，改革土葬，破除封建迷信的丧葬习俗，提倡节俭、文明办丧事。具体内容主要包括：凡人口稠密、耕地较少、交通方便的地区，应逐步推行火葬；其他地区允许土葬，但应进行改革。

推行火葬和不推行火葬的地区，由省、自治区、直辖市人民政府划定。在推行火葬的地区，市、县人民政府应制定推行火葬的具体规划；建立火葬设施并规定殡仪馆各项服务的费用，列入地方基本建设计划。有条件的地方，可因地制宜，集资兴建。凡不宜推行火葬或尚不具备推行火葬条件的地区，当地人民政府应本着有利于发展生产建设的原则，规划土葬用地。可以乡或自然村为单位，利用荒山瘠地建立公墓。提倡平地深埋、不留坟头的葬法。

禁止占用耕地（包括个人承包耕地和自留地）作墓地。已占用耕地的坟墓，应限期迁出或就地深埋。禁止出租、转让、买卖墓地或墓穴。禁止恢复或建立宗族墓地。因国家基本建设或农田基本建设而迁移或平毁的坟墓，禁止返迁或重建。

严禁生产、出售和使用丧葬迷信用品。在实行火葬的地区，禁止任何单位或个人经营棺木和土葬用品，违者由工商行政管理部门处理；在其他地区，经营棺木和土葬用品的单位或个人，应经工商行政管理部门批准。具体管理办法由工商行政管理局另行规定。

禁止在名胜古迹、文物保护区、风景区、水库和河流的堤坝、铁路用地、公路两侧葬坟。上述区域内现有的坟墓，除受国家保护的革命烈士墓、知名人士墓、华侨祖墓和具有历史、艺术、科学价值的古墓外，应限期迁移或平毁。

尊重少数民族的丧葬习俗。实行土葬的，应在指定地点埋葬。对自愿实行丧葬改革的，他人不得干涉。

华侨回国安葬、港澳同胞和台湾同胞回内地安葬的办法，由民政部会同有关部门另行规定。

在实行火葬的地区，国家职工不实行火葬的，不得享受丧葬费，所在单位也不得为其丧事活动提供方便。国家职工拒不执行本规定，情节严重、影响很坏的，应给予行政处分。在各级人民政府领导下，民政部门负责管理殡葬工作，贯彻执行本规定和其他有关规定，做好推行火葬和改革土葬的宣传教育工作，努力搞好殡葬服务。

1997年7月，《殡葬管理条例》的颁布实施，标志着我国殡葬管理进入了制度化、法制化和规范化阶段。《殡葬管理条例》确立起了殡葬行业的基本制度，包括殡葬立法的宗旨、殡葬管理的方针、火葬区非火葬区划分的原则、殡葬行政管理体制、殡葬设施管理、遗体处理、丧事活动管理、殡葬设备、殡葬用品管理及罚则等。①

为了配合该条例的贯彻落实，民政部相继出台了许多涉及殡葬的规章制度。具体包括：1997年12月21日颁布的《民政部关于禁止利用骨灰存放设施进行不正当营销活动的通知》；1998年5月19日颁布的《国务院办公厅转发民政部关于进一步加强公墓管理意见的通知》；1998年9月16日颁布的《民政部关于贯彻执行<殡葬管理条例>有关条款解释的函》；1999年3月3日颁布的《民政部关于在清明节期间开展文明祭祀活动的通知》；2000年4月17日颁布的《关于特殊坟墓处理问题的通知》；2002年4月16日颁布的《民政部关于坚决查禁违规销售公墓穴位和骨灰格位的紧急通知》，2005年4月17日颁布的《关于进一步加强殡葬管理的紧急通知》等。②

第三，明确政府职能。民政部门设立专门的殡葬管理机构，负责本行政区域内的殡葬行政管理事务。

建立专门的殡葬执法队伍，明确殡葬执法队伍的执法权，使殡葬执法做到有法可依。殡葬管理工作是一项社会系统工程，涉及到民政、公安等10多个部门，但在殡葬管理中，多数地方仍是民政一家孤军奋战，

———————

① 常德市民政局.完善我国殡葬法规的立法建议［EB/OL］. http://www.chinabz.org/xwzx/zxdt/3336.html，2016–12–07.

② 陈磊.我国殡葬法律制度研究［D］.北京：中国政法大学，2009.

致使殡葬管理难以有效推进，殡葬管理效果不佳。在殡葬管理中，民政部门是有责无权，想管又管不好、管不了，心有余而力不足；公安、国土、林业等其他职能部门有管理职能，但又不愿意管，殡葬管理难以形成合力。因此，应明确政府各相关职能部门的职责，将职责以法律法规的形式予以明确，并推动殡葬联合执法。

应确立由"党委领导、政府负责、部门协作、社会参与、法治保障"的殡葬管理和改革领导体制，各方密切配合，形成齐抓共管的局面。

民政部门应积极做好殡改工作的组织、协调、督导工作，及时发现并处理殡葬违规事件；应定期通报殡葬改革工作情况，切实当好党委、政府的参谋和助手。

公安部门应对阻碍殡葬执法、寻衅滋事、殴打执法人员的有关事件，实行严格整治，为殡葬改革保驾护航。

工商部门应加强对殡葬用品生产和销售的执法检查，实行殡葬用品生产和销售年检制度，对不符合规定的要及时改正，对倒卖炒卖、传销或变相传销墓穴和骨灰存放格位的要严厉打击。

城管部门应对在城区主干道路违规搭建的灵堂、灵棚进行拆除，制止占道进行殡仪活动等违规行为，应对在城区沿途抛撒纸钱影响市容市貌和环境卫生的当事人进行查处。

国土部门应对公益性公墓、经营性公墓用地依法审批，对乱建公益性公墓和经营性公墓的应依法查处。

交通部门应对非法进行殡仪活动的运营车辆进行劝阻、处理。

卫生部门应与殡葬管理部门紧密联系，加强医院太平间的管理，及时通知殡葬部门接运遗体。

纪检、监察部门应严肃查处违反殡葬法规的党员、干部和单位。

文化部门应对参与殡仪活动的演出团体进行登记和发证，禁止非法演出；应加强对殡葬活动中演艺人员的管理。

林业部门应对乱埋乱葬、占用林地和破坏森林资源的行为予以处罚；配合有关部门对强制火化区内的棺木加工点进行查处，对成品棺木予以收缴并销毁。

财政部门应建立社会弱势群体丧葬补助专项资金保障制度，并列入财政预算。

物价部门应对殡葬服务单位的收费项目和标准进行审核批复或备案；对违反殡葬服务收费标准和乱收费的行为进行处罚。

人事部门应凭火化证明审核国家机关事业单位工作人员、离退休人员死亡之后丧葬补助、抚恤费标准。劳动保障部门应凭火化证明审核发放进入社保人员死亡后的丧葬补助费用。[①]

5.党员干部带头，发挥示范作用

在《把新发展理念落到实处》一文中，习近平同志曾指出："新发展理念要落地生根、变成普遍实践，关键在各级领导干部的认识和行动。"针对这一点，在《关于党员干部带头推动殡葬改革的意见》中对党员、干部在殡葬事宜中提出了更高的要求，主要包括如下几点：

第一，带头文明节俭办丧事，树立时代风尚。党员、干部去世后一般不成立治丧机构，不召开追悼会。举行遗体送别仪式的，要严格控制规模，力求节约简朴（除国家另有规定外）。党员、干部要在殡仪馆或合适场所集中办理丧事活动，不得在居民区、城区街道、公共场所搭建灵棚。采用佩戴黑纱白花、播放哀乐、发放生平等方式哀悼逝者，自觉抵制迷信低俗活动。严禁党员、干部特别是领导干部在丧事活动中大操大办、铺张浪费，严禁借机收敛钱财。

第二，带头火葬和生态安葬，保护生态环境。在人口稠密、耕地较少、交通方便的火葬区，党员、干部去世后必须实行火葬，不得将骨灰装棺再葬，不得超标准建墓立碑。在暂不具备火葬条件的土葬改革区，党员、干部去世后遗体应当在公墓内集中安葬，不得乱埋乱葬。无论是在火葬区还是在土葬改革区，党员、干部都应当带头实行生态安葬，采

---

① 李燕喜.对完善我国殡葬制度的立法建议［J］.中国民政，2011（11）.

取骨灰格位存放、树葬、花葬、草坪葬等节地葬法，积极参与骨灰撒散、海葬或者深埋、不留坟头等生态葬式。鼓励党员、干部去世后捐献器官或遗体。少数民族党员、干部去世后，尊重其民族习俗，按照有关规定予以安葬。

第三，带头文明低碳祭扫，传承先进文化。党员、干部应当带头文明祭奠、低碳祭扫，主动采用敬献鲜花、植树绿化、踏青遥祭、经典诵读等方式缅怀故人，弘扬慎终追远等优秀传统文化，不得在林区、景区等禁火区域焚烧纸钱、燃放鞭炮。积极参与社区公祭、集体共祭、网络祭扫等现代追思活动，带头祭扫先烈，带领群众逐步从注重实地实物祭扫转移到以精神传承为主上来。

第四，带头宣传倡导殡葬改革，弘扬新风正气。党员、干部要积极主动宣传殡葬改革，加强对亲属、朋友和周围群众的教育引导，及时劝阻不良治丧行为，自觉抵制陈规陋俗和封建迷信活动，倡导文明新风。各级领导干部要加强对直系亲属和身边工作人员丧事活动的约束，积极做好思想疏导工作，对不良倾向和苗头性问题，要做到早提醒、早制止、早纠正，决不允许对违法违规殡葬行为听之任之甚至包庇纵容。

三、人文丧葬：现代丧葬的文化生态

殡葬文化同人类社会发展的文化同样悠久，在整体社会观念、伦理道德及政治、经济等因素制约下，我国的殡葬文化作为社会文化的一个重要组成部分，在错综复杂的历史环境中形成、发展、演变，构成独特的文化色彩，形成了固定的文化形态。"殡葬服务具有文化性和情感性。现代殡葬象征交换重构的目的，即回归殡葬服务的文化性和情感性，这是殡葬文化的本质。实际上，殡葬活动的各个环节、领域都服务于殡葬文化的这个本质。"①

（一）改革丧葬习俗，传承优秀丧葬文化

首先，形式多样的丧葬习俗对殡葬文化的构成有着重要而深远的影响。因地域、宗教、经济、文化等状况不同，各民族在处理死者遗体的风俗、习惯方面也不相同。这些丧葬习俗从多方面多角度反映出一个社会或民族的文明程度，反映出远古时期祖先祖灵信仰、生殖崇拜和图腾崇拜。这些习俗反映在殡葬上就是一种文化。如富有独特民族色彩的"鬼神文学"所产生的文化影响遍及亚洲各国，自然也以某种文化特征纳入殡葬文化的范畴。如果说殡葬文化是伴随着其他文化的发展而发展的，那么，当首推民俗文化对殡葬文化最具有影响性。可以说，若没有丰富多彩、形式多样的民俗文化的影响，殡葬文化从整体表现形式和地位上便会缺少活力及文化效能，因而难以形成完整的殡葬文化的概念。研究丧葬习俗有利于弘扬民族优秀的殡葬文化。

我国古老的丧葬文化中凝聚着民族文化的精华。在漫长的历史岁月中，劳动人民创造了许多优秀的丧葬形式，形成了许多具有民族风格的丧葬传统。继承和弘扬优秀的丧葬文化，是今后做好殡葬工作的需要，也是促进社会发展的客观要求。

其次，丧葬习俗与殡葬文化之间的相互关系。如前所言，丧葬习俗在殡葬文化中占有举足轻重的位置和影响力，但殡葬文化的内涵更为广泛而深邃。丧葬习俗只能通过一定的文化形态反映出来，形成殡葬文化的一部分，因而我们可以这样界定二者间的关系：丧葬习俗是较低层次的文化形态，殡葬文化则是较高层次的文化体系，丧葬习俗与殡葬文化之间不能划等号，有的丧葬习俗能客观地被殡葬文化反映出来，有的则不易被反映。如古代因门第、官职不同，坟墓的形式、规格也不相同。而"开金桥"，也称"踩桥"，在四川、浙江一带颇为流行，这些个别的丧葬

---

① 费中正.身体的死亡与象征交换的重构：殡葬文化研究初探［J］.中州学刊，2013（12）.

形式就不易在殡葬文化上反映出来。又比如，如果不是我们在发掘殷商古墓中发现有人殉证据的话，就很难对殷商出现的人殉习俗作出明确的判断和详尽的了解。

上述事例说明了先有丧葬习俗，而后形成殡葬文化；丧葬习俗的丰富，完善了殡葬文化的内容，殡葬文化代表并体现了包括丧葬习俗在内的殡葬活动，因而构成了中国传统文化的一个有机组成部分。

只要丧葬习俗存在，殡葬文化也将会随着社会的发展而发展。研究殡葬文化的进程从某个侧面来讲，也可以说是在研究丧葬习俗的历史变化与发展。不同时期的殡葬文化反映出不同时期的丧葬习俗。丧葬习俗有很强的延续性，特别是在社会意识形态相似的前提下，其风俗习惯的延续性更大。但随着社会的向前发展，丧葬习俗的变化也是必然的，殡葬文化正是与丧葬习俗密切相关且受其影响不断发展，从而形成独特风格的一种文化种类。

新中国成立以后，党和国家及各级政府非常重视殡葬事业的发展，不断改革、摒除带有封建迷信色彩的旧丧葬习俗。经过几十年的努力，殡葬改革取得了较快的发展，新型的丧葬习俗正在取代旧的丧葬习俗，逐步形成了既继承民族优秀文化传统，又具有时代气息的新殡葬文化形式。"现代殡葬发展的实质是文化再造，它给人们以精神上的表现形式，即是：在继承和弘扬优秀传统殡葬文化的基础上，在殡葬活动中深入认识人的本质，拓展人的社会功能，通过殡葬服务延续和创新人类的生命文化和死亡文化，为现代殡葬注入人文精神，构建先进和谐的现代殡葬文化。"①

第三，现代丧葬习俗的形成构成了新的殡葬文化形态。如果说古代中国的丧葬习俗是建立在灵魂不灭之文化思想基础上的话，那么，由此产生的种种丧葬习俗可谓凝聚着古人的思想和信仰，通过多种具体的表现形式，营造出一种肃穆与悲伤的气氛，给人一种激励与振奋的观感。

---

① 张震.国外殡葬文化：传承与创新并重［EB/OL］.http://shaanxi.mca.gov.cn/article/bxgz/201309/20130900522509.shtml，2013-09-25.

这些丧葬习俗形象地把愁苦和哀伤变为相关的声、形、物，把人们从客观现实带到了通往主观现实的理想世界。当然，古代丧葬习俗宗教迷信色彩严重，许多做法既不科学又浪费人财物力，尤其是在漫长的封建社会形成的一整套丧葬习俗中有不少属于糟粕之列。

新中国成立以后，在党和政府的关心重视下，大众化的丧葬活动摒弃了重殓厚葬、等级森严等不符合现代文明规范的旧丧俗，也保留了相当部分的传统丧俗。同时，还采取了不少新的方式方法，逐步替代了陈旧过时、有悖现代文明的丧俗，通过几十年的实践，受到人民群众的理解和欢迎。

现代丧葬习俗主要包括：礼仪上，以开追悼会寄托哀思的方式替代了像沐浴、饭含、小殓、大殓、发丧、送丧之类"事死如生"的旧丧葬礼仪；以献花圈替代了焚香摆供；以戴黑纱替代了披麻戴孝。葬法上，用火葬替代了土葬等丧葬方式（少数民族地区专门制定了有关政策）。墓地制度上，以公墓的方式替代了乱埋乱葬，以规范的墓地替代了豪华奢侈的陵墓。另外，在葬具选用方面，骨灰盒替代了棺木。在骨灰处理方式上也采取了保留或不保留等多种选择形式。上述演变形式标志着丧葬习俗随着社会的文明进步而取得了较快的进步与发展。

从历史和文化研究的角度来看，丧葬习俗所涉及的范围非常广泛，内涵极其复杂。在经历了人类长期的探索与考察的今天，我们是否可以做出如下的解释：民间一切生物都有生有死，对于具有反思能力的人类来说，死更是在其思考中占有重要位置。远古先民相信灵魂的存在和不灭，以为死只是向另一个世界的过渡，于是丧葬成了他们社会生活中的要事，那些形形色色、神秘隆重的礼仪和习俗，便是通过生者对死者灵魂的复杂、曲折的抚慰和祝愿，来表达一种希冀死者欢悦、达到死者保佑生者的目的。这便是我国自古以来丧葬习俗的本质。其特征在当代丧葬习俗中仍然具有鲜明的烙印。

因而，我们可以从历代丧葬习俗中推断出这样一种殡葬文化形态：中国的殡葬文化类型是以农为本，基于血缘宗法关系的文化，其派生出来的基本民族心理是一种务实精神。随着现代社会人类文明程度的提高，精神境界的升华，殡葬文化也向更高的层次发展，从而逐步确立了新型的殡葬文化形态，达到与其他文化形态同步前进的水平。

第四，殡葬改革有助于规范现代殡葬文化。殡葬改革的核心是推行火化，在广大群众中形成人死后要火化的意识和习惯。火化这一形式的确定有助于规范殡葬文化体系。殡葬改革是社会进步的具体要求，在我国殡葬历史上具有重要的划时代意义，对我国公民的丧葬习俗和殡葬文化都将产生较深远的影响。现代殡葬习俗就是要节俭办事，通过殡葬改革使丧葬由繁到简，促使人们在丧葬观念上有一个较为彻底的转变，从而进入新的精神境界。

然而，殡葬改革的任务还十分艰巨，问题与矛盾还相当复杂。这些问题与矛盾既有思想意识方面的，也有物质、经济等方面的。可以说现代殡葬改革是在与传统旧丧葬习俗的顽强斗争中艰难地前进着，这主要反映在以下几方面：一是火化率偏低，土葬之风有回潮之势。二是乱埋乱葬现象突出。三是借丧葬搞大操大办，封建迷信活动现象普遍等。这些问题从表面上看是违背有关法规、政策的行为，但只要细心探索，便会发现其中包含着更深层次的文化因素，是旧思想观念回潮的反映。

正因为社会生活中围绕丧葬活动存在着种种不良现象与问题，这就更需要我们立足殡葬改革的基点，站在更高的角度去思考如何才能解决实际问题，进一步规范现代殡葬文化形态，不断提高全民族的素质，增强城乡民众的丧葬改革意识。在建立社会主义市场经济体制过程中，在允许不同区域、民族与城乡间的殡葬改革及丧葬习俗存在一定差异的前提下，围绕如何提高人们对丧葬改革工作的认识，要切实增强以下三点意识：

一是要有改革意识。殡葬改革是现代文明同旧的丧葬习俗彻底决裂的社会变革，是根除封建迷信、移风易俗、树立社会主义新风尚的社会主义改革，是"两个文明"建设的需要。我国经历了长期的封建历史，旧的丧葬观念在人们头脑中根深蒂固，制约着人们的思想和生活，一些人受旧观念影响，讲究丧葬礼仪，大办丧事，搞封建迷信活动，不仅污染了社会风气，而且妨碍了社会的安定，给人们带来了经济和精神上的压力。因此，在改革开放的今天，我们要树立起改革意识，坚决改变人们旧的丧葬观念，消除一切腐朽的思想，树立健康文明的丧葬新风，建立新型的殡葬文化形态。二是要培养教育意识。要在全社会经常地反复地进行殡葬改革宣传教育，更新人民群众的丧葬观念，提高人民群众参与改革的意识及加强自我教育的意识。三是要明确环境意识。构成殡葬文化形态的一个显著特点就是人们赖以生存的社会环境和人文环境。每个人都生活在一定的环境当中，并扮演着不同的生活角色。殡葬改革同样离不开一个好的环境，这个好的环境就是生活中的群体都能够自觉地遵守国家的殡葬法规、政策规定，自觉抵制与现代文明格格不入的传统殡葬陋习，积极以实际行动理解、支持殡葬改革工作。

（二）实施人文关怀，提高丧葬服务水平

《指导意见》指出："落实安葬服务标准，创新服务模式，优化服务流程，积极提供网上预约、服务热线、咨询窗口等便捷方式，拓展全程引导、交通保障、悲伤抚慰等服务项目，强化人文关怀，提升服务内涵，做到用心服务、便民高效。"这里特别提到了要强化殡葬服务中的人文关怀，提升服务内涵。具体包括以下几点：

第一，完善保障性服务。按照保基本、广覆盖、多层次和可持续性的原则，完善基本殡葬服务，逐步实现殡葬的普惠性。在此基础上，加大政府财政性投入，新建和改建城乡基本殡葬业服务设施，包括殡仪馆、火葬场、骨灰堂、公墓及殡仪服务站等，改变部分地区殡葬业设施短缺甚至空白的状况，购置更新一批环保节能殡葬业设备和公益性殡葬业服务车，提高基本殡葬业服务的可及性。政府应明确殡葬业公共服务保障范围，采取低价或政府补贴的方式满足群众基本的殡葬业需求，对于城乡困难群众应给予费用减免和救助。

首先，落实惠民殡葬政策。殡葬服务遵循自愿、平等、公平、诚信

原则，坚持服务项目收费公示、明码标价，尊重群众消费意愿。针对低保户、特困户、贫困户、重点优抚对象等困难群体，遗体接运、暂存、火化、骨灰存放四项基本殡葬公共服务项目实行免费。此外，有条件的地方，可将惠民殡葬政策覆盖到所有城乡居民和非户籍常住人口。

自2012年12月民政部印发《民政部关于全面推行惠民殡葬政策的指导意见》以来，全国31个省（区、市）按照"保基本、广覆盖、可持续"的原则，均制定了惠民殡葬实施办法，为城乡低收入群众乃至全体社会成员的善后，提供遗体接运、存放、火化、骨灰存放等基本殡葬服务，惠民殡葬政策不断增项、扩面、提标，构建起了比较完善的惠民殡葬体系。

北京、天津、江苏、浙江、广东五省（市）实现了免费提供基本殡葬服务政策覆盖辖区户籍居民；辽宁进一步扩面增项，将农村五保对象、城市集中供养的"三无"对象、见义勇为牺牲人员、人体器官捐献者和无主（名）遗体纳入基本殡葬服务免费范围；上海自2015年3月1日起，对本区户籍的社会孤老、农村五保户、重点优抚对象、残疾人、特级教师以上等九类人员，将殡殓服务费用从800元/具提高到1000元/具，并再次将海葬补贴从2000元/具提高到3000元/具；浙江将本省户籍人员、在浙就读的全日制非本省户籍学生、驻浙部队现役军人、与该省企业签订合同并缴纳养老保险一年以上的外来务工人员等，免除基本殡葬服务费用，惠民殡葬政策实现全覆盖；重庆明确规定对城乡低保对象、城镇"三无"人员、农村五保对象和生活困难的重点优抚对象等4类人员死亡后实行火葬的，其遗体接运、存放、火化和骨灰盒等基本服务项目费用在1500元限额内由政府财政埋单，免费安葬对象扩展至低保户、困难户、残疾人、革命烈士及已故癌症病人，并对全市低收入群众提供低价墓位安葬服务。[①]

其次，拓展殡葬服务供给。进一步建立健全殡葬管理制度，规范殡

① 李伯森.中国殡葬事业发展报告（2016-2017）［J］.北京：社会科学文献出版社，2017：9.

葬服务标准，完善基本殡葬服务项目，拓展遗体整容、防腐、告别、骨灰安葬、丧葬用品等选择性殡葬服务，推动"互联网＋殡葬服务"融合发展，培育发展殡葬服务组织，不断满足群众多样化、多层次殡葬服务需求。

第二，人性化服务。人性化服务要求在殡葬过程中坚持"以人为本"，即尊重逝者，又关怀逝者家属，对丧亲家属提供人性化服务，服务项目的设置要考虑到实际需要，想方设法满足他们的合理要求，用语要体现关怀，服务要周到。殡葬工作的人性化服务"就是强调对人信念的秉持，尊重消费者的个别性，核心就是尊重逝者的生命价值、人格尊严和个人隐私，充分体现出对逝者及其亲友的尊重和理解。

在殡葬工作中通过运用人性化服务，可使殡葬行业和社会公众之间构筑一种特殊的、和谐的互动服务形式，从而达到双赢。"①一方面，服务过程中要尊重死者，在遗体接运、更衣、化妆、火化，骨灰安葬过程中像对待活人一样为其服务；另一方面，对于丧亲家属，应该关心其心理需求和精神需求，向其提供社会性的、人文性的服务和支撑。

根据这一核心理念，在殡葬服务上，可以根据逝者生前的要求提供不同形式的治丧服务；在殡葬设施上，可以采取人性化设计，尽可能地给人一种舒适的心理感受；在殡葬管理上，不断提升殡葬人员的专业水准，规范殡葬服务程序，实现公开透明化管理措施，打造"殡葬服务一条龙"服务。

第三，人文性服务。《易·贲卦·象传》中说："刚柔交错，天文也；文明以止，人文也。关乎天文以察时变，关乎人文以化成天下。"综合起来，"文化"的本义就是"以文教化"，是指一种以礼乐为教化天下之本，以及由此建立起来的一个人伦有序的理想文明社会。其中包括两个层面，一是重视人的内在修养，二是运用礼仪等方式对人进行培养。广义而言，"文化"既体现一种观念形态，包括价值观念、信仰等层面，也表达了一

---

① 熊英.人性化服务在殡葬工作中的运用［J］.长沙民政职业技术学院学报，2010（1）.

种生活方式，包括风俗习惯、衣食住行等，也可以是一种文化产品。殡葬文化作为中华文化的一个重要组成部分，是人们既感到恐惧而又不得不面对的人生重大仪式，其中既有对死亡的恐惧和敬畏，也有对新生的渴求以及对生命不朽的追求。

因此，殡葬服务应该注重人文关怀，在殡葬过程中融入人文精神，在做好传统丧葬文化的现代转型的同时，丰富丧仪、葬礼、祭祀等文化内涵，使殡葬服务的理念、形式和内容与社会发展相适应，从而顺应新时代发展的要求，符合社会文明进步的要求。除服务水平和管理水平可以反映出文化层次外，服务标牌，亭阁碑石，乃至一草一木，一字一名等，也要能折射出行业文化品味。陵园要力求园林化、艺术化、公园化，体现人文环境特点，下大力气加以调查、研究和分析，寻找历史资料，深入挖掘名人资料，进行积淀和提炼，提升陵园文化品位和境界，将陵园建设成环境幽雅、人文气息浓厚的场所。殡葬服务单位不仅对丧家，还要对社会公众大力宣传先进殡葬文化。除了利用各种媒体、清明节时机作宣传外，还要创造良好的文化环境，既做到殡葬自然环境美，也做到殡葬人文环境美。殡葬服务单位内要环境整洁、美观、卫生，设施完整并布置得体，给人以和谐完善的感觉，通过优美和谐的环境，精美的建筑艺术，使丧家悲痛的心得到舒缓。利用中国殡葬业之精华，提倡孝道和团结友爱精神，充分体现出现代文明的殡葬业礼俗。

第四，创新性服务。殡葬产业作为社会服务性行业，其服务模式和内容、服务质量等方面将直接影响殡葬行业的发展。

积极传播现代殡葬文化，改变传统观念，树立殡葬新风。在治丧方面，创新丧礼新模式，探索科学高效、以人为本的治丧服务，积极建设网络殡葬服务体系。在葬式方面，继续提高火化率的同时，大力推广深埋、树葬、草葬、花葬、海葬等生态葬法，正确引导殡葬业改革的发展方向。殡葬服务的发展，需要依靠创新理念，无论是殡葬服务的内容，还是服务形式的创新等方面，都需要改革创新。

玖华正愿文化传播（北京）有限责任公司总经理赵元宝认为，创新服务是殡葬业的当务之急，他重点指出以下几点：一是服务内容创新。超越传统殡葬服务（殡仪、葬仪、祭奠服务）的内容，拓展殡葬的前延性服务和后续性服务。前延性服务包括各种形式的遗嘱服务、定制个人画像服务、人物雕塑服务、撰写回忆录服务。同时，可创新"生死观教育"，引导人们对人生生死积极的看法，在全社会形成新的生死观，以平常心态讨论和面对死亡问题，推动人们生前规划身后事新风尚的形成。后续性服务包括遗属倾诉聆听服务、心理疏导服务、新墓碑、墓志服务和代理祭扫服务等。二是服务形式创新。新殡葬服务在做好传统线下服务的同时，可充分利用现代科技，尤其是互联网技术，创新开展线上服务。如利用大数据、云计算、人工智能、AR及VR等先进技术，开展B2C、C2C、O2O等物联网商业服务，开展二维码生态葬、互联网祭奠等服务。三是葬法创新。在保留传统葬法的基础上尝试新的葬法，如冷冻粉碎法、碱液处理法、钻石葬法、太空葬法、海葬、烟花葬法、草坪葬、花葬及壁葬等葬法。这些新葬法相对于传统葬法而言都是创新，都更符合健康环保的理念，殡葬行业与企业应积极探索与这些葬法相应服务内容，提高服务品质。四是葬仪的创新。殡葬服务可根据逝者及遗属的不同需求，提供不同形式的殡仪葬仪，及逝者与遗属所要求提供的其他各种形式的殡仪葬仪。五是遗属抚慰的创新。创新遗属精神抚慰服务，可根据逝者及遗属的文化程度、职业情况、兴趣爱好、价值观念、宗教背景、社会阶层状况等，提供精神疏导，帮助其尽快走出痛失亲人的阴影。①

---

① 赵元宝. 创新服务 殡葬业的当务之急［EB/OL］. https://www.sohu.com/a/160586214_610264，2017-07-28.

第四章

文明祭祀的价值取向

　　《指导意见》指出：应"大力倡导网络祭扫、鲜花祭扫、踏青遥祭、植树缅怀等文明低碳祭扫方式，积极组织集体共祭、社区公祭、家庭追思等现代追思活动，弘扬慎终追远等优秀传统殡葬文化，引导群众逐步从注重实地实物祭扫转移到以精神传承为主上来。"文明祭奠、低碳祭扫，意味着主动采用敬献鲜花、植树绿化、踏青遥祭、经典诵读等方式缅怀故人，弘扬慎终追远等优秀传统文化。并指出，不得在林区、景区等禁火区域焚烧纸钱、燃放鞭炮。积极参与社区公祭、集体共祭、网络祭扫等现代追思活动，带头祭扫先烈。

　　应当自觉树立文明、低碳、安全意识，提倡鲜花祭奠、植树祭奠、网上祭奠、居家祭扫、社区公祭、集体共祭、错峰祭扫等文明祭扫活动。充分利用各类爱国主义教育场所和生命文化教育基地，开展缅怀先烈、孝亲感恩、生命教育等活动，厚植家国情怀，践行社会主义核心价值观。以献一束花、植一棵树、清扫一次墓碑、宣读一篇祭文等符合时代特点的方式寄托哀思，将祭拜先人的传统习俗用更加健康、低碳、文明的方式进行表达，从注重实地实物祭扫逐步转移到以精神传承为主的方式上来。

一、传统祭祀礼俗的参考借鉴

　　祭祀是华夏礼典的一部分，是儒家礼仪中主要部分。《论语·为政》中说："生，事之以礼；死，葬之以礼，祭之以礼。"传统的"礼"涉及生活的方方面面。祭祀对象分为三类：天神、地祇、人鬼。天神称祀，地祇称祭，宗庙称享。中国人的祭祀观便自然地包括两个方面的内容，即天地神灵之祭与祖先人鬼之祭。从某种程度上说，"葬"不过是一个短期行为，而"祭"则构成一种长期活动。在年复一年的长期祭祀活动中，一方面显示后人的孝敬之心，正所谓"君子之祭也，敬而不黩"。(《公羊传·桓公二年》)另一方面则强化后人对于自己所在家族血缘的认同感，认识到自己作为家族传承的一环而深情地缅怀先辈的精神和业绩。

（一）祭祀缘起

远古时期，我们的先人以为天地、日月、风雨、雷电等自然现象背后存在一种超自然的神秘力量，此种力量可以让四时更替，山河变换，主宰世间万物的生死命运，于是将这种超自然的存在称为上帝。祭祀，乃为人神相接之具体表示，用意固在敬神，而亦重在求神。

祭祀最初源于对天地的崇拜，认为天能影响人事、预示灾祥，人的行为也能感应上天。并且通过某种中介仪式，可以沟通天人之间，并以此预决吉凶，告人政事，从而形成一种"天人感应"的观念。天人感应之说，现存文字记载最早见于儒家"六经"中，《尚书·洪范》："岁月日时无易，百谷用成，乂用明，俊民用章，家用平康。日月岁时既易，百谷用不成，乂用昏不明，俊民用微，家用不宁。"通过对自然现象的观察来预测人间事物，规范君王的行为。同时认为，如果时序没有改变，那么各种庄稼都会丰收，政治就会清明，有才能的人会得到重用，国家因此太平安宁。如果时序有所变动，那么各种庄稼就不能成熟，政治昏暗不明，有才能的人得不到重用，国家因此不得安宁。

由此看来，"天人感应"是指人与自然万物同类相通，相互感应：天有四时，人有四肢；天有昼夜，人有醒睡；天有五行（金木水火土），人有五脏（心肝脾肺肾）、五义（仁义礼智信）。正是因为人们认为天有万能之力，人间世皆由天来支配，祸福皆有天定，因此遂有"祭天"祷福之事。祭祀的内容广泛，包括天、地、山川、日月、星辰、祖先等。不仅如此，"祭有一定之季节，又有一定之牺牲，然亦有临死特别祭之者，次于天之祭者。有四时、寒暑、日月、星辰、岁旱等，曰六宗之祀。次于六宗者，有群神之祭，山川之祭。"①

在祭祖活动中，祭拜者、祭拜对象、祭拜仪式的规定与指向从某种程度上回应了人生的终极问题："我是谁？""我从哪里来？""我到哪里去？"作为传统社会的主流文化形态，也是我们中华文化血脉延续的重要途径。

（二）祭祀对象

按照传统的丧葬礼仪，葬前之祭谓之奠；葬毕"虞"之后，谓之祭。"奠"的对象主要是去世的亲人，"祭"的范围则要广泛许多，包括天地神灵、祖先人鬼等。

1.天地神灵之祭

祭天地源于自然崇拜，中国古代以天为至高神，主宰一切，以地配天，化育万物，祭天地有顺服天意、感谢造化之意。天地神灵之祭就是祭祀天地、日月、星辰、山川、湖泊等自然神灵。神有日神、云神、水神、河神、山神等。庙有山神庙、河神庙等。按传统礼制，普通人不具备祭祀神灵的资格，只有一定品级的贵族官员才可以祭祀神灵。《礼记·曲礼下》说："天子祭天地，祭四方，祭山川，祭五祀，岁遍。诸侯方祀，祭山川，祭五祀，岁遍。大夫祭五祀，岁遍。士祭其先。"可见，只有天子可以祭天神地祇，祭四方五岳四渎之神，祭山川之神，祭户神、灶神、门神，等等。

天子祭天仪式一般包含四项内容：（1）郊祭：在京城南郊祭天，天地合祭，配祭祖先，由皇帝亲自主持，行"燔柴"礼。（2）封禅：在东岳泰山祭祀天地。其中，在泰山之上筑土为坛以祭天，曰封；在山下小山除地，曰禅。（3）告祭：在新朝初建、新君初立，或建都、迁都等重大国事进行之际，举行告天之祭，求得上天的认可。（4）明堂祭：所祭

---

① 张亮采.中国风俗史［M］.北京：中国书籍出版社，2015：20.

对象为作为上帝属下的等级相属的百神，主要是与农业生产有关的自然神；至于祭祀主体，"有天下者祭百神，诸侯在其地则祭之，亡其地则不祭。"诸侯、大夫的祭祀权利逐步缩小，士人则只能祭其祖先。

祭祀天地的仪式叫"封禅"。秦始皇、汉武帝、唐高宗都举行过这种大典，后世又在京城设天坛、地坛祭祀天地以代替封禅活动。祭社稷也是很重要的祭礼，在诸侯中，最重要的是祭祀天神和地神。天神称上帝、天帝、皇帝，地神称社神、后土、土地神，成语"皇天后土"即指天地之神。管五谷的神叫"稷"。祭社稷，就是祭地神和谷神。

2. 祖先人鬼之祭

祭祖在我国是一个相当古老的问题，也是中国人最重要的宗教仪式。以祥祭为吉，未葬为凶，古人把灵柩出殡以前的祭奠视为凶礼，"入土为安"，当灵柩暂厝或入葬以后，死者的灵魂已经归安，亲人应及时料理后事。出殡之后的祭祀从凶礼向吉礼转变，并逐渐变成正常的对祖宗的祭祀，周年祭祀被叫作"小祥"，两周年祭祀被叫作"大祥"，就是由此而来的。

祭祀不仅是对祖先的缅怀、感恩，更重要的意义和作用还在于通过祭祀活动加强拉近血缘、亲缘关系，维护和巩固亲属的和睦、团结，于是，祭祀在人们生活中永远是一个十分重要的活动。[1]人们相信，无人祭祀的祖先，将成为游魂野鬼，不仅会迁怒于后人，还会成为社会不安定因素。没有继承人，则意味着无人能继承香火，没有后代，便成了最大的不孝。安土重迁的文化传统，来自于祖坟无人照料的忧虑。

古人的生活方式、宗教信仰、社会伦理，全都围绕着死亡。《礼记·祭义》中说："君子生则敬养，死则敬享，思终身弗辱也"。"思终身弗辱"的意思是，敬养父母、敬享父母的心一刻也不能遗忘，应该思虑如何能守住孝子的本分，好好地孝敬父母，所以说"君子有终身之敬，

君子有终身之哀"。荀子也说："祭者，志意思慕之情也。忠信爱敬之至矣，礼节文貌之盛矣，苟非圣人，莫之能知也。圣人明知之，士君子安行之，官人以为守，百姓以成俗；其在君子，以为人道也，其在百姓，以为鬼事也。"（《荀子·礼论》）尽管对于圣人、士君子、官人、百姓不同的主体而言，祭祀有着不同的意义与价值，但表达"思慕之情"，寄托"忠信爱敬"则是不变的主题。

天地之祭关乎神灵信仰，具有宗教的属性，自然从形而上的层面解答了人的本原和生活的意义。但由于人神隔离，特别是对神灵祭祀的限制，人神关系与人祖关系相比自然疏远了很多。自上而下的祖先人鬼之祭成为真正影响国人的核心文化。祖先崇拜是中国的一种古老文化，古人认为先祖是类之本。正如《荀子·礼论》所说："天地者，生之本也；先祖者，类之本也；君师者，治之本也。无天地恶生，无先祖恶出，无君师恶治，三者偏亡，则无安人。故礼，上事天，下事地，尊先祖而隆君师，是礼之三本也。"

此外，古人深信灵魂不灭。如此，经由儒家的提倡和推行，祭祖成为传统中国日常生活中的一种仪式性文化。祭祖如同传统中国的文化基因，它携带着远古文明的记忆，裹挟着东方文化的智慧，一直延续至今。

（三）祭祀礼仪

古人在祭祀或行大礼前，沐浴更衣，不喝酒，不吃荤，表示诚心致敬，称为"斋戒"。祭祀前要做好准备，进行必要的预备性礼仪，主要包括"散斋"和"致斋"两部分。"散斋"为期七天，可以在斋室外进行，七日内不御、不乐、不吊；"致斋"为期三日，在专门的斋室进行，致斋者要沐浴改服，主要内容就是思念死者生前的居处、笑语、志意、所乐、所嗜等五个方面。

《礼记·祭义》中说："致齐于内，散齐于外。齐之日，思其居处，思其笑语，思其志意，思其所乐，思其所嗜。齐三日，乃见其所为齐者。"致斋于内，让祭祀的人专心于所思之人；散斋于外，防止外面事物的干扰。通过三日的斋戒，因其专心致志地思念，祭祀之礼必定了然于胸，就像真的看到了所要进行的祭祀。

在神位前奠置祭馔时，孝子一定要做到"容貌必温，身必诎，如语焉而未之然"，（《礼记·祭义》）因为先人已开始享用祭品，孝子更要谦恭谨慎，如同在他们面前侍奉听命。祭祀完毕，即送别先人后，尽管其他助祭都出去了，孝子依然要谦卑安静地站立在那里，思念亲人，就像再也看不到他们了，以此来表达孝子的送别之意。不仅如此，等到整个祭祀仪式结束后，孝子仍然是满怀思念，望眼欲穿，就像亲人还要回来一样。所以在行为举止方面依然同祭祀时一样，行必恐，身必诎，立必卑。思虑不违亲，耳目不违心，日常生活中不敢有任何过失。如此，方能做到"事死如生"，才算符合祭祀的真义。祭祖是一种自尽其敬的行为，举手投足，都要毕恭毕敬。

《礼记·祭义》中讲道："孝子之祭也，尽其悫而悫焉，尽其信而信焉，尽其敬而敬焉，尽其礼而不过失焉。进退必敬，如亲听命，则或使之也。""尽其悫""尽其信""尽其敬""尽其礼"，这都是在讲存于心中的精神感情没有不尽到极点的。孔子的"祭如在"，就是讲祭祀过程中如同先人真的在场，孝子的行为举止如同执行先辈的命令，只有这样，才是真正孝子的祭祀之道。

祭祀的过程是"荐其荐俎，序其礼乐，备其百官，奉承而进之"，最终达到"谕其志意"的目的。在这整个过程中，祭主的一举一动都关涉到与祖先亡灵的交感，"有见乎其位"、"有闻乎其容声"、"恍惚以与神交明交"，只有祭主感知到与祖先亡灵的交感，"祭"的意义才能得到充分的实现。当然，这种庄严肃穆并具神秘色彩的祭祀仪式本身也充满了教化的意味，让后人在潜移默化中秉承"追养继孝"的传统美德。

（四）祭祀器物

祭祀器物称为"礼器"，分为"明器"与"祭器"两类。《礼记·檀弓上》记载："仲宪言于曾子曰：'夏后氏用明器，示民无知也；殷人用祭器，示民有知也；周人兼用之，示民疑也。'曾子曰：'其不然乎！其不然乎！夫明器，鬼器也；祭器，人器也；夫古之人，胡为而死其亲乎？'"其中提到夏代用明器陪葬，表示死者是无知觉的。殷人用祭器陪葬，表示死者是有知觉的。周人兼用明器和祭器，表明死者是有知或无知还不好确定。曾子认为，所谓明器，是为鬼魂特制的器皿；所谓祭器，是孝子用自己正在使用的器皿奉祭先人。二者都是用来表示孝子的无限心意的。曾子将明器与祭器区分为两个世界的用器。

林沄先生在探讨先秦文献中"明器"和"祭器"的含义时指出："我们今天使用'明器'一词是指非实用的模型性、象征性的随葬品，但在先秦文献中的'明器'一词，实际有两种不同的含义。第一种含义是广义的，而且可能是比较原始的，是泛指在墓中随葬给亡灵用的东西。在《仪礼·既夕礼》'陈明器于乘车之西'以下，列举了苞、筲、瓮，用器（弓、矢、耒、敦、杆、盘、匜）、燕乐器、役器（甲、胄、干、笮）、燕器（杖、笠、翣）。根据考古发掘，这些东西都可以是实用品，并不一定是非实用品。所以郑玄在这里注'明器，藏器也'是比较贴切的。第二种含义是狭义的，可以看作是儒家对'明器'一词的解说或定义。"[①]

1. 用于随葬的物品

"明器"是专门为随葬而制作的器物，又称冥器。明器是必须和生者的用器有别的东西，亡灵不能用生者的器具。一般用陶瓷木石制作，也有用金属或纸制的。除日用器物的仿制品外，还有人物、畜禽的偶像及车船、建筑物、工具、兵器、家具的模型。

孔子说："为明器者，知丧道矣，备物而不可用也。哀哉！死者而用生者之器也。不殆于用殉乎哉。其曰明器，神明之也。涂车、刍灵，自古有之，明器之道也。"（《礼记·檀弓下》）之所以把殉葬的器物叫做明器，意思就是把死者当作神明来看待的。用泥土做成的车，用茅草扎成

---

① 林沄. 周代用鼎制度商榷［J］. 史学集刊，1990（3）.

的人，自古就有，这就是明器的来龙去脉。孔子并不赞成"用生者之器"充作明器。明器作为为死者所备之物，体现了礼中关于丧葬原则的必要形式。之所以称之为明器，是以神明待之，而不忍心以祖先为无知觉的死者，期望明器成为沟通亡灵与生者感情的桥梁，是对死者在另一个世界奉养的延续。《礼记·檀弓上》中说："之死而致死之，不仁而不可为也。之死而致生之，不知而不可为也。是故竹不成用，瓦不成味，木不成斫，琴瑟张而不平，竽笙备而不和，有钟磬而无簨虡，其曰明器，神明之也。"意思是，孝子以器物送葬，从而认定死者是无知的，这种态度缺乏爱心，不可以这样做。孝子以器物送葬，从而认定死者是有知的，这种态度缺乏理智，也不可以这样做。所以，送葬的器物既不能取消，也不能做得像活人用的那样完美。

孔子主张明器有半真半假的性质，因此，送葬的竹器，没有滕缘，不好使用；瓦盆漏水，不好用来洗脸；木器也没有精心雕斫；琴瑟虽然张上了弦，但没有调好音阶；竽笙的管数也不少，但就是吹不成调；钟磬不缺，但没有悬挂钟磬的架子。这样的送葬器物就叫做'明器'，意思是把死者当作神明来看待的。

2.用于祭祀的物品

《荀子·礼论》将"祭器"称为"生器"，提出："具生器以适墓，象徙道也。"即说在墓中放祭器反映的是活着的人的一种良好愿望，以及对死者的不尽之哀。

祭祀作为人们思慕先人这种感情的真实表达，通过摆好的席位，献上的祭品，向神灵祝祷，以显示自己的诚敬之心。荀子对明器性质的描述，与《礼记·檀弓上》中是一致的，都具有"备而不用"的虚拟性。"荐器则冠有鍪而毋縰，瓮、庑虚而不实，有簟席而无床第，木器不成斫，陶器不成物，薄器不成用，笙竽具而不和，琴瑟张而不均，舆藏而马反，告不用也。……象徙道，又明不用也，是皆所以重哀也。故生器文而不功，明器貌而不用。"（《荀子·礼论》）这里所说的冠、瓮、簟席、木器、陶器等陪葬品虽然丰富，但基本只是具其形而无实，表明无论是祭器还是明器，都是饰哀的表现形式，也是事死如事生的一种表现。

（1）物祭。

《荀子·礼论》中曾对祭祀之物有所描述："大飨，尚玄尊，俎生鱼，先大羹，贵食饮之本也。飨，尚玄尊而用酒醴，先黍稷而饭稻粱。祭，齐大羹而饱庶羞，贵本而亲用也。"其中涉及祭祀物品的种类如生鱼、肉汤、五谷杂粮、酒等食物，分别对应不同的祭祀场合，在太庙祭祀祖先，要在樽里盛上清水，俎上放置生鱼，献上不加调味的肉汤，这是尊重饮食的本源；四季时的祭祖，以清水樽为最高祭品，供上清水，再献上薄酒，先献上五谷杂粮，而后再供上熟米饭；每月的祭祀，进献不加调味的肉汤，供上各种美味的食品，这既尊重饮食的本源，也是便于祖先食用。尊重饮食的本源叫做礼的形式，便于食用叫做合乎常理，把两者结合起来就形成了礼仪制度。

①食物。粮食五谷，称"粢盛"，鲜嫩的果品蔬菜在民间祭祀中也是常用的祭品。另外，酒也是祭祀神灵的常用祭品。

②血祭。血，是一种特殊的祭品，作祭品的血有人血，也有牲血。据说，客家人祭祀时便用雄鸡血滴纸和用敬纸划界，是为避外鬼入侵，客家民俗中，雄鸡血用于驱鬼压邪，巫婆及江湖术士更是以雄鸡血来画符驱鬼。祭祀时，墓碑前要供奉茶、酒，地堂湖里要摆放三牲、糕点、糖果以及纸钱等祭品。祭者持香躬拜，随后上香烧纸钱，临走时燃放鞭炮。

③玉帛。《左传·庄公十年》中载："牺牲玉帛，弗敢加也。"《墨子·尚同中》中说："其事鬼神也，……珪璧币帛，不敢不中度量。"说明"帛"在祭祀中的重要作用。"帛"包括各种玉制礼器和皮帛，这是食物之外最常用的祭祀手法，玉在祭祀中有非常重要的作用。

④纸钱。张亮采先生指出："纸钱起于汉之葬埋瘗钱，而南齐东昏侯始实行之。唐玄宗时，王玙为祠祭使祈祷，或焚纸钱。五代以来，寒食

野祭率用之，至宋而纸钱盛行于俗间，邵康节比之于明器。"①纸明器最早出现于魏晋，唐代开始流行，宋代则十分普遍。这种纸明器，多为纸糊、纸画人物、车马、房舍、衣服及各种动物，但更多的是纸钱。纸钱通常用锡纸折叠成元宝、银锭形状，或用白纸、黄纸剪成，印成铜钱形。纸明器有的是丧家自备，有的是亲朋所赠，或撒在送葬途中，或在埋葬时烧掉。纸明器虽比玉石、陶、木明器节俭，但一般数量较多。宋代史学家司马光就曾批评说："今人皆送纸钱赠作。诸物焚为灰烬，何益丧家！不若复赗(财物)禭(衣服)之礼。"他主张恢复给丧家赠送衣服、财物的礼仪，以帮助丧家料理丧事。②

现在还有很多地方将"扫墓"称之为"挂纸"，又叫"压纸"，就是替祖先修理房子的意思。"挂纸"所用的"墓纸"是长方形的，颜色有黄、白及五色三种。挂纸之前，要先铲除墓上的树枝、野草，再将墓纸两三张一叠折做波纹状，再用小石块分别压在墓头、墓碑及墓旁的"后土"(就是土地神)上，或者直接将墓纸按入墓土。挂纸可以是象征着子孙一年一度为祖先的居处所添的新瓦，也可以具有识别的作用。到了清明节，凡是墓头有墓纸的，就表示这座坟有子孙来祭扫，如果没有的，就是没人祭拜的孤坟了。"挂纸"之后，还要准备简单的供品来祭墓、烧纸钱，这样才算是完成了"挂纸"的仪式。

（2）牲祭。

为祭祀而宰杀的牲畜叫"牺牲"，指马、牛、羊、鸡、犬、豕等牲畜，后世称"六畜"。六畜中最常用的是牛羊豕三牲。鱼兔野味也用于祭祀，但不属"牺牲"之列。祭品牛、羊、猪三牲齐备叫"太牢"或"大牢"，只有羊和猪叫"少牢"。《礼记·礼运》称："夫礼之初，始诸饮食，其燔黍捭豚，污尊而抔饮，蒉桴而土鼓，犹若可以致其敬于鬼神"。意思是说，祭礼起源于向神灵奉献食物，只要燔烧黍稷并用猪肉供神享食，凿地为穴当作水壶而用手捧水献神，敲击土鼓作乐，就能够把人们的祈

① 张亮采.中国风俗史［M］.北京：中国书籍出版社，2015:157.
② 张捷夫.丧葬史话［M］.北京：社会科学文献出版社2011：85.

愿与敬意传达给鬼神。

（3）人祭。

以人做祭品祭献神灵，古书称"用人"，后世称"人祭"。商代的人祭之风炽盛，其手段残忍，有火烧、水溺、活埋、刺喉沥血和砍头，甚至于把人剁成肉，蒸为肉羹。

（五）祭祀方式

祭祀的方式，大致分为以下几种：供祭、酹祭、衅祭、沉祭、燎祭、瘗祭。[①]具体而言，如下：

1.供祭

这种祭祀方式或者将牲畜宰杀，将其血流于墓或者祠堂之前，并以肉祭神灵，祭肉称为"胙"。《说文解字》将"胙"解释为"祭福肉"的意思，即用于祭祀的肉。祭肉在祭祀完成之后，可分给个户享用，或者将熟食、果蔬等供祭于神灵之前。

2.瘗祭

主要用于祭祀山神和地神。《礼记·祭法》中说："瘗埋于泰折，祭地也；用骍犊。"祭地之礼是在泰折挖坑掩埋祭品，两者都用赤色牛犊作牺牲。孔颖达曾解释："'瘗埋于泰折祭地也'者，谓瘗缯埋牲，祭神州地祇于北郊也。"因为"地祇在下，非瘗埋不足以达之。"将牛、马、羊、豕、鸡等牲畜直接埋于地下，表示山神、地神接纳了这份礼物。

3.燎祭

燎祭也可称为燔祭，属于火祭，以燎祭天，主要适用于天空诸神，即将牺牲投于烈火之中，使之焚化的青烟上达天廷。西周初年的燎祭制

---

① 王治国.殡葬文化学：死亡文化的全方位解读［M］.北京：中国社会出版社，1998：513–514.

度源于岐周文化，属"因于殷礼"，又不乏创制的跨文化形式。在祭法上，周初沿袭了殷商燎祭仪式，可向先王燎祭告胜，但并不直接燎祭上帝，是在燎(禋、音)祭先祖过程中完成对天宗的祭祀。[①]《尔雅·释天》载："祭天曰燔柴。"《礼记·祭法》中说："燔柴于泰坛，祭天也。"孔颖达疏："燔柴于泰坛者，谓积薪于坛上，而取玉及牲置柴上燔之，使气达于天也。"祭天之礼是在泰坛上架柴焚烧祭品，因为"天神在上，非燔柴不足以达之"。根据卦象"天体在上，而火炎上"的属性，把玉帛、牺牲放在柴堆上，焚烧祭天，正是天在上、火在下的形象。故而以火为媒介实现了天人感通、天人相应、天人合一。

4.沉祭

沉祭是专门祭祀水神或河神的方法。殷代甲骨卜辞中分别有"沉三羊""沉三牛""沉五牛""沉牛"等祭河礼仪的记载。

满族举行海祭分两种形式：第一种为人殉海祭，是生活在海边的崇信萨满教者的野祭仪式。海祭仪式过程中，四个女萨满专门往江中抛洒米酒、血肉、糕果等。主萨满则往海中撒雄性的鸡、鸭、鹿、熊、牛、羊、野豕等祭品。第二种为人葬海祭，是部分满族的一种水葬习俗，葬前丧家在这个海域四周先遍撒供品、糕点、野果，再洒鹿、鹰等动物的鲜血，尸体入海后还要投活牲致祭。另外，满族举行院祭吃剩的骨头和肉有的也要撒到江河中。居住在河边的人则将祭品沉入河中献祭神灵。

赫哲族每年开江打鱼前，要全村集合，在江边搭起台子隆重祭祀水神，往河里倒酒，以示敬意，祈求水神保佑这一年捕鱼顺利。每当江河泛滥的时候，江河上的小船经常遭到强大的暴风雨袭击，因此要祭祀水神，祈求水神在船前面开出条平静的水路，保佑安全到达彼岸。举行这种祭祀时，往往在江边河边杀猪作牺牲，并把猪血注入江河之中。

摩梭人的"转海节"起初是祭水神的宗教节。人们往湖中投熟食和

---

① 　王贵生.周初燎祭仪式考辨［J］.中国典籍与文化，2008（1）.

果品，献给湖神享用。往湖中投祭品是祈求湖神保佑村民，赐给人们平安，免遭湖水带来的灾难。

广西靖西壮族崇拜水神，在每年三月三日在当地鹅泉举行的祷祭仪式中，由祭师们抬上煮好的米饭，将其装入笤筐内放入竹筏，划到泉眼处，祭师默念咒语，再不断地将竹筏上的米饭撒入泉水中，以祭祀水神。①

5.衅祭

《说文解字》中说："衅，血祭也。"如果是"杀牲以血浇落于社"，则成为"衅社"。杀牲，用其血涂于器物缝隙中来祭祀。古代也用血祭新制的器物。

6.酹祭

把酒洒在地上表示祭奠或起誓，故有"一樽还酹江月""长歌杯酹祭英风"的说法。

（六）祭祀时间

除了丧葬礼仪中所规定的祭祀时间之外，根据季节的变化，规定了一年四祭。《礼记·王制》载："天子诸侯宗庙之祭，春曰礿，夏曰禘，秋曰尝，冬曰烝。"郑玄注："此盖夏、殷之祭名，周则改之，春曰祠，夏曰礿。"又云："大夫士宗庙之祭，有田则祭，无田则荐。庶人春荐韭，夏荐麦，秋荐黍，冬荐稻。韭以卵，麦以鱼，黍以豚，稻以雁。"《礼记·祭义》中说："秋，霜露既降，君子履之，必有凄怆之心，非其寒之谓也。春，雨露既濡，君子履之，心有怵惕之心，如将见之。"汉代董仲舒《春秋繁露·四祭》则说："古者岁四祭。四祭者，因四时之所生孰，而祭其先祖父母也。故春曰祠，夏曰礿，秋曰尝，冬曰蒸。此言不失其时，以奉祀先祖也。"古人比较重视春秋两季的祭祀。分"春社"和"秋

---

① 重庆公墓陵园网.特殊祭祀之沉祭［EB/OL］.http://www.cqlygmw.com/bzwh/1580.html.

社"两种神日，社日一般在春分秋分前后。

春天，万物复苏，阳气聚拢，祭祀中也仿佛将亲人迎接回来一般，内心喜悦，所以会奏乐；秋天，草木凋零，阳气返而阴气重，祭祀中仿佛又将亲人送走，内心悲哀，所以无乐。

按照祭礼，感念亲人有一套方法，即通过想象亲人在世的行止，使亲人完全回到自己现实的生活中，如同道教的"存想"修行一般。"见到"亲人又会引发"凄怆""怵惕"，这是一种互动的效果。

清明节扫墓之俗至隋唐才开始流行。由于寒食、清明两节相接，寒食上坟、祭祖活动往往延续到清明。时间长了，两节的界限就变得模糊起来，以致人们只记得清明节。再往后，清明祭扫与郊游很自然地结合起来，明代刘侗《帝京景物略》载："三月清明日，男女扫墓，担提尊榼，轿马后挂楮锭，粲粲然满道也。拜者、酹者、哭者、为墓除草添土者，焚楮锭次，以纸钱置坟头。望中无纸，则孤坟矣。哭罢，不归也，趋芳树，择园圃，列坐尽醉，有歌者。哭笑无端，哀往而乐回也。"[①]后世多相沿。现在，清明前后，民间仍有举家上坟祭祖现象。

（七）祭祀等级

祭祀，在传统社会中是一件非常重要的事情，与丧葬礼仪一样，也存在相当严格的等级秩序。历代统治者以维护基层社会的稳定和国家的统治秩序，一般默认一些祀典外的民间神祇。

1.宗庙制度

随着宗法性私有制社会和国家的建立，祭祖活动便复杂了起来。国家有太庙，宗族有宗祠，家庭有祖龛，供立祖宗牌位，岁时祭神。而且，在日益完善起来的宗法等级制度的基础上一整套宗庙制度也逐步形成了。根据文献及考古资料，大约从西周起，祭祖与祭天并列，确立了敬天尊

① （明）刘侗，（明）于奕正.帝京景物略［M］.孙小力校注.上海：上海古籍出版社，2001：102.

祖的观念。《礼记·王制》记载："天子七庙：三昭三穆，与太祖之庙而七。诸侯五庙：二昭二穆，与太祖之庙而五。大夫三庙：一昭一穆，与太祖之庙而三。士一庙。庶人祭于寝。"天子设七庙（太祖与三昭三穆）；诸侯设五庙（太祖与二祖二穆）；大夫设三庙（太祖与一祖一穆）；士设一庙；庶人则无庙而祭于寝。诚然，随着宗法社会的变迁，这种古制也有所变化，但是直至20世纪初期，社会上祭祖敬宗的风气一直盛行不衰，这种宗庙制度大体上被一直延续了下来。

2.列鼎制度

西周礼器以鼎为主，而且西周用鼎常常都是成组使用，号称"列鼎"。列鼎制度中用鼎数目的严格规定，即天子九鼎、诸侯七鼎、大夫五鼎、元士三鼎。用鼎不但数目因身份之差而有区别，而且所盛之祭品也是不同的。比如，"诸侯之祭，牲牛，曰太牢；大夫之祭，牲羊，曰少牢；士之祭，牲特豕，曰馈食。"

按照传统列鼎制度，"天子接待诸侯以大牢——九鼎（另有羞鼎三）配八簋；诸侯国君宴请他国使臣上卿礼亦为大牢；宴请卿的副手之礼为大牢七鼎六簋；卿大夫所用之少牢五鼎配四簋；士礼所使的礼器组合为三鼎配二簋。由此来看，鼎簋之制是以鼎为奇数、簋为少于鼎数一的偶数之组合，并随着使用者身份等级的增高而以等差形式次递增加的"。[①]鼎是盛置牲肉的，簋是盛置黍稷的，两者相互配合使用。

此外，豆也是很重要的礼器，据《礼记·礼器》载，"天子之豆二十有六，诸公十有六，诸侯十有二，上大夫八，下大夫六。"其他器具如盘、壶等数目也有相应的规定。鼎以及伴随的其他铜器如簋等都是"礼器"，在"礼不下庶人"的周代丧葬制度中，是贵族的专利品，一般平民陪葬的则是日用陶器。

---

① 赵宇.浅析青铜鼎与列鼎制度的若干相关问题［J］.文物鉴定与鉴赏，2017（1）.

二、当代祭祀文明的共存互补

"祭"，所体现的是"追养继孝""人神相接"，重在一个"敬"字。孔子曰："祭如在，祭神如神在。"（《论语·八佾》）程伊川也指出："祭先主于孝，祭神主于敬。"[①]以上都说明一点，祭祀更为强调祭祀之人内心的敬畏。那么，何谓"敬"？朱熹说："然敬有甚物？只如'畏'字相似。……只收敛身心，整齐纯一，如有所畏，不惛地放纵，便是敬。"[②]又说："诚只是一个实，敬只是一个畏。"[③]"祭如在"当中的"如"字表明，祭的关键并不在对神灵本身存在与否的论证上，而是祭者内心的秩序和态度。

传统祭祀文化对于人们生活的影响无疑是重大且深远的，尽管随着时代的发展进步，祭祀的形式、程序等方面都发生了巨大的变化，但其承载的伦理精神并不因此而消逝。所以，我们在尊重传统祭祀文化、传承其精神意义的同时，也需要以更丰富的方式融入追思先贤、孝亲感恩、生命教育等内容，将缅怀感念逝者与弘扬家训家风、传承传统文化有机结合，以此丰富祭祀人文内涵，使祭祀成为传递亲情、传承文化、促进和谐的重要载体。

（一）祭祀形式的多元融合

现代以开追悼会、小型追思会、弘扬死者优秀品德精神的新型丧葬仪式取代焚烧纸钱、燃放鞭炮、做道场等丧葬陋习，在保留传统祭祀文

---

① 　（宋）朱熹.四书章句集注［M］.北京：中华书局，1983：64.
② 　（宋）朱熹.朱子语类［M］//郑明等点校.朱杰人，严佐之，刘永翔主编.朱子全书（第14册）.上海古籍出版社、安徽教育出版社，2002：369.
③ 　（宋）朱熹.朱子语类［M］//郑明等点校.朱杰人，严佐之，刘永翔主编.朱子全书.（第14册）.上海古籍出版社、安徽教育出版社，2002：421.

化精髓的同时，以鲜花祭奠、植树祭祀、网络祭奠、朗诵诗词、诵读祭文等文明环保的方式寄托哀思，表达对已故亲人的缅怀之情，既传承了优良的家风，又营造了文明祭祀的良好氛围。

1.家祭传承

《左传·昭公七年》中说："人生始化曰魄，既生魄，阳曰魂。用物精多，则魂魄强。是以有精爽至于神明。匹夫匹妇强死，其魂魄犹能冯依于人以为淫厉。"这是说，人刚刚死去叫做魄，已经变成魄，阳气叫做魂。遭遇横死的普通人，魂魄也可以变成厉鬼作祟。而贵族生前养尊处优（用物精多），死后魂魄能存在得更长久些。所以，周代的天子要建立宗庙供奉七代以内的祖先，诸侯要供奉五代，一般贵族供奉三代。不过，即使是天子的魂魄，数代之后也会渐渐消失，那些过于久远的祖先，就不用再祭祀了。

现代祭祀的形式和内容较之传统已经发生了很大的变化，例如追思会和追悼会最大不同在于场地的选择，可以是一处宽阔的草坪，亦或者是艺术馆，大家在温馨的气氛中怀念逝者的过往，同时穿插诗歌朗诵、节目表演等怀念的方式，追忆思念他生前的贡献和付出。

为逝去的亲人举办追思会，既是对逝者的的追忆和思念，也是生者寄托思念之情，通过追忆思念他生前的贡献和付出，让爱为生命祝福，为亲人的逝去画上圆满的句号。针对逝者的身份地位、事业成就、人生智慧与个性特征，配合家属的需求和想法，策划人性化的追思会。"用自己想要的方式道别"，如惜别盛会、回忆光碟、独具特色的追思会，手绘遗像、菜单式服务、生前契约服务等追思方式。

2.公祭文化

公祭(正确用语是公奠仪，公奠)，公奠原本是指死者在未出殡前，称"奠"不称为"祭"，但随着时代变迁而改变的文字语言进而形成的公祭或告别式。所谓的"公祭"指的是亡者在世时有特殊贡献或家属的亲朋好友，机关、团体、企业组织等单位参与，公奠者依排定的先后顺序，届时依序出场祭拜的仪式，称为公祭。其主旨为亡者的肉体最后一次在家致礼的道别式，赞扬亡者在世时所做出的功绩及贡献与后代子孙对亡者的缅怀追思。

我国的"国家公祭网"于2014年7月6日正式上线。第一次国家公祭于2014年12月举行。为悼念南京大屠杀死难者和所有二战期间惨遭日本侵略者杀戮的死难同胞，揭露日本侵略者的战争罪行，牢记侵略战争造成的深重灾难，我国决定将12月13日确定为南京大屠杀死难者国家公祭日。设立"国家公祭网"旨在进一步普及国家公祭相关知识，将对死难同胞的纪念常态化，方便全球华人及爱好和平的国际友好人士随时随地了解史料信息、悼念死难者，在提醒世人不忘历史教训的同时，进一步向世界传递反对战争、珍爱和平的理念。

3.网络祭奠

随着互联网的普及，制作祭奠网页、发表感怀寄语、敬献网络鲜花蜡烛等祭奠方式快速发展。一般有两种说法，一是"网祭"，另一种称为"网葬"，两者大部分内涵是趋同的，但也存在细微差别。前者突出祭祀层面，主要指的是通过网络，打造一个专门的祭祀专区，人们通过献花、点蜡烛、写一段文字、录一段音频等方式，在网络上表达对先人的思念之情；后者凸显殡葬层面，主要指的是不保留骨灰，将逝者的遗像、遗体告别仪式、挽联、唁电、唁函、悼文等录入电脑，在网络上建立墓地并予以祭祀的丧葬形式。两者都是借助数字化平台进行操作，是绿色殡葬的主要发展方向之一。

（1）网络祭奠的方式。

其一，"二维码墓牌"。运用二维码技术和移动互联网技术，以电子数据方式，将逝者的人生历程通过文字、视频影像资料予以保存。"二维码墓"牌材质选用铜、陶等制品，体积小，与石材墓碑相比，节约土地资源、保护生态环境。将"二维码墓牌"电子平台所载的生平事迹、视频影像通过移动终端予以再现，具有较强的追思、人文纪念、生命教育功能。①以"二维码墓牌"代替传统墓碑，有利于节约自然资源，保护生态环境，从而有利于提高人们对生态葬的接受度，提高生态安葬率。

其二，"圆满人生"平台。该平台通过"互联网＋殡葬"的服务管理新方式，建立智能化的殡葬信息共享的平台。即通过线上线下服务模式，互联网服务调度系统、社区门店结合的运营模式，比如在成都，任何地方的客户如果需要"白事"服务，只要拨打966188电话、或者通过PC端网页、手机端微信接入平台，"圆满人生"就能为市民提供免费咨询、殡葬业务办理、政策咨询、投诉建议等服务。通过定位服务、大数据分析，还会派遣离客户最近的"白事"顾问赶到客户身边提供实时、省心服务，操作简单、服务高效、价格透明。

"圆满人生"平台充分运用互联网技术和通讯技术，建立了智能化的殡葬服务平台，通过殡葬服务收费管理和价格指导，加强殡葬服务业者职业道德教育和职业技能培训，深化殡葬行风建设，优化服务运行机制；推行阳光透明服务，建立满意度评价制度，不断提升殡葬服务水平。此外，通过该平台形成独有的殡葬大数据，还将为政府对殡葬环境的指导和监管提供数据支持，助推民政事业发展。②

其三，"天堂邮局"。"天堂邮局"在这里虽然是一个虚拟的场景，但却真实地把人们的情感寄托于其中。"天堂邮局"将现实中的场景与人们的精神诉说相结合，通过虚拟的"邮局"将快递、挂号、平邮信函，在电脑屏幕上得以视觉体现，使心理得以慰藉，情感予以抒发。模拟的"邮件投递"flash效果，如同开启的"天堂通道"，让仙鹤做信使，将人的祈愿和心声带到逝者灵魂归憩的"天堂"。

"天堂邮局"的投递方式有三种：快递——即刻送达、挂号——隔日

---

① 李辉．探索"互联网＋殡葬"融合发展新形态［EB/OL］．http://www.chinabz.org/xwzx/zxdt/3567.html，2017–02–10．

② 李丹．"互联网＋殡葬"来了：四川圆满人生公共殡葬服务平台发布［EB/OL］．http://www.sohu.com/a/122819715_115553，2016–12–28．

送达、平邮——三日内送达。因此，根据选择的不同投递方式，邮件送达的时间当然也不尽相同。譬如：给逝者敬献鲜花，当您选择了快递方式时，在逝者的墓地或灵位前当下就可以看到。如果是选择了挂号或平邮投递方式，就只能等到规定的时间才能送达。而这些已投妥或正在投递中的邮件，将全部显示在邮局的查询系统中，以供您随时查看该邮件当时的投递状态。

（2）网络祭奠的特点。

"数字化安息"的兴起，反映着中国人更加豁达的生死观。网络祭奠通过网络形式追思先贤、纪念先烈、孝亲感恩、寄托哀思，体现了新时代绿色发展理念的要求，为传统的殡葬文化增添了不少新的内涵。

第一，打破时空限制，方便快捷。网络祭奠应用互联网新技术，尝试与大数据、云计算、人工智能等最新技术的融合，创新开发互联网新商业模式，树立了现代殡葬新形象。相对传统清明祭祀仪式而言，网祭打破了时空的限制，使祭祀主体可以方便快捷、形式多样地表达自己怀念先祖的情感。

第二，运用现代科技，低碳环保。"网祭"用现代高科技手段为祭祀注入了新的时代气息，它将现代科技融入传统习俗中，发挥网络祭扫具有便捷性、环保性等优势，通过上传已逝亲人生前的事迹到网上进行保存，不占用土地资源，不污染环境，符合绿色祭祀的理念以及低碳经济的发展要求。例如"天堂公墓网"，在交互性、高仿真的网上纪念馆(含灵位、墓园)中，用户可以选择或定制不同风格的网墓，自己书写碑文，按自己的表达意愿献上不同含义的香烛、烧纸钱、祭酒、点歌、献花、献祭品和留言，撰写纪念文章等，满足人们多样化的情感和心理需求。同时，网络公墓缅怀祭拜先人的所有资料，包括文字、图片、声音、视频等，永久保存。[1]

第三，丰富内容，传承文化。"网祭"将纪念逝者与弘扬家风、传承

---

[1] 360百科.网葬［EB/OL］. https://baike.so.com/doc/3555031-3738855.html.

优秀文化、丰富精神生活有机结合，使祭祀成为传递亲情、健康生活、弘扬文化、保护环境的重要载体。网葬"不仅在墓志铭上能够大做文章，也能把逝者的生平事迹详尽而生动地'传'给后人"。①其生命力在于尊重风俗、传承精神、体现深情。

尽管目前全国可提供网络祭祀的网站近上百家，但在网络祭奠的发展中，也同样存在一些问题，例如传统殡葬观念所导致的认同问题，不少人还是认为网络祭奠缺乏场景现实感；网络平台管理不规范导致的乱象，甚至出现祭奠活人的"恶搞"现象，等等。网络祭奠在"空间上虽然实现了无限延伸、拓展的可能性，同时也不可避免地导致传统的祖宗崇拜观念与风水信仰面临新的挑战"②，但"主体所感受到的文化意义也不会受到削弱，只是其仪式所包含的文化意义被变异的空间所重构"。③

4.代理祭奠

按照传统祭祀的理念，祭祀一般必须亲力亲为，《论语·八佾》中说："吾不与祭，如不祭。"意思是如果作为主祭之人不到祭祀场所，或者人虽在场却心不在焉，就如同没有举行祭祀，这里更多地是强调"敬"和"礼"。

传统观念认为，祭祀显然是不能代理的，但随着社会的不断发展，人们可能由于工作生活的原因，没办法抽身在特殊的时间去参加祭祀活动，进而产生代理祭祀的需求和行为。

代理祭祀主要是为身在外地或不方便前去祭扫的人免费提供清扫墓碑、献花等系列服务，殡仪单位还会将现场拍摄照片，并将照片免费寄给逝者的亲人。祭祀代理服务内容包括擦拭清扫纪念碑、墓石或骨灰存放柜；免费维修骨灰盒；献上一封信笺，上面写有怀念的话语和名字；

---

① 马金生.网葬与书写平民历史［J］.百年潮.2010（5）.
② 凌远清.网墓符号特性与清明网祭之仪式意义［J］.广西师范大学学报（哲学社会科学版），2013（2）.
③ 凌远清.网墓符号特性与清明网祭之仪式意义［J］.广西师范大学学报（哲学社会科学版），2013（2）.

献上一束鲜花，等等。

结合现代科技的发展，代理祭祀还可以现场直播，通过屏幕对话说或者写下自己对逝去亲人的祝福与思念，并全程录像作为凭证和纪念材料。但是对于这种新型代理祭祀的业务，人们的态度褒贬不一。赞成的观点认为代理祭祀可以给在外工作的人士提供方便，而且代理服务内容丰富，比如上贡果、烧香、摆祭品，念悼词、磕头、放声大哭、喊亲人或叫爸妈等服务，根据不同的服务采取不同的收费，人们通过这种代理祭祀，既可以安心在外工作，又可以通过实际行动表达自己对亲人的思念。但也有人认为，由于市场化竞争等原因，代理祭祀已经逐渐远离初衷而"变味"了，花钱请人代理祭祀，代理人却不过是虚情假意，"专业哭坟"这种做法在某种程度上辱没了清明祭祀文化，让祭祀沦为沽名钓誉、谋取利益的"商品"而已。但从人们对于代理祭祀的不同观点来看，需求的空间还是非常大的，只是更需要的是规范化操作，而不能沦为仅仅是相互攀比、花样收费的商业化手段。

（二）低碳祭扫的有序发展

扫墓，又叫墓祭、祭扫、上坟，约起源于春秋战国时期，汉代又称"上冢"。东汉时，每月的月中、月底，以及每年的二十四节气、伏日、腊日都是上坟的日子。礼仪繁多，劳民伤财、后世不相沿。唐玄宗开元二十年(732年)正式下令定寒食节上坟成为"常式"。后来又逐渐让位于清明节上坟扫墓。扫，《说文》作"埽"，扫除尘秽。古代人上坟时除带祭品外，还要带扫帚之类工具修理坟地、锄草等，故"扫"又转义为"祭祀"。《辞源》："扫，……祭扫坟墓。"《清通礼》中提到："岁，寒食及霜降节，拜扫圹茔，届期素服谒墓，具酒馔及芟剪草木之器，周胝封树，剪除荆草，故称扫墓。"可见古人祭坟是要带工具的，并以此使"扫墓"成了祭祀先人的代名词。[①]时至今日，人们依旧非常重视"祭扫"活

---

① 王治国.殡葬文化学：死亡文化的全方位解读［M］.北京：中国社会出版社，1998：366.

动，主要集中在"清明节"期间，但也不排除其他时间，如亲人的忌日当天，或者中元节等。随着殡葬改革的逐步推进以及人们祭祀观念的不断转化，人们越来越接受低碳祭扫，这也与现代社会提倡低碳生活、保护环境的理念息息相关。"低碳祭祀"不仅是一个时尚的话题，更是一种负责任的生活态度。低碳祭扫可以表现为三个方面的含义。

1.文明祭祀

倡导文明祭奠，低碳祭扫。文明祭扫积极倡导敬献鲜花、家庭追思、寄语信箱、踏青遥祭、颂读祭文等方式，在缅怀与追思中表达对先人的怀念、对生命的尊重和对生活的热爱。当然，以鲜花祭奠的方式取代烧纸钱的风俗，并不能一概被视为不合文化、不文明的祭扫方式，祭扫风俗的转变，只是方式上的改变，不适宜用"文化与否"来权衡。不过，按照传统习俗，人们在祭祀过程中，也确实存在过一些不甚文明的做法，比如在公共区域撒散纸钱、搭设灵棚、焚烧纸钱等做法。这些行为显然对人们的生活环境产生影响，如噪声扰民，污染环境等。因此，提倡采用献花、植树、朗诵、网祭等方式一方面可以杜绝不文明的祭扫方式，另一方面也可以保护环境，节约资源，比如借助现代媒介，相关部门或者公司推出实景式"网上祭扫"平台，帮助人们为亲人送上"云端的思念"的做法受到广泛欢迎。

2.绿色祭祀

提倡绿色祭祀，节俭祭祀。绿色低碳祭扫实际上也是文明祭扫当中的应有之义，当然绿色祭祀并不只是局限在社会风气的优化上，也同时体现在自然环境的净化上，是生态文明和文明生态理念在祭祀文化中的深刻体现。要从根本上解决生态环境问题，就必须加快形成绿色生活方式，要在全社会牢固树立生态文明理念，增强全民节约意识、环保意识、生态意识，培养生态道德和行为习惯，开展全民绿色行动，倡导简约适度、绿色低碳的生活方式。绿色低碳的生活方式体现在殡葬问题上，应通过厚养礼葬、厚养礼祭等方式养老葬老，敬祖祭祖，摒弃在生不厚养、死后大操办、祖德不弘扬、祭祀讲排场等陋习，杜绝祭祀攀比、奢靡、浪费之风。绿色低碳的祭扫新风不仅有效保护了自然生态，也让人与自然的相处在这个节日显得格外和谐。清明之际，需缅怀先人，更要慎终追远。我们在踏青扫墓、祭奠先人、寄托哀思、净化心灵的同时，也不要忘记一定要尽一己文明之行、合众志成城之力，助力打造融"清明"文化、自然、政治、社会于一体的良好生态，从而为建成美丽、文明、和谐、幸福的"美丽中国"奠定坚实的基础。①

3.安全祭祀

绿色祭祀从某种程度上说也是安全祭祀。以往清明时节，烧纸焚香祭奠之风盛行，人们多在大街小巷、路口、野外墓地烧纸钱、放鞭炮。这种祭扫方式容易引起火灾，给社会公共安全带来隐患。绿色低碳的生活方式既要改变人们的祭祀观念，也要依靠制度和法治对其进行保障。首先，从观念上看，时至今日，越来越多的人选择献一束鲜花、植一棵树等方式去寄托哀思、表达对先人的怀念。用更加自然平实的方式表达缅怀之情，倡议通过在家祭祀、踏青遥祭、网络祭祀等方式缅怀故人，在祭祀过程中错过堵车高峰，不涉足偏远危险场所，不带火进山，确保个人和公共安全。其次，从道德上看，应加强自我约束，合法祭扫，不购买烧纸，不在墓区、林区、路街、小区等场所焚烧冥纸、燃放鞭炮，自觉保护环境，避免引发火灾，彻底告别纸灰飞扬的不文明现象，营造安全清洁的社会环境。最后，从保障上看，在国家关于生态文明的建设的总体要求的前提下，对于破坏生态环境的行为采取必要的惩处措施，对于破坏生态环境的各类反面典型进行批评教育甚至惩罚，从而将生态文明的建设落到实处。

① 霍计武.文明祭祀打造"清明"生态.http://opinion.china.com.cn/opinion_35_126335.html, 2015-04-03.

第五章

以科学生死观培育现代丧葬意识

自然生命的历程是一个从生到死的过程，生与死是贯穿人生始终的一对基本矛盾。生死观指的是人们对待生与死的根本看法和态度，生死问题作为伴随人一生的终极性问题，不但影响了人们的实际生活，而且构成了其人生价值评判的重要范畴。如何以科学的生死观来培育现代丧葬意识，将是现代殡葬改革进程中的重要范畴。

一、传统生死观的传承

作为一直困扰人们且必须面对的难题，死亡问题就像斯芬克斯之谜一样无法被人们猜透，也正因为如此，死亡也成为了东西方文学、社会学特别是哲学、宗教等诸多领域的重要研究课题之一，形成了各式各样的"死亡观"。

（一）儒家生死智慧

儒家哲学是生命哲学，有着自身独特的生死观。儒家哲学体现了对个体生命的尊重，对死亡困境寻求的是一种积极的解脱。正视死亡、超越死亡，儒家以积极的入世态度，对待有限的生命。面对个体生命，重生慎死，通过自身的努力达到死而不朽，充满了对人的终极关怀。儒家坚信"天命"的存在，并自觉地把个体的生命与之融合为一，使自我的生命历程中充溢着宇宙精神，并且突破有限，趋于无限，直至与天地并立。

1. 生死本质

（1）气之聚散，自然而然。

《周易·系辞下》中说："天地氤氲，万物化醇；男女构精，万物化生。"意思就是说最早的混沌原始之气，是构成人体的基本元素，人是由

"气"化成的。这个气就是宇宙的运动，宇宙运动以后就产生了气，即"天地氤氲，万物化醇"。《易经》告诉我们这个"气"是一种"氤氲之气"，这"氤氲之气"开始就是一团氤氲在一起的气，然后阴阳气化形成阴气和阳气，阴气阳气相互作用，诞生了万事万物。《易经》中讲：易有太极，是生两仪，两仪生四象，四象生八卦。由此可见生命的形成，是逐渐的气化过程，即阴阳二气相互作用化生万物。

（2）知晓天命，安贫乐道。

天地人三才，天命不可违，真正可自己把握的就是自己，因此应该修身养性，颐养天年。《周易·系辞上》说："乐天知命，故不忧。"孔子也说："死生有命，富贵在天"。（《论语·颜渊》）"不知命，无以为君子"。（《论语·尧曰》）孟子则说："存其心，养其性，所以事天也。夭寿不贰，修身以俟之，所以立命也。"（《孟子·尽心上》）人的寿命，都有定数，或长或短，定数不一，人们面对这种定数，无法变更，无法逃避，唯有正视它，并通过每天的修身养性，多行善举，以待生命责任的完成，这才是安身立命之道。

孟子明言寿限均有定数。但面对这不可知的定数，只有修身、行善，最终才能从容无憾。当然，正因天命不可违，因此更应珍惜当下时光，使生命更有意义。即使自然寿命很短，精神性命长久，此所谓"死而不亡"。

2.生死超越

（1）杀身成仁，舍生取义。

在对待生死的问题上，儒家重生慎死，提倡尊重生命、珍惜生命，同时对死又持一种慷慨凛然、泰然处之的态度。在孔子看来，人生在世的所作所为要符合"仁"的原则，那么，当需要在生与死面前作出选择时，也应当以仁义道德为标准来取舍。所以，孔子认为人生的意义和价值不在于一味地贪生，而在于以一种坚韧不拔的精神追求仁道。《论语·泰伯》中说："士不可以不弘毅，任重而道远，仁以为己任，不亦重乎？死而后已，不亦远乎。"意思是有志者不可以不培养坚强的意志，因为责任重大而且道路遥远。所以，以实现仁德为自己的责任，这样的责任是很重大的。而为此理想奋斗终身，任重道远。为了实现"仁"的目的和理想，可以舍生忘死，视死如归。孔子还把"见危授命"视为"成人"必备的一种品德和素质。《论语·宪问》中说："见利思义，见危授命，久要不忘平生之言，亦可以为成人矣。"在孔子看来，见到利益便能想到义的要求，遇到危险能够献出生命，长久处于贫困仍不忘记平日的诺言，这样的人就可以说是品德完备的人了。《论语·卫灵公》则说："志士仁人，无求生以害仁，有杀身以成仁。"在生死关头，当生命和仁德"二者不可得兼"的时侯，决不能贪生怕死而损害仁德，而应当义无反顾，舍生取死。

《论语》曾记载了孔子与其弟子围绕管仲是否应该自杀、不自杀是否合于仁德等问题的讨论。管仲和召忽都是公子纠的师傅，当公子纠被其兄齐桓公杀害后，召忽自杀，这体现了对于君主的忠诚，是符合当时所要求的君臣之义的道德行为。但是管仲不但没有自杀，反而还做了齐桓公的宰相，帮助齐桓公成就了一匡天下的大业。对此，子路和子贡都提出了疑问，认为管仲没有仁德，而孔子的回答是："桓公九合诸侯，不以兵车，管仲之力也。如其仁，如其仁。"又说："管仲相桓公，霸诸侯，一匡天下，民到于今受其赐。微管仲，吾其被发左衽矣。岂若匹夫匹妇之为谅也，自经于沟渎，而莫之知也。"（《论语·宪问》）

在孔子看来，管仲帮助和辅佐齐桓公得以不用武力而多次召集诸侯盟会，同时辅佐齐桓公一匡天下，成就霸业，百姓一直蒙受到他的好处和恩惠，而没有"被发左衽"沦为夷狄，这些都是管仲的仁德，我们不能要求他像普通男女那样讲求小节小信，自杀于山沟之中。可见，在生死面前究竟何去何从，是选择生还是选择死，关键要看其目的和效果，如果选择生是为了大众百姓，是为了成就更大的"仁"，那么，这种选择就是值得肯定的。因此，孔子对于管仲没有选择自杀轻生的行为和不做无谓牺牲的人生态度不仅没有加以指责，而且给予了充分的肯定，并称其"如其仁，如其仁"。

孟子说："鱼，我所欲也，熊掌亦我所也；二者不可得兼，舍鱼而取熊掌者也。生亦我所欲也，义亦我所欲也；二者不可得兼，舍生而取义者也。生亦我所欲，所欲有甚于生者，故不为苟得也；死亦我所恶，所恶有甚于死者，故患有所不辟也。"（《孟子·告子上》）这种杀身成仁、舍生取义的精神，体现了儒家在生死问题上的崇高气节。孟子还说："天下有道，以道殉身；天下无道，以身殉道。""尽其道而死者，正命也。"（《孟子·尽心上》）即在应该挺身而出的时侯，决不能怯懦退缩，袖手旁观，否则就是贪生怕死，不仁不义；人为了坚持道义，就应该无私无畏，勇往直前，乃至视死如归。《吕氏春秋·士节》中说："士之为人，当理不避其难，临患忘利，遗生行义，视死如归，生死由义。"在生死面前以"义"作为取舍的标准。张载对生与死持一种"当生则生，当死则死"的轻松淡然态度，他说："当生则生，当死则死；今日万钟，明日弃之，今日富贵，明日饥饿亦不恤，惟义所在。"①朱熹同样指出："义无可舍之理。当死而死，义在于死；不当死而死，义在于不死：无往而非义也。"②可见，"当生"与"当死"的标准不是别的，正是"惟义所在"。

《荀子·正名》中说："人之所欲，生甚矣；人之所恶，死甚矣；然人有从生成死者，非不欲生而欲死也，不可以生而可以死也。"人人都知道生命的可贵，都有求生的欲望，并且人们希望生存的愿望是很强烈的，厌恶死亡的心情更是很强烈的。然而人们在生死面前，有生存的机会却选择死亡，自觉自愿地舍生取死，这并不是不希望生存而但求死亡，而是由于当时的具体情况，认为应当舍生取死，也就是说，在当时的情况下，选择生是不对的而选择死才是对的。其实，每一个人都有贵生恶死的要求，但自愿的"舍其生"，"不欲生而欲死"，是因为"死得其所"，选择死，合乎仁义道德的要求。

（2）创业垂统，死而不朽。

"创业"即创建功业；"垂"意为流传；"统"指一脉相承的系统。创

---

① ［宋］张载.张载集［M］.章锡琛点校.北京：中华书局，1978：291.
② ［宋］黎靖德.朱子语类［M］.王星贤点校.北京：中华书局，1985：1404.

立功业，即传给后代子孙。《左传·襄公二十四年》载："穆叔如晋。范宣子逆之，问焉，曰：'古人有言曰，死而不朽，何谓也？'穆叔未对。宣子曰：'昔匄之祖，自虞以上为陶唐氏，在夏为御龙氏，在商为豕韦氏，在周为唐杜氏，晋主夏盟为范氏，其是之谓乎！'穆叔曰：'以豹所闻，此之谓世禄，非不朽也。鲁有先大夫臧文仲，既没，其言立，其是之谓乎！豹闻之：'大上有立德，其次有立功，其次有立言。'虽久不废，此之谓不朽。'"对于"不朽"的理解和追求，人有着不同的境界。范宣子讲的是宗族的不断发展和延续，叔孙豹讲的则是"虽久不废"的"立德、立功、立言"，所追求的是永远的不朽。这种追求精神不朽的思想，为孔子、孟子和后来的儒家学者所吸取并发展。

《论语·卫灵公》中说："君子疾没世而名不称焉。"意思是，君子最害怕离开人世时，不能著名于世。一个人死后，如果名字不为世人所称颂，是该引以为憾的。《论语·季氏》中曾对比齐景公之死与伯夷、叔齐之死，说："齐景公有马千驷，死之日，民无德而称焉。伯夷、叔齐饿于首阳之下，民到于今称之。其斯之谓与？"齐景公奢侈腐化，一生无功无德，所以死了后，人们都不觉得他有什么好的行为可以称颂。而伯夷、叔齐所以至今还被人们称颂，是因为他们具有良好的品德和高尚的气节。

孟子曾称赞伯夷为"圣之清者"，说："伯夷目不视恶色，耳不听恶声；非其君不事；非其民不使。治则进，乱则退。横政之所出，横民之所止，不忍居也。思与乡人处，如以朝衣朝冠坐于涂炭也。当纣之时，居北海之滨，以待天下之清也。故闻伯夷之风者，顽夫廉，懦夫有立志。"（《孟子·万章下》）可见，一个人不论贫富贵贱，即使穷困潦倒，只要具备高尚的道德情操，其行为和于仁德、高尚正直，死后也会为人所赞颂。

孟子与孔子一脉相承，认为君子终身之忧是不能死而不朽。《孟子·离娄下》中说："君子有终身之忧，无一朝之患也。乃若所忧则有之：舜，人也，我亦人也，舜为法于天下，可传于后世，我由未免为乡人也，是则可忧也。"那么，如何才能消除这一忧患，达到死而不朽呢？《孟子·梁惠王下》认为，"君子创业垂统，为可继也。"君子有垂创之举，即为不朽。

不论孔子还是孟子，在认识到死亡的不可抗拒性后，都不主张任其自然，无所作为，而是强调与死亡抗争，在有生之年要奋发努力，建功立业；即使在衰暮之年，当死亡即将到来时，也仍要"发愤忘食，乐以忘忧，不知老之将至。"（《论语·述而》）通过发奋努力，建功立业，从而名垂青史，这就超越了死亡而达到永恒。孔孟的这一思想对中国社会的影响是十分深远的。

（二）道家生死智慧

道家生死观在对"生"尤其是"死"的全面系统的论述中包含了贵生乐死、生死自然、生死必然、死而不亡等哲学理论，其中流贯着道家对个体生命的理性执著和对死亡困境的精神解脱。

1. 生死自然

《老子》十六章中说："夫物芸芸，复归其根。归根曰静，是谓静曰复命。"老子认为"道"是天地之本，造化之根，宇宙万物是"道"所化生。个体的死亡原是万事万物自然无为的生灭循环中的小小现象，如秋天落叶一般。而落实在生死问题上，就产生了具有中国文化特色的"落叶归根"思想。这包含两层意思，一方面说明生死自然，生死是一种自然现象；但另一方面也说明了宇宙为万物之母，人在生老病死之后，自然回归母亲大地的怀抱。

《庄子·至乐》中曾这样记载："庄子妻死，惠子吊之，庄子则方箕踞鼓盆而歌。惠子曰：'与人居，长子老身，死不哭亦足矣，又鼓盆而歌，不亦甚乎！'"庄子曰："不然。是其始死也，我独何能无慨！然察其始而本无生，非徒无生也，而本无形，非徒无形也，而本无气。杂乎芒芴之间，变而有气，气变而有形，形变而有生，今又变而之死，是相与春秋冬夏四时行也。人且偃然寝于巨室，而我噭噭然随而哭之，自以为不通乎命，故止也。"①这里描述的是，庄子之妻去世的时候，惠子去吊丧，看到庄子正蹲着"鼓盆而歌"，惠子便责难他说："住在一起这么久了，她为你生儿育女，现在老而身死，不哭也罢了，还要敲着盆子唱歌。这岂不太过分了吗？"庄子却有他的道理，他说：她刚死，我怎能没有感慨呢！可是我经过仔细省察以后，便明白她本来是没有生命的，不仅没有生命，而且还没有形体，不仅没有形体，而且还没有气息。在若有若无之间，变而成气，气变而成形，形变而成生命，现在又变而为死。这样生来死往的变化，就好像春夏秋冬四季的运行一样，全是顺着自然之理。她本身静静地安息于天地之间，而我还在哭哭啼啼，我以为这样对于生命的道理是太不通达了，所以不去哭她。庄子认为人的生命是由于气之聚，人的死亡是由于气之散，他的这番道理，姑且不论其科学与否，就以他对生死的态度来说，便远在常人之上。他已经摆脱了鬼神摆布人类生死命运这种思想，只把生死视为一种自然的现象，认为生死的过程不过是像四时的运行一样。

2. 生死必然

庄子思想中的"命"作用范围相当广泛，不仅决定了人的生死自然大限，而且预定了人的一生在社会生活中的伦理关系和贫富穷达的遭际。

《庄子·德充符》中说："死生存亡，穷达贫富，贤与不肖，毁誉、饥渴、寒暑，事之变也，命之行也。"只是，这种必然性在庄子那里，是一种感受或模糊的意象，而不能成为有具体的内涵规定和理智地把握的认识对象，故《庄子·达生》中写道："不知吾所以然而然，命也。"这种必然性对于庄子来说，只是一种外在的必然性。庄子要告诉世人的是，人生在世，我们根本不必为这些变化动心，更不必为这些变化动气，然后才能以无心之心顺应自然，以平常心面对变化。

---

① 陈鼓应.庄子今注今译［M］.北京：中华书局，1983：450.

3. 生死一体

《庄子·知北游》中说："死生有待耶？皆有所一体。"即从天地自然大化流行的世界观来看待生死问题。他指出："夫大块载我以形，劳我以生，佚我以老，息我以死。故善吾生者，乃所以善吾死也。"（《庄子·逍遥游》）因此，"生也死之徒，死也生之始，孰知其纪！人之生，气之聚也。聚则为生，散则为死。若死生为徒，吾又何患！故万物一也。是其所美者为神奇，其所恶者为臭腐。臭腐化为神奇，神奇复化为臭腐。故曰：'通天下一气耳。'"（《庄子·知北游》）以上皆表明，生死本为一体，何来分别？

庄子也说"人生天地间，若白驹过隙，忽然而已。"此言生命瞬息即逝，没有质的稳定性。因此，任何事物都处于刚生即死，刚存在即不存在，刚肯定即否定的状态，所以，生与死，可与不可的差别和界限是无法确定的，于是得出了"以死生为一条，以可不可为一贯""凡物无成与毁，复通为一"的结论。那么，如何理解这句话呢？简单地说，一切事物都处于变化之中，这一刻的事物与前一刻的事物是不同的。在每一刻，都有"旧的我"死去，"新的我"产生。这与万物之所以运动的道理是一样的，正因为运动时物体在同一时刻是既在这一点，又不在这一点，物体才得以运动。同理，万物只有在每一时刻方生方死，物才最终会出现大变化。我们每个人都是从一个只会在地上用四肢爬的小婴儿变成强壮的青年，再变成老人，若非每时每刻我们都在变化，我们又怎么完成最终的大变化呢？所以说，万物方生方死。

4. 贵生乐死

道家思想在生死问题上，还表现为"重生贵生""全生贵生"。《老子》第五十章中写到："出生入死。生之徒，十有三；死之徒，十有三；人之生，动之于死地，亦十有三。夫何故？以其生生之厚。盖闻善摄生者，陆行不遇兕虎，入军不被甲兵；兕无所投其角，虎无所用其爪，兵无所容其刃。夫何故也？以其无死地焉。"意思是，人们出生之后，能长寿者约有百分之三十，短命夭折者约百分之三十，本来可生、自己踏入死地的也有百分之三十。这说明，老子并不认为生死是定数，所以这最后的百分之三十，等于自行"寻死"，并非命中注定。按佛家说法，即使自杀寻死，也是轮回中命定的结果；按儒家说法，生死有命，"自杀"寻死也是命中注定的，别人无法挽救。可老子却不这么认为，所以老子很强调"摄生"、养生之道，并且认为这些真的有用，足以延长寿命，而非宿命。"善摄生者，陆行不遇兕虎，入军不被甲兵"只因"其无死地"，老子认为，善于养生的人，根本就不会进入致死的境地。从科学角度的而言，这似乎不太可能，因为在陆地上遇到老虎，在敌营中碰到兵刃，怎么可能逃生？但在这里，老子是一种象征性的比喻，说明精神修养的重要性，即能透过深厚的智慧，看透人生，看穿生死。所以，任何挫折、打击，对人都无法伤害，反而能够愈挫愈勇。后来，民间道教信仰，根据这些篇章，发展出来练气功、炼丹等长生不老术，或外力不伤术，并假托老子为师，其实并非老子本意。老子本意，是在面对万物变换，面对生死无常时，能够心怀大道，胸襟豁达，然后才能看破生死，克服种种挫折。

当然，道家强调养生之道，相信通过自然养生，仍然可以长寿。根据老子之说，虽然有些人天生长命，但也可能因为未珍惜而伤身；有些人可能天生体质虚弱，但是仍然可以透过养生之道开朗精神、延长生命。此中哲理，在于提醒人们应该珍惜生命、善养精神，并且顺应自然、虚静淡泊，具有重要的启发性。

5. 生死超脱

彻悟生命的形成以及本质构成，使人之心灵与天地周流不息的大道和通为一，不喜于活，不悲于死，顺物而化，力求解脱人世欲望的枷锁，让生命在绝对自由的"逍遥"中，领略生死齐一的洒脱。《庄子·齐物论》中说："至人神矣：大泽焚而不能热，河、汉沍而不能寒，疾雷破山、飘风振海而不能惊。若然者，乘云气，骑日月，而游乎四海之外。死生无变于己，而况利害之端乎！"圣人是能够把事物都囊括于胸、容藏于己，进入物我两忘境界的，他们可以驾驭云气，骑乘日月，在四海之外遨游，故而死和生对于他本身都没有变化。"真人"是道家理想的人格，能具有不悦生、不恶死的超然态度，最后达到"天地与我并生，万物与我为一"，与至人同真、与神人同精、与天人同宗的超然境界。

（三）佛教生死智慧

"了"为"了断""消解"之意。"生"者何？"死"者何？又何能"了断"？这是佛教要解决的核心问题。

1. 人生之"空"

明代悟空大师的《万空歌》唱道："金也空，银也空，死后何曾在手中；权也空，名也空，转眼荒郊土一封。"

《红楼梦》的《好了歌》中写道：世人都晓神仙好，惟有功名忘不了！古今将相在何方？荒冢一堆草没了。世人都晓神仙好，只有金银忘不了！终朝只恨聚无多，及到多时眼闭了。世人都晓神仙好，只有娇妻忘不了！君生日日说恩情，君死又随人去了。世人都晓神仙好，只有儿孙忘不了！痴心父母古来多，孝顺儿孙谁见了？

这首《好了歌》形象地刻画了人类社会的人情冷暖，世事无常。世间万物虽好，却终究生不带来，死不带去，固此，"好"最终还是得"了"，揭示了人生无常、万法皆空的超越性智慧。

首先，人生无常。世间万法，乃因缘和合而起，缘聚则生，缘尽则灭。世间一切现象，都处于不断的迁流转变中，没有恒常的定性。人生也是如此，从人的生命到人的生活中拥有的一切，只不过是因缘和合的一种"偶遇"，缘尽之时也就相互散去了。

其次，人生空幻。既然世间一切现象皆是因缘所生，刹那生灭，那么也就不会有质的规定性和独立实体。假而不实，佛教讲空，又作"无我"，世间万法都是因缘和合而成，不论物质上和精神上都没有一个独立不变、自作主宰的实体，是为"诸法无我"。佛经中有一则广为流传、寓意深刻的故事，说明世间一切如水泡，虚幻不实，生灭不定，难以执持的道理：古时候有一位公主，在大雨过后迷上了庭院积水中绮丽多彩的浮泡，便要求国王取水泡串成华缦来做装饰。国王解释说水泡虚幻，乍生乍灭，不可执持。但公主执意必得，以自杀相逼。国王无奈，遍召巧匠而不得。后有一老者，让公主自己选取中意的水泡，然后替她串。公主屡取屡破，心生烦乱，渐渐悟出水泡虚幻不可执，而舍弃此事。从佛教的观点看，现实中的人们正像这位公主，看不到人生"空"的本质，犹如公主看不到水泡的虚幻；而执着于现实的拥有，对生命、财富、地位、享乐孜孜以求，犹如公主执意串取水泡；而失去现世生活的痛苦，犹如公主取不到水泡宁可自杀。假如人们能看清，人生的一切快乐乃至于人的生命都是如梦、如幻、如泡、如影，虚而不实，不可执持，一切烦恼都从"有我"起，"有执"起，就会采取"放弃"态度。既然我都是不存在的，都是空的，那么又何必执着于我呢？既然我的地位财富、情爱喜乐乃至一切现象都是虚幻不实的，那么又何必执着于生的享乐和拥有呢？

2. 人生之"苦"

人生天地间，有肉身与精神，有生命与生活，是为"生"。可"生"的过程实在多艰：要谋生、要立业、要舒适与快活。由"身"派生出的"生"之欲求往往又是无穷无尽的，由是，使人之生命过程与生活的经历充满着诸种苦涩。而且，人既然"有生"，必会"有死"，它像时刻高悬在人头上的利刃，随时随地会落下切断人的生命，使人归于腐土，这就更让人生过程中充满了一种无可奈何的悲剧气氛。似乎人一生的努力、一辈子的奋斗，就是为步入坟墓做准备，而由"死"引发的人之焦虑、恐惧更增添了人生的痛苦。

佛教认为，要了断"生"的烦恼，就必须去消解"死"的威胁；要了断"死"的痛苦，亦必须消解"生"的执着。在世俗人看来，人生在世，有数不清的好处与享乐：财富的聚集；山珍海味的饕餮盛宴；娇妻美妾的销魂，权高位重的威风，等等，故而多沉溺于的人生功利欲望的求取中。但是，每个人只要稍稍静心默想，回首往事便可发觉：世间虽有那享不尽的荣华富贵，可自己又遂了多少愿欲？世间纵有无限温柔娇媚，可自己又获得了几许？倒是一辈子吃尽了苦头，极尽了波折，充斥着悲伤离合痛苦的酸楚。

所以，佛教告诉世人生活之真相——"苦谛"：生苦、老苦、病苦、死苦、怨憎会苦、爱别离苦、所求不得苦、五阴盛苦。实际上，"生老病死""爱别离""怨憎会""求不得"等诸般苦楚都可归因于"五阴盛苦"。"五阴"，指色、受、想、行、识。"色"者，指外界的万事万物；"受"者，是人对世间万物、人间万事的感受；"想"者，为人受外界刺激引发的念头；"行"者，是人在现世生活中的各种行动；"识"者，为人对外界事物形成的看法与见识。在佛教看来，世间万物并无实相，即生即灭，因缘和合，但人们却执着于万物（"色"），感受万物（"受"），求取万物（"想"），于是汲汲于各种功名利禄、享受等诸般活动（"行"），并最终形成各种各样难以满足的想法与愿望（"识"）。这样，怎不"造做"出人之生老病死诸苦？怎不引发求不得、爱别离、怨憎会诸苦？所以，人生在世才会觉得痛苦无限之多。但若仔细思量则可发觉，一切所谓实在的事物，以及引发人们求取的行为无不起于人之心理的反应与愿欲，若窒灭反应之心灵与求取之愿望，就会消除了引发人之痛苦的原因，而且即便有痛苦，人们也不会有任何感受，这岂不就无痛苦了吗？所以，佛教认为，一切人生之痛苦，人死之痛苦，均可归为人之"烦恼"，人之"惑"，佛法的作用就在断灭人之"烦恼"，就在于"解除"人之"惑"。

当然，要除去"烦恼"，要"解惑"，从而"消解"人之生老病死等诸般苦，就必须进一步剖析其产生的根源，于是佛家再论及痛苦的缘由，并取名"集谛"。人有眼耳鼻舌身意的"六入"，故而有"物执"，即对世间万事万物的追求、执着；而人又会泛起乐想思爱之欲望，故而有"我执"，即对享乐愉悦销魂的迷恋和贪求。"物执"与"我执"产生各种"染污"，导致人的各种"恶行"，是为"造业"，于是便产生各种"苦果"，使人之生必然要遍尝诸般痛苦。那么，人又如何会贪恋万物，以至产生"物执"与"我执"，导致人生诸苦呢？佛教认为，由人之"无明"而起。所谓"无明"，即人们缺乏洞悉万事万物真实面目的智慧，以至于相信宇宙万物是实有的，故而可以无穷尽地去攫取；又相信"我"是实有的，故而陷于贪婪愿欲无穷之中，如此必不能"出离生死牢狱"。在佛家看来，世间一切，乃至"我"本身，都为"无常"，并非实在的永恒存有，而是在时间上刹那生灭变迁流转，在空间上因果相续、因缘和合，无有常性。

人之有"老死"，是因为有"生"之故；若无"生"，安有"死"？但人之有"生"又是因其有"身"之故。有"身"则产生"我执"与"物执"，必贪恋世间万物与人间享乐。所以，人们必须看破万物之真相为"空"、为"无"；必须洞悉人生快乐乃"虚"、乃"伪"，直至看破红尘，了断了"人生"，终则了断了"人死"。

3. 生死责任

佛教提倡慈悲济世、普渡众生，以出世之精神做入世之事业，以"我不入地狱谁入地狱"的自我牺牲精神，能住涅槃而不住涅槃；以"无缘大慈""同体大悲"的情怀，发菩提心，行菩萨行；以济人的"方便"，渡尽天下苦难之众生。

所谓"慈悲"，愿给一切众生安乐叫作慈；愿拔一切众生痛苦叫作悲。大乘佛教强调，人人皆有生死，万物皆有生灭，故人人平等，万物平等。因此，应观一切众生与己身同体，而生起拔苦与乐、绝对平等之慈悲心，是谓"无缘大慈""同体大悲"。故而，大乘修行者应在证得圣果之后，以自己的言传和身教，奉献自己的余生，救渡众生脱离苦海。菩萨，是梵语"菩提萨埵"的略称。"菩提"意为觉悟，萨埵比曰众生，故以智上求菩提，用悲下救众生。所以，"菩萨"即觉众生意，其地位仅次于佛，远远高于阿罗汉。佛教主张以四无量心来度众生，即一慈二悲三喜四舍。言无量者，无量有情为所缘故，行无量福故，感无量果故。"慈无量心，利益众生，给予欢乐之心（予乐）；悲无量心，拯救众生脱离苦难之心（拔苦）；喜无量心，见到众生离苦得乐而生欢喜之心；舍无量心，对众生一视同仁，舍憎舍爱，怨亲平等之心。大乘菩萨发菩提心，怀慈悲情，具般若智，其菩萨行之真精神在于：自渡渡他、自觉觉他、自利利他，上求菩提，下化众生。地藏菩萨"地狱不空，誓不成佛，众生渡尽，方证菩提"的弘大悲愿；观音菩萨，只要有遇难众生诵念其名号，"即时观其音声"前往救助的力行，正是菩萨大慈大悲、利益众生的生死超越精神。

4. 生死追求

大乘佛菩萨为渡尽众生，而讲求"方便济众"，为天下之苦难众生，建构具体美妙的佛国净土，并提供简单易行的"念佛"法门。净土，"净"乃清洁、洁净之意。净土是指依诸佛之誓愿而成立的清净庄严的国土，是佛、菩萨和佛弟子所居住的理想世界，因无烦恼污秽，故云"净土"。大乘佛教认为，佛有法、报、应三身，十方世界有无量诸佛，所以世界上也存在着无数的净土。西方极乐净土即是依法藏菩萨所发的誓愿而建的，在我们所在的西方，故称西方净土。西方净土安乐、祥和，所以又叫极乐净土。

佛教认为，人们在现实世界中的痛苦与烦恼，在西方极乐世界中荡然无存。此岸世界的三灾八难之患，辛勤劳作之累，生死轮回之苦，在那里都烟消云散，化为乌有。故《无量寿经》有云："众生所愿乐，一切能满足，是故愿生彼，阿弥陀佛国。"按照诸经的说法，转生至"极乐世界"的方法极为简单，只要发愿皈依佛法，一心专念"阿弥陀佛"的名号，死后即可往生该处。实际上，众生可取三种方式转生到极乐世界之中：第一种是出家做沙门；第二种不用做沙门，但修功德；第三种只一心念佛，若诚心不断念诵阿弥陀佛的名号，临命终时，也可往生极乐。

二、西方生死观的借鉴

就西方而言，自古希腊以来，生死问题便以一种朴素的、直接的方式显现出来，生与死的对立也就是"活东西"与"死东西"的对立，但哲学家却仍然孜孜不倦地在这种"对立"背后寻找"永恒"。段德智先生认为，对于死亡哲学的探究不应该仅仅停留在静态的个案研究上，而应该将其视为一个在发展中的系统来加以动态考察。因此，他将西方死亡哲学分为四个阶段：即死亡的诧异、死亡的渴望、死亡的漠视和死亡的直面。①在"死亡的诧异"阶段中，人们只是用自然的眼光来审视死亡，侧重探讨诸如人的有限性、无限性等死亡之本性问题。例如阿那克西曼德就认为凡是产生出来的东西都会消灭，而一切毁灭都是有限的，"无限"本身就是始基，同时也是其他事物的本原。赫拉克利特认为作为生命本原的永恒燃烧的"活火"是不生不灭的。在"死亡的渴望"阶段，人们不是用自然而是用宗教的眼光来看待死亡，将死亡视为实现永生的必然途径。如《圣经·约翰福音》上说："神爱世人……叫一切信他的，不至灭亡，反得永生"。在"死亡的漠视"阶段，人们开始用人的眼光来看待死亡，并进而对死亡进行形而上学分析。如黑格尔便从绝对精神出发来看待死亡问题，他指出："精神的生活不是害怕死亡而幸免于蹂躏的生活，而是敢于承当死亡并在死亡中得以自存的生活。"②在"死亡的直面"阶段，人们重新将死亡作为人生基本问题提了出来，最为典型的就是海德格尔关于死亡的论述。海德格尔将死亡视为"此在"最为本己的可能

---

① 段德智.死亡哲学［M］.武汉：湖北人民出版社 1996.7：9–11.
② ［德］黑格尔.精神现象学（上卷）［M］.贺麟，王玖兴译.北京：商务印书馆，1979：21.

性，他认为："只要此在存在，它就始终已经是它的尚未，同样，它也总已经是它的终结。死所意指的结束意味着的不是此在的存在到头，而是这一存在者的一种向终结存在。死是一种此在刚一存在就承担起来的去存在的方式。"①

（一）古希腊罗马哲学的生死觉察

生死问题在希腊时期已得到重视，希腊哲学家对生死的看法，反映了当时的生活状况，生死问题影响人们的人生态度和生活方式，构成希腊人生哲学的一个重要组成部分。叶秀山先生指出："在古代人的原始的观察中，有一个明显的经验事实：世界上有的东西是'死的'，有的东西是'活的'。这个区别对有意识、有思想的人来说之所以显得如此重大甚至如此触目惊心，是因为'活东西'和'死东西'的转化，将使人不可避免地失去亲人、朋友，最终失去自己。……在某种意义上说，'生'（活东西）'死'（死东西）问题是人类遇到的第一批重大理论问题之一。"②

多数自然哲学家一般都认为作为生命的最初本原、始基，是不生不灭的，是永恒的。例如，阿那克西曼德就认为，凡是产生出来的东西都要消灭，而一切毁灭都是有限的，"无限"本身就是始基，同时也是其他事物的本原。赫拉克利特认为，作为生命本原的永恒燃烧的"活火"是不生不灭的，体现出他对永恒的追求，他否认宇宙间是静止和常住不变的，他认为这种状态也包含着死亡；万物是不断"流变"的，即是运动的，永恒的事物永恒地运动着，暂时的事物暂时地运动着。赫拉克利特在对待死亡的问题上与他对待灵魂的看法一样，似乎让人难以捉摸。万物都在不断向自己的对立面"流变"着，因此他说："不死的是有死的，有死的是不死的：后者死则前者生，前者死则后者生。"③他还说："在我

---

① ［德］海德格尔.存在与时间［M］.陈嘉映，王庆节译.北京：生活·读书·新知三联书店，1999.12：282.

② 叶秀山.苏格拉底及其哲学思想［M］.北京：人民出版社，1986：87-88.

③ 北京大学哲学系、外国哲学史教研室编译.古希腊罗马哲学［M］.生活·读书·新知三联出版社，1957：24.

们身上，生与死，醒与梦，少与老，都始终是同一的东西。后者变化了，就成为前者，前者再变化，又成为后者。"①这都是"万物流变"思想的生动体现。阿那克萨哥拉认为，万物的生灭只是由于结合和分离，此外并无其他意义的生灭，万物是永恒存在的。在古希腊人看来，世间的一切事物——无论是山川、海洋、大地、森林等等都是有生命的，它们都拥有着自己的灵魂。毕达戈拉斯也认为灵魂的理性部分是不死的，与其主张的"灵魂轮回"说密切相关。这一观点的目标是从"生死轮回"中解脱出来，因此要"净化灵魂"，这与奥尔弗斯教极为相似。他认为，"下界的空气是不动的，不卫生的，浸沐在其中的一切都会死亡。上界的空气则相反，永远是运动的，是纯洁的，卫生的，浸沐在其中的一切都是不死的，因而是神圣的"。②

由此我们可以得知，苏格拉底等哲学家在对待生死问题上，虽然说法大不相同，而且或许同一个哲人的思想也会有不相一致之处，但大体都具有一个共同的特征：将生死问题与外在的自然物相联系，他们首先将眼光投入自然的领域，"在那些最初进行哲学思考的人们中，大多数都认为万物的本原只是质料之类的东西。一切存在着的东西都由它而存在，最初由它生成，在消灭时最终回归于它"。③他们认为，生命的最终原因在自然中可以找到答案。亚里斯多德认为，早期哲人对生命最初本原的探讨大都是从有形体的东西开始的，虽然早期希腊哲学派别的思想各异，可谓"百家争鸣"，但一般都将自然中的某种物质的形态当作世界生命产生的本原，以说明世界万物的多样性和统一性，并解释他们的产生与变化，比如"火""水""气""土"等，希望能通过对物的分析导向对生死问题的解答，以求灵魂的宁静、生命的永恒。

---

① 北京大学哲学系、外国哲学史教研室编译.古希腊罗马哲学［M］.生活·读书·新知三联出版社，1957：27.
② 北京大学哲学系、外国哲学史教研室编译.古希腊罗马哲学［M］.生活·读书·新知三联出版社，1957：34.
③ 苗力田.亚里士多德选集，形而上学卷（第一卷）［M］.北京：中国人民大学出版社，2000：12.

苏格拉底认为，自己并没有关于死后的知识，他对死亡做出两种推测，他认为死亡无非就是这两种情况之一：其一，死亡或者是一种湮灭，毫无知觉；其二，死亡或者如有人所说，是一种真正的转变，灵魂从一处移居到另一处。一方面，如果人的死亡如第一种情况而言，人在死的时候毫无知觉，而只是进入无梦的睡眠，那么死亡将是一种奇妙的收获。另一方面，如果死亡如第二种情况所言，死亡就是灵魂从一处迁往另一处，如果所有死去的人都集聚在那里，那么在世上便找不到有比死亡更大的幸福了。既然死亡或者是"湮灭"，或者是"灵魂由一处移居到另一处"，而这两种情况都没有必要恐惧，那么在面临死亡时感到痛苦与害怕就是荒谬的了。

苏格拉底面对死亡是"无畏的"。他认为一个真正把一生都贡献给哲学的人在临死前感到欢乐是很自然的事情，并且他相信自己能够在另一个世界找到最伟大的幸福。对于苏格拉底来说，追求好的生活远高于生活本身。他关心的并不是世俗的种种欲求，而是灵魂的完善，在他看来，灵魂的完善、健康比身体更加重要。死亡在苏格拉底那里并不是痛苦的事情，反而可以称得上是快乐的事情，因为灵魂摆脱了身体的束缚，获得了永恒与不朽，这正是哲学家所要追求的事情。而对于现代的人们来说，死亡意味着"丧失"，缺乏的正是这种信念，他们被眼前所拥有的一切所羁绊，而没有释放自己的灵魂。

柏拉图认为，对于灵魂与身体来说，要使身体活着，身体需要呈现灵魂，无论何时灵魂占据了某个身体，它总是给肉体带来生命。生命的对立面是死亡，灵魂不会接纳与之相伴的对立的事物，不接纳死亡的是不朽，灵魂不会接纳死亡，所以灵魂是不朽的，也是不可灭的。当一个人死亡的时候，死去的只是他的可朽部分，但是他的不朽部分则是不可灭的，是永恒的，这不朽的部分便是"灵魂"。灵魂在不受伤害地摆脱肉体之后，将启程去天堂的幸福之国。灵魂是与神圣的、不朽的、理智的、统一的、不可分解的、永远保持自身一致的、单一的事物最相似，而身体则是与凡人的、可朽的、不统一的、无理智的、可分解的、从来都不可能保持自身一致的事物最相似的。垂死者的灵魂从肉体中解脱出来的时候是纯洁的，并且去了另一个地方，出现在善的和智慧的神面前。唯有爱智的人才能使其灵魂展开丰满的羽翼而向上界飞升，从而震颤于美与善的本体，而不是任由那匹不听话的劣马向下沉降，去迷恋于下界的梦幻泡影。

由此出发，我们可以得知，在柏拉图那里，哲学的爱智与死亡的实践密切相关，死亡无非是一种使永恒的灵魂从身体中"开释"的必然途径而已。正是由于死亡本身，灵魂才能真正自身思考，并由此获得真正的智慧。他指出，"那些以正确的方式真正献身于哲学的人实际上就是在志愿地为死亡作准备。如果这样说是正确的，那么他们实际上终生都在期待死亡，因此，如果说他们在这种长期为之作准备和期盼的事真的到来时感到困惑，那么倒确实是荒谬的。"①因此，一名真正的智慧爱好者，一名真正的哲学家，在死亡的时候是不会感到悲哀的，因为他们坚信只有在死亡之后才能发现纯粹的智慧。如果一个人在死亡的时候感到悲哀或者害怕，那么这个人肯定不是智慧的爱好者，而只是爱自己的身体，然而，"真正的哲学家为他们的信念而死，死亡对他们来说根本不足以引起恐慌……如果他们对身体完全不满，想使他们的灵魂独立于身体，而当这种情况一旦发生了却又感到惊慌和悲哀，那岂非完全不合理吗？如果能够出发前往某处，在那里能够获得他们终身期盼的东西，亦即智慧，能够逃离一种不受欢迎的联系，他们难道不会自然而然地感到高兴吗？"②在这里，柏拉图以一种哲学的高度审视着死亡，让死亡已不再只是一种自然的事件，而是表征着更为深层次的意涵，即灵魂重返于理念世界。真正哲学家的使命就在于追求这种理念的永恒之光，在于追寻真、善、美的本体，而这种追求与探索的过程就是提升自己灵魂的过程，就

---

① ［古希腊］柏拉图.柏拉图全集（第一卷）［M］.王晓朝译.北京：人民出版社，2002：60.

② ［古希腊］柏拉图.柏拉图全集（第一卷）［M］.王晓朝译.北京：人民出版社，2002：65.

是死亡的过程，哲学就是死亡的练习。

（二）中世纪基督教哲学的生死认知

人为什么要来到这个世上？死后又归往何处？这是一个终极性的问题，也是人们百思不得其解的困惑，因为世上所活着的人不可能知道死后的世界，死亡就这样被悬置起来了，犹如"黑洞"。基督教作为一种宗教，它对"生"与"死"有着独特的见解和认识，其中蕴藏着丰富的生死智慧，对于我们今天掀开覆盖于层层神秘幔幕之后的生死困境，以一种超越的智慧观照现代人的生死问题，有着重要的参考价值。

1. 生从何来？死往何去？

世上所活着的人不可能知道死后的世界，即使现代技术再发达，即使有很多成功案例来证明人死后的镜像，但仍然令人无法信服。生从何来？死往何去？这一重要问题在基督教经典《圣经》第一章节"创世记"便作了解释。《圣经》认为，世间所有的生命都是由上帝创造的，人类的生命亦不例外。上帝不仅赐予人类生命，同时也主宰着人类命运，"凡活物的生命和人类的气息都在他手中"。（《约伯记》十二；10）《圣经》认为生命是属于上帝的，没有人有权力掌管自己的生命，也没有人有权力掌管自己的命运。

人类存在的依据及其价值都在于上帝。"没有一个人为自己活，也没有一个人为自己死"。（《罗马书》十四；7）基督教认为，人活着，是为上帝而活；死了，也是为上帝而死。因为人或活或死，总是上帝的人。那么，由此智慧之关照，死亡也就变得并不可怕，而是皈依上帝的必经之路。在人生的日子满足之后，自然要离开尘世，死后肉体与灵魂分离，肉体由于本是尘土（上帝用尘土造人），所以死后仍归尘土，而灵魂则复活后归入永远的家，即上帝之家（天国）。生死的两极，基督教以一种特殊的方式来解答。生由上帝，死由上帝，故生无所扰，死无所惧，"有限"与"无限"在此统一，生命由此变得轻盈而淳厚，死亡由此变得神圣而永恒。

2. 生命有何价值？死亡有何意义？

人生在世，是否具有价值？当一个人面对死亡的时候，这个问题便在脑海中凸显出来了。在世人看来，生命是很精彩的，但再精彩的一生也要以死亡告终，这是一个残酷的事实，死亡会将所有的一切在一瞬间消失殆尽。"活着的人知道必死……他们的名无人记念……在日光下所行的一切事上，他们永不再有份了。（《传道书》九；5～6）。这种对死亡的虚无感，越加增添了人们对死亡的恐惧，同时也愈加显现了世人生命的局限性和短暂性。生命如同白驹过隙，一晃而过："早晨他们如生长的草，早晨发芽生长，晚上割下枯干。"（《诗篇》九十；5～6）然而从另一个角度来看，正是因为如此，也就更加彰显了生命的意义和价值。从基督教的智慧来看，世人应该珍惜上帝所赐予的生命，因为今世的生命，不管是辉煌也好，是痛苦也罢，都是上帝的恩赐，即使面临疾病、痛苦，甚至是死亡的时刻，都不应该失去对生活的意义和价值的信心，因为上帝的爱给予了生命以最大的意义，信主的人，必得祝福。耶稣基督来到世间，目的就是为了拯救世人，而且因为世人皆有罪孽，他借自己的死，来显示出生命的最大价值，即在于：替世人洗清罪恶。耶稣基督在死的时候，即使他忍受着嘲笑、痛苦，仍抱有极大的信心和慈爱，他心里想的仍是上帝和子民，仍在为世人开脱罪孽，仍在为世人祈求："父啊，赦免他们！因为他们所作的，他们不晓得。"（《路加福音》二十三；34）因此，基督教认为，活在世上的人也不再是为自己活，而是替他们死而复活的主——耶稣基督活。"我已经与基督同钉十字架，现在活着的不再是我，乃是基督在我里面活着；并且我如今在肉身活着，是因信神的儿子而活，他是爱我，为我舍己"，（《加拉太书》二；20）"惟有基督在我们还作罪人的时候为我们死，神的爱就在此向我们显明了"。（《罗马书》五；8）虽然死亡在任何人看来，都将意味着一种痛苦，一种毁灭，并且是一去不复返的，"我们都是必死的，如同水泼在地上，不能收回"，

（《撒母耳记下》十四；14）但即便是这样，对于基督徒来说，死亡的负面意义并不影响其更深一层的积极意义，既然上帝掌握人们的生死大权，那么人类的死亡也有其深刻的意义。在日子满足之后，经过死亡这条道路，从而摆脱了世间的一切劳苦、痛苦，将不再为世间的事劳烦奔波，而是带着洁净的灵魂，可以享受永恒的安息。

3. 爱在哪里？

《圣经》里多处谈及上帝的爱，认为爱是上帝最大的诫命。以基督教的观点，爱无处不在，无时不在。上帝用他的慈爱赦免人的一切罪孽，医治人的一切疾病，救赎世人的命脱离死亡，上帝以仁爱和慈悲为世人的冠冕。而上帝的慈爱是不求回报的爱，是爱邻如己的爱，是爱罪人、爱仇敌的爱，这样的爱充斥于世间的每一个角落，关照着每一个生命。因此，这种爱是伟大的，是无可比的爱，是联络全德的爱。"爱是恒久忍耐，又有恩慈；爱是不嫉妒，爱是不自夸，不张狂，不作害羞的事，不求自己的益处，不轻易发怒，不计算人的恶，不喜欢不义，只喜欢真理；凡事包容，凡事相信，凡事盼望，凡事忍耐；爱是永不止息"。（《哥林多前书》十三；4～8）正是上帝用这"永不止息"的爱与需要爱的人走在一起，救人们于苦难之中，让人们感受到上帝的恩赐与慈悲。

在基督教看来，上帝就是爱，信仰上帝，也同样就得到了上帝的爱。世人之所以充满爱，是因为上帝先爱世人："我们若彼此相爱，神就住在我们里面，爱他的心在我们里面得以完全了……神就是爱，住在爱里面的，就是住在 神里面，神也住在他里面。这样，爱在我们里面得以完全，我们就可以在审判的日子坦然无惧。……爱里没有惧怕；爱既完全，就把惧怕除去，因为惧怕里含着刑罚。惧怕的人在爱里未得完全"。（《约翰一书》四；12～18）爱存在于世人的信仰当中，存在于世人彼此之间。

4. 是否要有信仰？

人与动物最大的不同，就是人拥有智慧。人活着，必定有信念，既使他的信念并非宗教性的。人必须靠信念的支撑，去走自己人生的道路，如果说人世间的生活是帆船，那么信念就是舵手，它引导你的生活。基督信仰给世人带来的信息，是上帝的慈爱，而并非人们以为的惩罚。即使是病痛，也是上帝对人们的考验，应视为一种恩赐，这也更加显出了上帝的良善，上帝拯救人类的目的。所以，在基督教看来，死亡其实并不可怕，因为那是上帝的意思，生为基督，死也是为基督，人们应怀着一颗感恩的心灵去面对死亡。信仰基督，也就是信仰永生，信仰天国，今世的生活也只是过眼云烟，是上帝安排给人们的一步棋而已，而真正的生活应该是死后的生活，在上帝那儿的生活。因着信仰，世人对生活便有了信心，也正是因着信仰，对生命也更有了希望。

在基督教看来，信心的祈祷是大有功效的，可以让上帝听见人求救的声音，而赐予人平安，给人力量。受苦的人，可以祷告；有喜乐的人，应该歌颂。上帝有丰富的慈爱，赐给那些凡求告他的人，让他们感受到他的宽容和良善。耶稣也正是持着爱上帝的信仰，以足够的勇气走上十字架，忍受人们的讥讽，嘲笑，虽然世人对他的不理解，但是他仍旧满怀信心，因为他相信是神叫他这么做，去拯救世人。所以，基督教认为，凡世人信耶稣基督的，就都是从神而生的。"凡从神而生的，就胜过世界；使我们胜了世界的，就是我们的信心。"（《约翰一书》五；4）所以，死亡对于人类来说，并不是可怕的，因为死亡意味着有来世的生活，是美好的，不至于绝望；有上帝的关怀，是温暖的，不至于凄凉；而伴着永生的信念，上帝的慈爱，复活的期待，死亡将会是美好的。

5. 死是绝望的？

人之为人，其中一大特质便是人有理想的支撑，人们带着期望活着。"思考着未来，生活在未来，这乃是人的本性的一个必要部分"。活着的人们总是有所期待，可是当人面临死亡的时候，何来期望？那么死亡将意味着彻底的"绝望"。既便人们对死后世界的无知，会引起心理的恐惧，但是，同时他们也会怀着一种期待的心理去臆想死后世界的情形。

每一个人都希望能够在尘世生命结束后，仍能够继续过着一种生活，虽然不是尘世的。在基督教看来，耶稣基督死后复活的启示，告知人们死只是通往天国的一种渠道而已，没有死，也无从谈及新生。耶稣基督的死恰好击败了对死亡的恐怖，因为他的复活使死亡的威胁也变得脆弱无力。耶稣的复活坚定了人们的信仰，也给了人们希望，因而信了基督实际上也就等于信了复活，因为在基督里，众人也要复活。正如耶稣所说："复活在我，生命也在我；信我的人，虽然死了，也必复活。凡活着信我的人必永远不死。"（《约翰福音》十一；21～26）

基督教以它特有的生死观和精神面对人生与死亡，让人快乐地生，安宁地死。

（三）德国古典哲学的生死探索

黑格尔从绝对精神的境域去寻求死亡的本体论意义，认为死亡的本质就是绝对理念在自身发展圆圈中的必然环节：对于个体本身来说，死亡是个体生命进程的必然结果，正是死亡使个体扬弃自身的个别性而上升到一种真正的实体性存在；而对于遗族来说（黑格尔主要将这种遗族的角色定位在家庭成员之上），遗族不忍将死者丢弃为一种任凭低级物质力量所掌控的存在，而是将其从这种自然性的毁灭中拯救出来，使死者重新回到共体中并成为其中的一名成员。其实，家庭成员的这种意识行为正是基于家庭本身所具有的伦理实体的本质之上的责任行为。可见，黑格尔以一种感情冲动的方式来表述死亡，他认为不应该在死亡中寻找一种否定的意义，而更应该从伦理意义中去寻找一种与死亡相对应的责任心，应该从活着的人中去看待死亡的伦理意义。

其一，死亡的精神意义。黑格尔从其最高的预设——绝对精神的角度出发，认为死亡只不过是绝对精神发展中的一个必然的否定性环节。相对于绝对精神，死亡并不仅仅体现为一种自然的律法，并不只是生物学、医学、心理学或社会学上的概念，而是具有其自身精神意涵，具有一种创造性的力量，因为它是精神在其每一步辩证形成前的必然效应，也是迈向绝对理念必然进程中不可缺少的环节。死亡是精神本身所具有的自我扬弃的力量，而这种扬弃或者否定的力量可以说正是死亡的力量："精神只当它在绝对的支离破碎中能保全其自身时才赢得它的真实性。……精神所以是这种力量，乃是因为它敢于面对面地正视否定的东西并停留在那里。"①这就是说，精神不会因为它作为肯定的东西而对于否定的东西不加理睬，而是敢于承当死亡并在死亡中得以自存，敢于正视绝对否定的东西并停留在那里，并且将否定的东西化为存在。精神作为自在自为的意识，作为独立存在着的意识，其本身就是纯粹否定的力量。相对于这种力量来说，物是无物，所以它敢于面对自己的否定性，敢于面对死亡。生命从一开始就孕育着死亡的种子，生与死的对立在精神的辩证中得以和解。

其二，死亡的伦理意义。黑格尔主要是从存活者（家庭成员）中去看待死亡的伦理（精神）意义，重点在于强调遗族对死者所具有的责任——通过葬礼这种意识行动，使死者重新向实体回归。黑格尔认为，只要个体本质上是一个个别的人，那么他的死亡就只是一种偶然的自然事业，死者只是达到了一种空无的个别性，并且被动地归顺在物质力量的掌控之下。

但是，家庭作为自然的伦理实体，在其自身之内就是一种普遍的伦理本质，这种独特的伦理本质决定着家庭成员之间的关系就不仅是情感或者爱的关系，而是作为个别的家庭成员与作为实体的家庭整体之间的关系，通过家庭（血亲关系）所关涉的就只能是作为普遍物的那种个体，这种属于家庭而本身又具有普遍性的个体其实就是死了的人。因此，家庭决不允许死了的亲属毁灭于低级的物质力量，而是将这种必然的毁灭行动承担起来，使死者成为一名共体之中的成员。

于是，家庭成员的义务就在于将自我意识的行动添加进必然的死亡事件之中，将精神的意义赋予其中，以使死者不再受制于这种无意识的

---

① ［德］黑格尔.精神现象学（上卷）［M］.贺麟，王玖兴译.北京：商务印书馆，1979：21.

欲望以及抽象本质的行动的支配，以使死者最后的、普遍的存在不仅只属于非理性的、自然的东西，而是一种由家庭这个伦理实体的行动所创造出来的东西。这样，死者通过其家庭成员的意识行动，即伦理的现实行为而成为一个伦理共体的一名成员，这个共体将自然的事业打断，将那些曾想毁灭死者的低级的生命作用以及抽象的物质力量统统掌控起来，把已故亲属从这种毁灭中拯救出来，将他"嫁给永不消逝的基本的或天然的个体性，安排到大地的怀抱里"。①这便是葬礼所具有的最崇高的精神意义。

葬礼是一种象征行为，家庭通过这一象征行为，将死亡这种使个体变为纯粹存在的无可逃避的、必然的运动承担起来，从而使毫无力量的、纯粹的个别性上升为普遍的个体性（伦理实体性），使个体最后的普遍的存在也成为了一种精神回归于自身的存在，一种自在自为的存在。死亡作为使个体上升为普遍的这种运动（这种运动本身其实也包含在伦理共体范围之内）看起来像是自然的结果，而家庭的意识行动却将这种表面现象破除了，因为"具有自我意识的本质的安宁和普遍性真正说来并不属于自然"，②所以死亡的事件也并不是自然的行动结果。于是，家庭使死亡不再是一种抽象的自然现象，而成为一种精神事件，成为一种历史性的过程。通过葬礼，在世者将死者变成了一种活生生的记忆。家庭成员对死者的这种伦理义务就构成对于一个个体的肯定的伦理的行为。

（四）现代西方哲学中的生死直面

海德格尔认为死亡具有一种"向来我属性"，死亡在"我"毁灭的意义上，只是"我"的死亡，任何人都不能代替"我"的死，于是，死亡显示出一种最为本己性、为我性的特点。死亡是最不可能的可能性。人

---

① ［德］黑格尔.精神现象学（下卷）［M］.贺麟，王玖兴译.北京：商务印书馆1979：11.

② ［德］黑格尔.精神现象学（下卷）［M］.贺麟，王玖兴译.北京：商务印书馆1979：10.

的整个存在，人之所以成为其存在的方式，通过死亡得到确证。这样，人们在面对死亡的时候，总是表现为一种忧虑，一种恐惧。因为死亡对于"我"来说，是一种虚无，一种陌生。死亡是存在者走向其终结的存在。由于死亡，存在者完成了自身，死亡意味着：

其一，死亡是个体的"不再在此"，具有虚无性。死亡看成是一种本己的可能性，这种可能性就是生存之不可能的可能性，这表述了死亡是一种不再在世的可能性。其立足点是死亡本身是一种可能性。死所意指的结束意味着的不是此在的存在到头，而是这一存在者的一种向终结存在。死是一种此在刚一存在就承担起来的去存在的方式。"①因此，死亡不是存在到头，不是不再存在，而只是一种存在的可能性，这种可能性的实现就是不再有任何可能性。对于此在来说，只要它存在着，它就向来死着。

其二，死亡的"向来我属性"。死亡就是此在的最为本己的可能性，正是由于死亡的这种别具一格的可能性，从而使此在脱离常人而回到自己的"能在"中，这也就意味着死亡这种最本己的可能性是一种不可替代的、向来我属的可能性。死亡只是"我"的死亡，任何人都不能代替"我"的死，任何此在都必须以自身的方式来接受自己的死亡，因为死亡从本质上来说是"向来我属"并为"我"所担承的可能性，"死亡是此在本身向来不得不承担下来的存在可能性。"②

其三，死亡的"不可替代性"。死亡作为此在存在的一种损失并不能作为临终者所经验的那种临终到头而可以与"共死者"通达。在此意义上，存活者无法以一种"代理"的方式来经验到他人的死亡，死亡从本质上并没有代理，即便某人为他人赴死，那人也只是在操劳于某种确定的事业中为他人做出牺牲而已。因此，海德格尔说道："任谁也不能从他

① ［德］海德格尔.存在与时间［M］.陈嘉映，王庆节译.北京：生活·读书·新知三联书店，1999：282.
② ［德］海德格尔.存在与时间［M］.陈嘉映，王庆节译.北京：生活读书·新知三联书店，1999：288.

人那里取走他的死……只要死亡'存在'，它依其本质就向来是我自己的死亡。"①作为遗族也就"并不在本然的意义上经历他人的死亡过程，我们最多也不过是'在侧'"。②

　　其四，死亡的非本真性。在日常生活中，在常人的"沉沦"状态中，死亡存在一种暧昧：总有人要死去，但不是"我"。死亡的严重性以及紧迫性被延迟在生活的宁静之中。于是，死亡成了物质世界的一个事件，而自我与死亡的关系便呈现出一种逃逸的关系。进一步说，此在作为"常人"是从日常共处的公众意见中向其自身阐释"向死存在"的，而公众意见常常把死亡看成是不断摆放到眼前的"事件"，是作为一种"摆到眼前的事件来照面"③。对于这种"事件"，常人早已准备好了自己的解释："人终有一死，但自己当下还没碰上"。④这就是说，死亡虽然必定将要来到，但是在当下还保持一种不确定性，对于某一个自己来说还是"尚未现成"，因此死亡在当下并不构成威胁。死亡只是与"常人"照面，而不是"我"，"向来我属性"的、不可替代的死亡之本质在日常状态中却并不本己地归属于任何人，而是被曲解为不断摆放到眼前的与常人照面的偶然事件。这恰恰掩藏了死亡之最为本己的、无所关联的、不可逾越的可能性。这种"逃避"给常人带来一种操持上的安定，这种安定将此在从其死亡中排除出去，"畏死"成了对来临事件之前的"怕"，因此，常人对人终有一死这种事实总是一种漠然的态度对待之。"日常的向死存在作为沉沦着的存在乃是在死面前的一种持续的逃遁。"⑤常人赋予何时死亡的不确定性以确定性（把靠近日常的摆在眼前的诸种可能性与紧迫性

---

①　［德］海德格尔.存在与时间［M］.陈嘉映，王庆节译.北京：生活·读书·新知三联书店，1999：276.

②　［德］海德格尔.存在与时间［M］.陈嘉映，王庆节译.北京：生活·读书·新知三联书店，1999：275.

③　［德］海德格尔.存在与时间［M］.陈嘉映，王庆节译.北京：生活·读书·新知三联书店，1999：290.

④　［德］海德格尔.存在与时间［M］.陈嘉映，王庆节译.北京：生活·读书·新知三联书店，1999：290.

⑤　［德］海德格尔.存在与时间［M］.陈嘉映，王庆节译.北京：生活·读书·新知三联书店，1999：292.

堆放到死亡的不确定性之前），并且以这种确定性来逃避何时死亡的不确定。但随着死亡的逼近，"奇怪的是，所有原来用来遮蔽、掩盖、消灭有关死亡的想法的一切，现在已经不能再起到作用了，"我们将不得不"面对"死亡。

三、现代生死观的培育

随着现代科学技术的不断发展，人们对死亡的困惑与日俱增。克隆、安乐死、死亡标准……都给人们带来对死亡的极大困惑。"克隆"似乎与现代的人们开了一个很大的玩笑，古人的"长生不死"的愿望总算"实现"了，人可以"复活"，生命达到"永恒"。可是，克隆的我是真正的"我"吗？人们需要婚姻及家庭吗？生是什么？死亡又是什么？诸多问题尚待回答和解决。同样，"安乐死"也造成了众多道德的争论："安乐死"是善？是恶？是尊重？自杀还是他杀？人们的生命权利可以自动放弃？无可定论；还有所谓的"脑死亡"也即是死亡标准问题的出现，也给人们造成对死亡的困惑。也许，随着科技的进一步深入发展，一种新的死亡标准又将取代当前的死亡标准，那么怎么样才算真正死亡？这些问题都在悬设着，人们对死亡的无从认知。由于人们对死亡认知的困惑，导致人们在对待死亡的态度上，也面临着相当的困境，而对死亡的看法更加负面。现代科技的日益进步，人们对事物的看法也更加科学化，在现代人的心中，信仰的领地似乎愈来愈小。"死亡"在现代人看来，将意味着完全的丧失和湮没，"死"意味着"无"，不仅自己所拥有的一切都将离自己而去，就连当世"我"都变成了不存在，主体的我将"没有"了。因此人们对死亡的恐惧、害怕便油然而生。死亡使生命极限之虚无被突显出来，它无情地割断了时间的进程，为生命划出界限，昭示着有限的、注定要死的人永远只能是一个偶然的存在物。面对死亡,现实生活和人存在的一切有意义、有价值的东西,将可能被无意义和无价值从根本上置换。现实生活和人的存在的根基、终极意义将被混乱、虚无所占据,人们显得更加束手无策。

（一）迷信陋习的积极破除

殡葬改革中,需要对某些迷信陋习予以破除,但并非等同于斩断传统,或者将传统等同于陋习,而应该去伪存真,去其糟粕、取其精华。近年来,在相关部门的大力倡导、宣传下,文明殡葬祭祀、生态安葬、网络祭奠等现代殡葬理念日益深入人心,文明节俭、厚养礼葬新风尚成为丧葬活动的主流,厚葬之风、治丧扰民、焚烧祭品、燃放爆竹、迷信陋俗等旧习俗得到了一定的改善。

1.卜筮之说

传统社会对丧礼的注重,除了表达对亡者的哀伤、不舍等诸多情感,还有一个非常重要的功能,即一方面对亡者的灵魂予以安顿,另一方面则使子孙后代得以安宁。因此,卜筮阴宅、卜吉葬日等就成为葬礼之中的重要环节。但是,对于风水之术、灵魂之说,自古以来,就存在诸多争议。司马光在《书仪·丧仪》中说道:"凡人所贵身后有子孙者,正为收藏形骸耳。其子孙所为乃如此,曷若初无子孙,死于道路,犹有仁者见而瘗之邪耳,彼阴阳家谓人所生年月日时足以定终身禄命,信如此所言,则人之禄命固已定于初生矣,岂因殡葬而可改耶?是二说者自相矛盾,而世俗两信之,其愚惑可谓甚矣,使殡葬实能致人祸福,为人子者岂忍使其亲臭腐暴露,不殡葬而自求其利耶?悖礼伤义,无过于此。"文中首先反对命相之说,认为如果出生年月可以定人命运,那么通过殡葬来改运岂不是自相矛盾?因此,殡葬可以左右后人的福祸之说同样也是毫无道理的。而且,由于人们出于对这种风水的笃信,以至于迟迟不安排下葬事宜,甚至出现逝者尸身被"水火漂焚""投弃"等更糟糕的状况。除此之外，还可能因为风水问题而多次迁葬，以及竞相抢购风水宝地等陋俗。然而，这种"看风水"、选好墓的做法，在现代社会依然存在，这也是现代殡葬改革重要的改革方向之一。

2.焚烧纸钱

纸钱，冥界货币，又称为冥币。民间祭祀时用以礼鬼神和葬礼及扫墓时用以供死者享用的冥币，在祭祀时焚化给死人或鬼神，也可望空抛撒或悬挂墓地。冥币的形状有圆形方孔如铜钱者，也有纸上打些钱形的。这种烧纸钱的习俗起源于魏晋南北朝，鼎盛于唐宋。从魏晋开始用纸钱送葬，到了唐代，上自王公，下至庶民，盛行烧纸钱送葬，后流传至今。现代在办理丧事和祭祀活动时为先人焚烧大量的纸车、纸马、纸房、纸钱、花圈等丧葬品，认为鸣放大量鞭炮有助于驱散邪气。但这既给环境造成严重的污染，也造成了资源的大量消耗。在迷信思想的影响下，一些人认为个人的努力不如先人的庇护作用大，以致不思进取，而是通过为先人选择宝地、焚纸钱、做道场等方式让先人"入土为安""灵魂不灭"。持有这种迷信思想的人必然反对殡葬改革，认为新的殡葬方式使先人的灵魂得不到安息，也不会荫庇子孙。有些丧家甚至拒绝火葬，为了达到土葬的目的，千方百计寻找各种理由刁难殡葬机构和工作人员，严重阻碍了殡葬改革工作的开展。

3.做道场

做道场一般指的就是请僧人或者道士做法事，佛教道场"是水陆道场的省称，指设斋供奉，超度所谓水陆众鬼的法会。这一陋俗并非自古而然，是佛教传入中国以后才有的事"。①道教所谓的道场主要指的是"斋醮"仪式。"斋"是烧香行道，忏罪谢愆；"醮"是指延真降圣，祈福请恩。儒家也有在特定时期沐浴斋戒的做法，其主要目的是为了祛除外界

---

① 张邦炜.两宋时期的丧葬陋俗［J］.四川师范大学学报（社会科学版）.1997（3）.

干扰，使人心神清净以感通神明之效，从而体现"敬""畏"之心。之后，做道场逐渐成为葬俗当中的一个重要仪式，很多丧家在经济条件允许的情况下，都会选择做道场来超度亡灵。而且如果家里境遇不顺，也会请法师或者道士来家中做法事以驱逐邪祟。尤其是在一些大型的宗教活动中，做道场事宜则更加隆重。尤其在一些农村地区，葬礼上做道场十分流行，并且仪式完备，吹拉弹唱，一应俱全。有些富裕的丧家为了讲排场，竞相攀比，扰民伤财，故需要对此现象进行改革。

（二）死而不朽的精神建构

生命问题作为人类文化的核心问题，自古以来，人们从来没有放弃对生命本身及其意义的追寻和探索。最初，人们凭借自己的感观和体察，首先将眼光投入自然的领域，由自然有形物（比如"火""水""气""土"等）探寻生命的本原、价值和意义。那时，生命对人显得异常神秘。在西方自苏格拉底以降，哲人们对生命智慧的探讨开始转向人自身，并赋予人生不同的价值和意义并区别于其他生命形态，以为人自身寻求至高的道德地位。至中世纪，人们将生命问题转交给上帝，万物的生命在万能上帝的演绎下显得格外神圣。

而在中国，传统儒道两家都将对生命的体认置于自然之大化流行中加以考量，认为生命不过是气之聚散的自然过程。既然生命是自然大化流行之结果，那么其精要之处就在于"生"，正所谓"生生不息""生生之谓德"也。只是儒道两家强调的"生"并不相同，儒家以积极的入世态度直面人生，并在创业垂统、道德开拓中达到生命的"死而不朽"，而道家则在体悟"道"之真谛、顺应自然中以求获得精神的超脱中达到生命的"死而不亡"。

中西生死智慧虽然多有差别，但是在对待生命的态度问题上，两种文化传统都始终对生命特别是个体生命保有一种尊重和敬畏之情，而反对任意地残害生命。

生物学上的意义显然并不足以穷尽个体生命的所有内涵。因此，现代生命伦理学从马克思关于人的本质的理论出发，指出："人的生命是自觉和理性的存在，是生物属性和社会属性的结合体。"①从这个定义中可以得知，人类生命除了生物属性之外，最关键的还在于人的社会属性，即人的"类本质"（关系性存在）。人之所以为人，正是在于其拥有无限智慧，他可以通过自身的主体能动性与整个世界建立起一种亲密关系，这也恰恰说明，人正是依靠这种"基本的能力——对自己和他人做出的回答（response）的能力，人成为一个'有责任的'（responsible）存在物，成为一个道德主体"。②即是说，人对自己和他人作出回答的能力即人成为主体的能力实际上也将人置身于一种道德责任的地位，人与一切生命存在具有一种密不可分的内在责任的关系，人必须为自己的行为负责。

就中国而言，如果说儒家是在道德价值的开拓中超越死亡的话，那么道家则是在逍遥境界中对生死问题进行审美观照，道教则是在虚幻梦境中所获浅薄欢乐以寻求超克死亡之道。③在生死本质问题上，儒道两家都认为生命是由"气"所构成，生死过程也无非就是气之聚散的自然而然的过程。天地氤氲之气幻化了万物之生命，阴阳二气则构成了生命之本质。

至于如何超越生死，儒家与道家则区别甚大，儒家主要是通过道德境界的提升即通过修身养性、安贫乐道，杀身成仁、舍生取义等方式来超越死亡。除此之外，创业垂统以期死而不朽，儿孙满堂成就生生不息，同样也反映了儒家在超越死亡问题上的独有特点，不仅看到了生命之气化本质，而且更强调了生命的社会性特别是人文精神性的意义。道家则主要通过对"道"本身的参悟进而超越死亡，如《庄子·大宗师》认为："古之真人，不知悦生，不知恶死。"道教在超越生死问题上有其独有特点，它所寻求的即不是道德境界的提升，也不是真人境界的逍遥，而是

① 孙慕义，徐道喜，邵永生.新生命伦理学［M］.南京：东南大学出版社，2003：70.
② ［德］恩斯特·卡西尔.人论［M］.甘阳译.上海：上海译文出版社，1985：9.
③ 勒凤林.窥视生死线：中国死亡文化研究［M］.北京：中央民族大学出版社，2000：2-3.

追求一种纵心而动、纵性而游乃至肉身成仙的至乐境界。

　　傅伟勋先生说："生命的意义必须假定死亡的意义，才会彰显它的终极深意，反之亦然。如果说孔子所云'未知生，焉知死'，有见于'生'而无见于'死'，故属一边之见，则死亡学也有偏重'死'而忽略'生'的危险，亦属一边之见。因此，我们必须结合'生'与'死'，生死问题的学理探讨一并进行，而让死亡学在现代生死学的研究领域，发挥出它的学理功能与真实意义来。"①加强对树立科学生死观的教育，使人们在直面人生的同时，能坦然面对死亡，视死亡为自然规律，人生之必然，引导人们树立科学的死亡观和殡葬观，并用来指导人们的殡葬活动。我们提倡尊重、孝敬、赡养父母，但不等于要搞厚葬，搞迷信活动。亲人活着的时候注重赡养，去世后实行礼葬，保留其遗物、遗像及有意义的格言以作纪念，敬仰、传承和弘扬他们的精神、美德和理想，应是孝的现代化体现。

（三）移风易俗的责任担当

　　《荀子·乐论》中说："乐者，圣人之所乐也，而可以善民心，其感人深，其移风易俗，故先王导之以礼乐而民和睦。"荀子提倡礼乐教化，以善民心，移风易俗。所谓风俗，上行谓之风，下行谓之俗，所以移风易俗既需要政府的改革倡导，也需要民间的积极响应，更需要党员干部的带头示范。在丧葬改革的问题上，一方面要做好相关的殡葬改革宣传工作，在制度和法制的层面做到厚养礼葬，坚决杜绝一些大操大办、相互攀比的不良风气；另一方面，则需要在生命教育上着手，从思想上培育科学的生死观，倡导精神文明建设。

　　生命教育涉及的内容非常丰富，包括从身心健康、生涯规划、哲学宗教、生活责任以及生死终极等方面。归根结底，生命教育的本质无非是关于生存、生活、生命等人生诸课题的教育，其目标在于使人们学会

---

　　①　傅伟勋.死亡的尊严与生命的尊严［M］.北京：北京大学出版社，2006：100.

如何积极地应对生存和生活，学会如何尊重生命并理解生命的意义，进而培育其对待自己、他人乃至一切生命体的责任感，从而提高他们的整体生活品质和生命归属感，增进人与自己、与社会、与世界的和谐发展。

生命教育的主要内容就是要通过人文性的生命意识的培养，帮助人们认识生命、关注生命、尊重生命、热爱生命、欣赏生命、成全生命、敬畏生命、超越死亡，进而促进自身的身心健康、和谐发展，实现人生更大的价值。

殡葬活动表面上看，是涉及"死亡"的事务，但实际上却可以"死"观"生"，殡葬文化的"本质是生命文化。殡葬活动是以死亡事件为契机，以尸体处理为特定背景而进行的一场针对活人的生命教育活动。殡葬这一人文过程掩饰了死亡的自然过程，凸显生命的美丽谢幕，养育和培植了生命的成长"。[①]殡葬作为一种生命传承、移风易俗的重要事业，也是生命教育活动中不可或缺的部分。

---

① 王治军．论殡葬的生命教育功能［J］．江西青年职业学院学报，2012（4）．

结语：生死两相安

一、敬畏生命

生命是集生存、生活与生命三位一体，可以展现为生理性生命、社会性生命以及精神性生命为一体的综合生命体验。如果对生命缺乏敬畏之心，便可能遮蔽了主体最为本己的特质：生存、生活、生命的"三位一体"。在工具理性的指引下，人们处于一种"割裂"的"碎片"状态，可以为了"生存"而忽视"生活"，可以为了"生存"或"生活"而忽视甚至残害生命（个体自我生命乃至万物生命）。叔本华曾说："常人只会想如何去'消磨'时光，而有才华的人却懂得如何'利用'时光。"[①]如果一个人知道自己为什么而活，就可以忍受任何一种生活。

生命伦理的要义，是生命在伦理实体、伦理制度、伦理力量和伦理规律中安"生"立"命"。如果将生命当作生老病死的现象和进程，那么"生"之"理"，"伦"之"命"，便是生命与伦理同在的两大结构。"生"之"理"是"生"与"活"的伦理重奏，包括"生"（诞生）与"病"（治疗）两个环节，是生命出场和在场的伦理律，基因、堕胎、疾病、医患关系等是其问题谱系；"伦"之"命"是"死"与"亡"的伦理商谈，包括"老"与"死"两个进程，是生命退场与永恒的伦理律，孝道、自

---

① （德）叔本华.人生为何不同［M］.梁波译.西安：陕西师范大学出版社，2007：244.

杀、安乐死、葬礼等是其问题谱系。生命是生理与伦理的统一，生命伦理是生理律与伦理律的统一，生命的伦理律归根到底是精神律。生命伦理的真谛是"以伦理看待生命"，主题是"学会伦理地思考"。由此，生命伦理才成为人的世界的生生不息之理。①

（一）生命的独特性

生命的独特性展现为生命的唯一性和一维性。一方面，每一个生命都是唯一的，所以要尊重生命的独特。这意味着，"我"生命与"他"（"它"）的生命是不同的，故而都是"唯一"的。生命的不同既因其自然生理生命的不同而差异，更因每个生命个体所处的社会环境、文化差异的不同而区别开来。正是因为生命的这种独特而珍贵，我们应当尊重生命。另一方面，每一个生命又是一维的，因为逝去的生命不再重来，所以要珍惜生命的宝贵。每个生命都只有一次，生命在一维的时间中流逝，却不在复返，正所谓"逝者如斯夫，不舍昼夜"，所以我们更应该意识到生命的神圣，珍惜生命，善待生命，敬畏生命。

（二）生命的多维性

人之生死可以分为三个层面：一是生物性生命的生死，二是血缘、人际的社会生命的生死，三是精神生命的生死。②首先，实体性生命作为自然之生理生命，表现为实体自然生命的"一维性"。其次，生命还可以表现为多元的关系性生命，如血缘亲缘性生命、人际社会性生命（由生生不息的自然生命而构成的家族、社会乃至历史文明）以及超越性精神生命。因此，我们应该认识到肉体生命与精神（人文）生命的联系与区别，在有限的生命中拓宽生命的宽度，增加生命厚度，让我们生活得更丰富多彩，更有品质，而这又相当于增加了我们心理与精神层面的"寿命"。首先，就生命的自然生物性而言，我们不能为了个体生理性的快乐

① 樊浩.伦理，到底如何关切生命？［J］.天津社会科学，2015（6）.
② 郑晓江.关于生死问题的几点思考［J］.哲学研究，2007（9）.

和满足而随意对待生命现象；其次，就生命的"三重性"而言，我们不能为了个体生活的当下享受而忽视生命的内在蕴含。尊重和敬畏生命本身不仅体现了自然生命发展的必然要求，更是肯定了主体人生的价值和意义，可以使每一个个体领悟到精神自我肯定的奥秘，正如史怀泽所说："伦理就是敬畏我自身和我之外的生命意志。由于敬畏生命意志，我内心才能深刻地顺从命运、肯定人生。我的生命意志不仅由于幸运而任意发展，而且体验着自己。"①唯有尊重和敬畏生命，理解和领悟生命的真谛，人性的光辉才得以彰显，人生的意义才得以完整，生活的品质才得以提升，生命的内涵才得以丰富。

（三）生命的共通性和多元性

生命的共通性和多元性，实现多重生命的体现与融通：自我生命的启迪、社会生命的关怀、文化生命的传承、自然生命的共融、宇宙生命的汇通。所谓"生命共同体"，"其意蕴主要有三：一是从人类自然的生物性生命来看，人与人在生命之本质上为'一'，故而整个人类在生命存在的意义上是一个'共同体'；二是从观念上看，既然人类自然生命是'一'，那么人类的每一分子都应该努力突破个我主义的限囿，在社会文化的层面沟通你、我、他，达到人生观价值观上的'生命共同体'；三是指不唯人与人的生命为'一'，人与其他生命体乃至整个宇宙的大生命皆是相通为一的。

从这样一种'生命共同体'的实存及观念出发，人们就应该学会与他人、社会、动植物甚至整个大自然和谐相处，同舟共济、共存共荣。"②只因同舟，唯有共济；唯能共济，方能同舟。"善是保存和促进生命，恶是阻碍和毁灭生命。如果我们摆脱自己的偏见，抛弃我们对其他生命的疏远性，与我们周围的生命休戚与共，那我们就是首先的。只有这样，

---

① ［法］阿尔贝特·史怀泽.敬畏生命［M］.陈泽环译.上海：上海社会科学院出版社，1992：26.

② 郑晓江.关于生死问题的几点思考［J］.哲学研究，2007（9）.

我们才是真正的人，我们才会有一种特殊的、不会失去、不断发展的和方向明确的德性。"①因此，"互助和休戚与共是你的内在必然性。你能做的一切，从应该被做的角度来看，始终只是沧海一粟。但对你来说，这是能赋予你生命以意义的唯一途径。"②

二、敬重死亡

探索死亡实际上是为了更好地谈论"生"的意义和价值，其实质是一个赋予有限人生以永恒或无限的意义或价值的问题，这便是"以死观生"的精神意义。只有人能够有意识地面对死亡，这是人的伟大性和高贵之处。这令人能够从一个确定的起始到一个确定的终结完整地看待生命；这令人能够探问生命的意义——一个使他超越自身生命、感受到自身永恒性的问题。

（一）认知死亡

死亡问题是一个几乎与人类的产生一样古老的文化问题，拥有生命的人们无法逃脱死亡的时刻，以至于不得不去正视死亡问题，去探索死亡的奥秘。死亡如同斯芬克斯之谜一样萦绕在人们心头，难以抹去。死亡，究竟意味着什么？我们应该如何看待死亡？有人认为，我们这个民族恐惧厌恶死亡，忌讳谈论死亡，我们从来没有为死亡做好准备。可是细看历史，中国人以前并非如此。事实上，死亡文化，是中国古代文化

---

① ［法］阿尔贝特·史怀泽.敬畏生命［M］.陈泽环译.上海：上海社会科学院出版社，1995：19.
② ［法］阿尔贝特·史怀泽.敬畏生命［M］.陈泽环译.上海：上海社会科学院出版社，1995：23.

的基石。传统社会，可以说是一个围绕死亡而组织的社会。

首先，自然的消解。这涉及到两个概念，一是自然意义上的死亡，意味着肉体生命的消解；另一个概念则是灵魂的存在，虽然肉体生命消解了，但灵魂却以另一种方式"存在"着，并走向不同的"归宿"，为死亡这一自然事件提供了精神上的补足，如人文、宗教上的寄托。

其次，存在的虚无。现代人对死亡的陌生感与恐惧感，其实是现代化的结果，是传统文化逐渐凋零，人们在文化上无所适从的一个缩影。在各种现代思潮的影响下，死亡变成了一个负面、黑暗的存在，代表着崩溃、消失、失败、与终结。对死亡的恐惧深入骨髓，让即使最坚定的无神论者，也必须要在玩笑中虚构一个死后的世界，才能或者才愿意谈论死亡。死亡如果意味着虚无的来临，展现为一种"我——能"结构的消解，自我的一切"可能性"都将成为"不可能性"，死亡构成了一种极端的"消极性"，由此造成了现代人面对死亡的困惑和焦虑。人们忌讳死亡，厌恶死亡，无法也不愿为死亡做好准备。

再次，死亡的距离。这种生死的距离既包括纵向距离（生死连续），也包括横向距离（生死关联）。活着的时候，好像永远不会死；死亡到来，却好像从没活过。对待死亡，常人往往有两种心态：一是死亡是未来式，永远不会和现在相关；二是永远不会是我，一种没有死亡的"存在"，"思绪"总是被生命中最重要的事情所占据，如学位、财富、事业、社会地位、成就等。"一朝春尽红颜老，花落人亡两不知"。人们真正在意的是自己怎样"活在当下"，至于死亡则是一个无比遥远——甚至遥远到无须考虑的事件。

最后，生命的永恒。生命样态其实是多样化的，它作为"实体性"生命（自然之生理生命），应该认识到实体自然生命的一维性、独特性，故而应珍惜生命，关怀生命，敬畏生命；作为"关系性"生命，它不仅是我的生命，更关系到他者的生命，其中包括血缘亲缘性生命、人际社会性生命（由生生不息的自然生命而构成的家族、社会乃至历史文明）以及超越性精神（人文、宗教）生命，故而有生命的绵延不息，有精神的永恒不朽。所谓"生死互渗"指的是："从表面上看，人之'生'与'死'完全不同，判若两样；但深入一步去思索则会发现，'死'并非出现于人生命的终点、人生过程的最末尾，而是渗透于人生整个过程之中。也就是说，'生'包蕴着'死'，'死'则意味着'新生'，所以，'死'也可说蕴含着'生'。"①以生死互渗的观念来看待生与死，以生观死，在珍惜生命中穿透死亡的意义，并由死观生，在死亡意识中凸显生命的价值。

（二）学会生死

对生命的觉察及其对死亡的认知，既可以让人惊叹生命的神奇，但同时也可让人体会死亡的无奈，而"人类的最大痛苦和最大智慧，是对生的偶然与死的必然的自觉自知，于是，才有'生'与'命'的纠结，'病'与'康'的抗争，'死'与'亡'的事实与意义的二元分殊，诞生对生命永续的期待，对无限与永恒的渴望"。②正是在这种生与死的较量中，诞生了无数的生死智慧。生死哲学探讨的理论目标应是："一方面让人们获取关于生死的知识性学问，另一方面则努力将生死哲学的知识落实于生活实践,把生死的知识性学问转化为生死的生命性学问，即从'学习生死'上升到'学会生死'。'学习生死'是对人之生死各方面的问题进行研究、分析、探讨，认识之并掌握之，而'学会生死'则是在学习生死的基础上构建人生智慧与死亡智慧来应对复杂的生死问题，并进而去解决人生问题、超越死亡问题。"③生与死构成了不可分离的一体两面，唯有由生入死、由死观生才有可能真正领悟生死。

建构一种健康的人生观，还需树立正确的死亡观，以提升生命的品质。因此，在日常生活中，我们既要提倡生命教育，也应同时展开死亡教育，两者之间虽有区别，但其实是殊途同归。死亡教育"系指探究死亡、濒死与生命关系的历程，能增进吾人醒觉生命意义，并提供吾人检

---

① 郑晓江.关于生死问题的几点思考［J］.哲学研究，2007（9）.
② 樊浩.伦理，到底如何关切生命？［J］.天津社会科学，2015（6）.
③ 郑晓江.关于生死问题的几点思考［J］.哲学研究，2007（9）.

视死亡的真实性及其在人生当中所扮演的角色与重要性。其目的在于帮助吾人以虔诚、理解及庄严的态度面对死亡及死亡准备。其实施应是目标性的正式或非正式的死亡相关主题的教育活动。其宗旨在于使人掌握健康而积极的生命观，以创造积极而有意义的人生。"[①]生命教育的宗旨在于捍卫生命的尊严，激发生命的潜能，提升生命的品质，实现生命的价值。它不仅是人们所理解的重视生命、维护生命、关注生命健康的教育，更是一种尊重生命尊严，弘扬生命价值，促进生命发展的教育。

（三）担负责任

正是因为人会死，所以我们负有责任，面对他人之死，我们不能冷眼旁观，仅仅"在侧"，而是对这种死亡担负起无限的责任。列维纳斯断言，"只有担负起对他人的责任，终结所意味着的死亡才能用来衡量死亡的意义所及——实际上，人们以这一责任体现了自我本身：人们以这一不可转让、不可委托的责任，成为其自身。我正是对他人之死负有责任，以至我也投入到死亡之中。换一种说法，或许可以显得更容易为人所接受：'因为他人是会死的，我对他人才负有责任。'他人之死，在此是第一位的死。"[②]在他人之死、在他人之面貌中构成了我的主体性，这是一种感动、敬重和责任。在他人之死中，我们遭遇的是一种暴露在死亡神秘之下的消极无助，但从这无助的深处，我们听到的却是一种命令的声音，一种使我对他人生命负责的命令。这种命令使我不再对他人的死亡采取冷漠的态度，不再让他人独自去死，而是对这种死亡担负起无限的责任。正是在与死亡的关系中，或者说在对他人之死的责任心中，自我已经不再是一个单子式的、孤独的自我，而是作为一个多元论的、敞开的自我而存在。

---

① 张淑美.死亡学与死亡教育［M］.高雄：复文图书出版社，1996：64.
② （法）勒维纳斯.上帝·死亡和时间［M］.余中先译.北京：生活·读书·新知三联书店，1997：44.

三、厚养礼葬

现代殡葬改革的目标实际上非常明确，即破除各种迷信陋俗，倡导厚养礼葬，弘扬孝道新风，移风易俗，形成文明节俭的丧葬之风。但是，对于殡葬改革的理解和诠释上，仍有以下几个问题值得深思。第一，所谓改革旧俗，主要是针对旧俗中的哪些部分？将传统旧俗视为封建陋俗是否合适？文明治丧是否等于彻底杜绝传统丧葬的各种环节和方式？第二，节俭治丧是否仅仅意味着简单化处理丧葬？简单化处理的方式容易流于形式化和粗糙化，一旦葬礼缺乏其应有的伦理、文化之意，那么殡葬改革的意义又将如何定位？因此，如何以"简"的方式凸显"礼"（或者说"简"而不失"礼"）应该是殡葬改革中需要进一步探索的问题。

（一）厚养之道，天经地义

中国传统伦理注重孝道，孔子将"孝悌"视为"仁"之本，孝亲、安亲是人伦之本。《孝经·开宗明义》中说："夫孝，天之经也，地之义也，人之行也"，"人之行，莫大于孝"，"孝"乃天经地义，人之常情。因此，《孝经》强调："身体发肤，受之父母，不敢毁伤，孝之始也。立身行道，扬名于后世，以显父母，孝之终也。夫孝，始于事亲，中于事君，终于立身。"由此可见，孝"是贯穿天、地、人、祖、父、己、子、孙之纵向链条，孝是中国文化向人际与社会历史横向延伸的根据和出发点，因此成为中国文化逻辑之网的纽结和核心。"①

《礼记·祭统》说："孝子之事亲也，有三道焉：生则养，没则丧，丧毕则祭。养则观其顺也，丧则观其哀也，祭则观其敬而时也。尽此三

---

① 肖群忠.孝与中国文化［M］.北京：人民出版社，2001：148.

道者，孝子之行也。"父母死后，"三年无改于父之道，可谓孝矣"，可知"三年之丧"作为全民性的孝道教育，恰恰说明丧葬和祭祀正是"孝悌"文化的体现，生养当顺，亲丧则哀，祭祖应敬，此为人子之孝道，故传统丧葬礼仪极富伦理色彩和人情味道。

首先，事死如生。传统丧礼强调事死如生、事亡如存，侍奉死者就像侍奉他还活着一样，以表达对死者的哀思之情，彰显用情之厚。因此设有诸多程序礼仪，例如在逝者刚刚死去的时候，要给他洗头、洗澡、束发、剪指甲，嘴里放着贝、玉等，就像他活着时所做的那样；奠酒、摆祭、烧纸正是"事死如事生"之意，希望亲人在另一个世界免受匮乏之苦。传统丧祭之礼强调以生事死，不但是出于对亡者的哀悼情感，同时也是通过各种礼仪表示对其的尊重，更是亡者最后的尊严。

其次，丧贵致哀。中国人在丧葬问题上特别强调一个"哀"字。《墨子·修身》中说到"丧虽有礼，而以哀为本焉"。《论语》中也反复强调这个"哀"字，如《论语·子张》篇中说"丧致乎哀而止"，"祭思敬，丧思哀"，《论语·八佾》篇中强调"丧，与其易也，宁戚"，"临丧不哀，吾何以观之哉"，等等，都无不说明，丧礼虽然有很多礼节，但哀痛却是根本，体现了在世者对亡者强烈的"伦理情意"。此"情意"源于内而发于外，在内为自然血缘亲情的发显，在外则表现为居丧过程的各种表现，如亲人去世后，亲属擗踊哭泣，哀以送之；居丧过程中，则食旨不甘，闻乐不乐，居处不安。以斩衰、苴杖、居倚庐、食粥、寝苫、枕块、禁娱等行为，表达孝子的丧亲之痛。"斩衰"，是指用粗麻布做成的丧服，三年之丧如"斩"，"衰"指不缝缉的意思，以此表达丧亲者内心最为悲痛，以致无心思也无闲暇于装饰外在服饰，于是斩取最粗恶难看的麻以缝制丧服。以"衰"言"摧"，言孝子有"哀摧"之志，只念及对父母的哀戚之情而不兼念余事，故四处皆有悲痛，无所不在。

最后，追养继孝。礼为人之本，祭为礼之本，祭祀死者的重要功能之一就是继孝养之道，故敬重宗庙、祭祀等，以尽孝道，始终如一。《礼记·祭统》："祭者，所以追养继孝也。"孔颖达疏曰："养者，是生时养亲。孝者，生时事亲。亲今既没，设礼祭之，追生时之养，继生时之孝。"①追养继孝既是孝子之心的真实表达，也是对人伦之礼的尽心而为，内外兼具，都是孝的一贯体现。一方面，通过祭祀，以尽子女未尽之孝；另一方面，通过祭祀缅怀逝去的亲人，让逝者不脱离家族这一伦理共同体，神位之设置意在安顿亡灵，不使其沦为"孤魂野鬼"，丧礼之后神位归入祠堂则是亲人之灵魂与先祖团聚，一起保佑子孙后代，由此，逝者与生者血脉相连，融为一体，绵延不绝。

（二）礼葬之行，慎终追远

躬行孝道从来也不是一种完全的自我行为，而是需要一套外在的机制来维系和保障的。"孝亲""安亲"不但体现在亲人在世之时，即便是亲人离世，也一样需要尽孝。亲人离世后的尽孝，可以通过殡葬和祭祀等活动体现出来，我国传统观念素来主张通过厚葬来体现子女对于去世父母的孝敬之心，但实际上厚葬是在"礼葬"的基础上演化而来，人们认为殡葬之事直接关系到子女"尽孝"的程度。因此，在丧失的操办上，逐渐形成了厚葬的攀比之风。其实，儒家更多地是强调厚养礼葬，子游曾向孔子请教送终物的厚薄相称的问题，即家庭财力如何掌握厚与薄的标准。孔子认为，如果财力雄厚，也不可超过礼数的规定。如果财力不足，只要衣被可以遮体，敛毕就葬，用手拉着绳子下棺，尽力而为便不算是失礼的行为。随着我国殡葬改革的逐步推进，"惠民礼葬"的观念和措施越来越深入人心，比如将殡葬服务纳入政府公共服务范畴并作为公益产品推广，由当地政府帮助群众操办葬礼，结合当地民风民俗，在葬礼上增加仪式感，对逝者尽可能地礼葬，从某种程度上起到了移风易俗的作用，不但为生者减负，也使逝者得以安息。

其一，"礼丧"。应当以死者为大，以尊重死者的方式向他告别，通过仪式感的告别，成全其生命最后的尊严。殡仪作为"人生最后一站"，

---

① （汉）郑玄注，孔颖达疏.礼记正义［M］//李学勤主编.十三经注疏.北京：北京大学出版社，1999：1346.

既要尊重逝者，让逝者"体面"地落下人生的幕布，也应体现人性化服务，满足丧亲家庭的情感需求。

其二，"礼葬"。儒家强调人死之后，葬之以礼，祭之以礼，其中"礼"的关键在于事死如生，事亡如存。但是礼葬并不意味着隆丧厚葬，儒家也认为以礼葬亲才是真正的"孝"道。尽管在春秋之时就已经有了厚葬之风，但孔子却坚持认为"礼葬"才是最重要的。《论语·先进》曾记载：当颜渊去世之时，孔子慨叹"天丧予！天丧予！"孔子即使如此看重颜渊，也主张葬之以礼。其中说道："颜渊死，门人欲厚葬之。子曰：'不可。'门人厚葬之。子曰：'回也视予犹父也，予不得视犹子也。非我也，夫二三子也。'"还说道："颜渊死，颜路请子之车以为之椁。子曰：'才不才，亦各言其子也。鲤也死，有棺而无椁。吾不徒行以为之椁。以吾从大夫之后，不可徒行也。'"当颜路提出以孔子之车作为颜渊之椁之时，孔子拒绝了。因为以礼丧葬无需有椁，且孔子的儿子孔鲤去世也无椁。由此可以看出，孔子认为礼是丧葬的首要标准。随着时代的发展，"礼"的内容和形式都发生了很大的变化，礼葬的观念和形式也在不断变化，但其内在的人文意蕴以及价值倡导应该得到继承与弘扬。

其三，"礼祭"。重点在于以"礼"祭祀，突出祭祀的文化意蕴和情感寄托，推行鲜花祭扫、网络祭扫、踏青遥祭等现代绿色祭祀方式。

殡葬的最终目的，在于更好地缅怀先人，表达敬畏之余，教育后人，移风易俗。在殡葬过程中，以人文关怀的内核超越死亡的恐惧，以生命教育的内容丰富生命的意义，在不断去"昧"化的生死实践中，让人们深刻地感受生死，体悟生命的价值和意义。

四、生死两安

"善始善终，善作善成"源自《史记·乐毅列传》，意思是做事情既要有好的开头，也有好的结尾；既要善于做事，更要善于把事做成。"善始"与"善终"、"善作"与"善成"二者之间是互为因果、相互统一的关系。同样，生与死作为人生的两端，既要乐生、贵生，也要安死、敬死，以科学的生死观对待生死，安生乐死。

（一）不忘初心，方得始终

《诗经》中说："靡不有初，鲜克有终"。《庄子·大宗师》中说："善妖善老，善始善终。"《左传》云："慎始而敬终，终以不困。"善始而后善作，善作故能善成，善成方得善终。四善相辅相成、相互促进，只有不忘初心、坚守信念，并持之以恒，广储厚积，才能取得令人满意的结果。

首先，赤子之心，善始善作。《老子》第二十八章说："常德不离，复归于婴儿。"《老子》第五十五章又说："含德之厚，比于赤子。""复归婴儿""如保赤子"等思想所强调的都是人们最初的至纯、至真的本性。《老子》第二十章里说："众人熙熙，如享太牢，如登春台。我独泊兮，其未兆，若婴儿之未孩。"意思是人们熙熙攘攘的拥挤在一条仕途的小路上，如同去参加盛大的宴席，如同春天里登台眺望美景，而我却淡薄宁静无动于衷，像婴儿一样淡泊安静。老子在这里强调的是人要回到婴儿状态，也就是回到至和、至纯的本性，如果通过对道的体认，对德的保持，不断提升内在的修养层次，以此达到生命的最高境界：心灵纯洁，心性淳朴，本性天真，即达到自然、和谐的赤子状态。在对待生死的问题上，也应该像婴儿般，无惧无忧，含朴守素，内外合一。正所谓"夫物芸芸，各复归其根"，生命的本源，就是回归根本，勿忘初心。生从何来？死去何处？按照传统"气化论"的思想，生死本是一体，生命源于自然，死亡回归自然，生死本是自然而然的变化发展，对生命本源的体认，也是对死亡本质的透视。

其次，广储厚积，善成善终。生死是生命的必然过程，有着自己的规律，人是无法干预的。因此，一方面，我们应该顺应天道，平静地接受生老病死；另一方面，我们也应跳出个我生死的限囿，将生死置于宇宙天地之造化中去反思生死，超越生死。如果只是以个我的生死为前提，那么则可能执着于个我人生的享受而苦于个我人生的丧失，进而产生对于死的焦虑和恐惧。如何认识、对待生与死，体现了一个人人生境界的高低，更直接影响着他的实际生活。生命虽然有限度，但我们要做的，却是将自己的生命意义放在宇宙自然、人际社会、精神生命中去考量，从而在有限的生命中去开拓生命的价值。

（二）乐天知命，生死两安

生命就是由生向死的过程，古人说"生死事大"，生死是每个人都要面对的问题。很多人怕死，一是由于担心死后一切将化为乌有，烟消云散，二是在于对死后未知世界的恐惧，所以只能尽可能地求生避死，并且随着岁月的推移，死亡的逼近，人们对于死亡的恐惧与日俱增，这极大地影响了当下的生活，并陷入巨大的精神恐慌之中。但《庄子·至乐》中却说："夫天下之所尊者，富贵寿善也；所乐者，身安厚味美服好色音声也；所下者，贫贱夭恶也；所苦者，身不得安逸，口不得厚味，形不得美服，目不得好色，耳不得音声。若不得者，则大忧以惧，其为形也亦愚哉！"世人皆喜富有、高贵、长寿等等，而厌恶贫穷、卑微、短命之类，由于得不到这些东西，就大为忧愁和担心，庄子认为这种想法实在愚蠢，因为"夫富者，苦身疾作，多积财而不得尽用，其为形也亦外矣！夫贵者，夜以继日，思虑善否，其为形也亦疏矣！人之生也，与忧俱生。寿者惛惛，久忧不死，何之苦也！"活着的人为了得到所谓的功名利禄，健康长寿，却整天劳碌奔波，担心忧虑，反而损害了现在的生命和生活，这不过是"生人之累"，而死却无此诸般牵绊，所以死未必就一定比活着更糟糕。庄子在这里告诉世人的是，人们不应"贪"生而"怕"死，也不能因死而累生，其根本原因在于万物皆产生于自然的造化，又全都回返自然，这都是自然造化之理，是为"通乎命"也，即通晓生死之理，天道之化，惟其如此，才能够"安时而处顺，哀乐不能入也"。(《庄子·大宗师》)

　　《周易·系辞上》中说："乐天知命，故不忧。"孔颖达疏："顺天道之常数，知性命之始终，任自然之理，故不忧也。"梁漱溟先生指出："何谓乐天知命？天命二字宜从孟子所云'莫之为而为者，天也；莫之致而至者，命也'来理解，即：一切是事实的自然演变，没有什么超自然的主宰在支配。自然演变有其规律，吾人有的渐渐知道了，有的还不明白。但一切有定数，非杂乱，非偶然。"①常人悦生恶死，是因其不明生死自然之理，而难以获得坦然平和的心境去对待生死。生有苦乐之分，死却有贵贱之别，为何一定要"弃南面王乐而复为人间之劳乎"。(《庄子·至乐》)圣人能够体认生死本质，故无忧。正所谓"审知生，圣人之要也；审知死，圣人之极也。知生也者，不以害生，养生之谓也；知死也者，不以害死，安死之谓也。此二者，圣人之所独决也。凡生于天地之间，其必有死，所不免也。"②凡生于天地间的生命皆有死亡，这是不可避免的，因此圣人洞察生命的意义，敬畏生命，不随意戕害生命，养生全生；在敬畏生命的同时，也明察死亡的意义，尊重死者，成全死者，以求生死两安。

---

　　① 梁漱溟.我的人生哲学［M］.北京：当代中国出版社，2013：38.
　　② （战国）吕不韦门客.吕氏春秋全译［M］.关贤柱等译注.贵阳：贵州人民出版社，1997：296.